Notre Dame (p. 136).
STOCKBRUNET/SHUTTERSTOCK ©

Principales puntos de interés

THITIPHAN PAKSEESUWAN/SHUTTERSTOCK ©

Torre Eiffel

El símbolo de París. **p. 38**

Bienvenidos a París

La Ville Lumière (Ciudad de la Luz), así llamada por su destacado papel en la Ilustración, es famosa por sus bulevares flanqueados de monumentos, museos repletos de tesoros, bistrós clásicos y casas de alta costura. A ello se une una nueva ola de galerías multimedia, tiendas de diseño y *start-ups* tecnológicas, que reafirman la posición de París como ciudad visionaria e internacional.

Explorar París 35

Merece la pena

Guía práctica 203

Imprescindible

ROMAN BELOGORODOV/SHUTTERSTOCK ©

Musée Rodin

Con un jardín lleno de esculturas.
p. 40

Arco de Triunfo

Monumento a las glorias del pasado.
p. 54

BENNY MARTY/SHUTTERSTOCK ©

Louvre

La madre de todos los museos. **p. 68**

PAWEL LIBERA/GETTY IMAGES ©

Sacré-Cœur

Sus cúpulas blancas coronan Montmartre. **p. 94**

Centre Pompidou

La mayor colección de arte moderno de Europa. **p. 112**

Notre Dame

Obra maestra del gótico francés.
p. 136

Jardin du Luxembourg

El patio de recreo de París.
p. 178

Musée d'Orsay

Arte en una antigua estación de trenes. **p. 176**

Dónde comer

Francia creó el estilo de cocina más influyente del mundo occidental y París es su escaparate. Los colores, texturas y guarniciones se disponen de forma impecable en todos los restaurantes, desde los más sencillos hasta los de alta cocina. La ciudad no posee una gastronomía propia, pero reúne todos los productos y sabores de las regiones.

Tendencias cambiantes

Además de cocina francesa clásica, se encontrarán gastronomías de todo el mundo. Los neobistrós ofrecen las opciones más originales. Suelen ser pequeños y relativamente informales, y los dirigen jóvenes chefs con talento que no temen experimentar. Cada vez hay más establecimientos vegetarianos, veganos y que ofrecen platos sin gluten.

Horarios

El *petit déjeuner* (desayuno; normalmente pan con mantequilla y mermelada, y un café fuerte) es un mero precursor del *déjeuner* (almuerzo; la comida principal tradicional, hacia las 12.30). La mayoría de los restaurantes abren para la *dîner* (cena) hacia las 19.00 o 19.30. Algunos locales de lujo cierran el fin de semana y muchos sitios, en agosto.

Menús

Los restaurantes suelen servir un *plat du jour* (plato del día) en el almuerzo (y ocasionalmente en la cena), así como *menus* compuestos por un *entrée* (entrante), *plat* (plato principal) y *fromage* (queso), postre o ambos. Salen mucho mejor de precio que pedir a la carta. Con frecuencia, las comidas son bastante más baratas a mediodía que por la noche.

Los mejores bistrós clásicos

Le Chardenoux Monumento protegido donde el célebre chef Cyril Lignac preserva las tradiciones francesas. (p. 127)

Le Bistrot Paul Bert Legendario; platos clásicos ejecutados a la perfección. (p. 123)

Chez Paul El París de antaño. (p. 126)

Chez Dumonet Típico bistró parisino. (p. 189)

BRIAN JANNSEN/ALAMY ©

Los mejores espectáculos gastronómicos

Restaurant Guy Savoy Una escalera con alfombra roja conduce a un establecimiento único. (p. 187)

Septime Modelo de la cocina moderna. (p. 125)

Lasserre Alta cocina y servicio impecable bajo un techo retráctil. (p. 62)

Los mejores neobistrós

Richer Comida de bistró a buen precio. No aceptan reservas; conviene llegar temprano. (p. 81)

Clover Cocineros en acción en el comedor-cocina. (p. 188)

Le Servan Creaciones originales que cambian a diario en este neobistró de barrio cerca de Père Lachaise. (p. 122)

La mejor comida para pícnics

Ladurée Picnic Especializado en pícnics *gourmet*, del famoso creador de los *macarons*. (p. 47)

La Grande Épicerie de Paris Deslumbrante emporio *gourmet*. (p. 196)

La Maison Plisson Delicatesen de primera. (p. 121)

Consejos

- Los restaurantes de precio medio suelen tener mesas libres para almorzar (si se llega hacia las 12.30); para cenar hay que reservar uno o dos días antes.

- Para almorzar y cenar en los restaurantes de lujo o muy demandados, es crucial reservar hasta uno o dos meses antes.

- El servicio está incluido en la cuenta: no hace falta añadir *pourboire* (propina), aunque es frecuente redondear.

Dónde beber y vida nocturna

Para los parisinos, beber y comer van juntos. La línea divisoria entre un café, un salon de té, un bistró, una brasserie, un bar e incluso un bar de vinos (bar à vins) *es difusa; a menudo los sitios para beber se pueden confundir con las discotecas: un café que está tranquilo por la tarde puede tener DJ por la noche y baile de madrugada.*

Café

Un *café* es un expreso. Un *café allonge* es un café largo con agua caliente añadida; un *café au lait*, un café con leche y un *café crème*, un cortado. Los tostaderos locales, como Belleville Brûlerie y Coutume, proporcionan material para preparar excelentes cafés hechos por profesionales, a menudo usando técnicas vanguardistas de extracción.

Cerveza

El mundo de la *bière artisanale* (cerveza artesana) está creciendo en París y cada vez hay más productores. Una excelente fuente de información es www.hoppyparis.com.

Vino

Probablemente la bebida más popular. El vino de la casa siempre cuesta menos que el agua mineral. *Les vins naturels* (vinos naturales) no llevan sulfitos, o muy pocos.

Cócteles

Las coctelerías están resurgiendo y muchos restaurantes de moda maridan cócteles con la comida. La Paris Cocktail Week (www.pariscocktailweek.fr) es a finales de enero.

El mejor café

Beans on Fire Cafetería y tostadero colaborativo. (p. 127)

La Caféothèque Cafetería y tostadero con una escuela. (p. 128)

Coutume Café Tostadero artesanal con una cafetería insignia en la margen izquierda. (p. 49)

Honor Cafetería al aire libre en un patio de rue du Faubourg St-Honoré. (p. 64)

Los mejores cócteles

Bar Hemingway Cócteles legendarios en el Ritz. (p. 84)

PETR KOVALENKOV/SHUTTERSTOCK ©

Tiger Especialista en ginebras, con 130 variedades. (p. 192)

Cod House Cócteles con base de sake y tapas *gourmet*. (p. 192)

Danico Ingredientes raros en un salón con velas. (p. 84)

Little Bastards Cócteles propios en el Barrio Latino. (p. 167)

Au Sauvignon Barra antigua de cinc y techo pintado a mano. (p. 192)

Las mejores terrazas

Les Deux Magots Ver las idas y venidas de St-Germain desde la terraza de este famoso café. (p. 192)

Chez Prune Café bohemio que puso al Canal St-Martin en el mapa. (p. 109)

Shakespeare & Company Café El sueño literario de la margen izquierda, junto a la librería homónima. (p. 167)

Bares de vinos

Le Garde Robe Vinos naturales asequibles y ambiente sin pretensiones. (p. 84)

La Quincave Taburetes hechos con barriles y más de 200 variedades de vinos naturales. (p. 193)

Beber como los lugareños

- Aunque la mayoría de los sitios sirven tapas, no hay problema en pedir solo café o alcohol.
- Los franceses rara vez se emborrachan y suelen verlo con malos ojos.
- Información sobre fiestas de discotecas en www.sortiraparis.com (ir a "Soirées & Bars" y luego "Nuits Parisiennes").

De compras

París lo tiene todo: bulevares bordeados de cadenas internacionales, lujosas avenidas con casas de moda, grandes almacenes y mercados callejeros. Pero el verdadero encanto radica en sus callejuelas, donde se encontrarán tiendecitas especializadas y boutiques *peculiares entre cafés, galerías e iglesias.*

Moda

Es el fuerte de París. En la moda parisina, lo que cuenta es el estilo y la calidad más que el estatus o las marcas.

Un buen sitio para obtener una visión de conjunto son los *grands magasins* (grandes almacenes).

Mercados

Los mercados callejeros son puntos de reunión del barrio entero. Casi todos los barrios tienen mercado al menos una vez a la semana (nunca en lunes), con mesas de caballete bajo lonas en las que se apilan manjares frescos, cocinados y en conserva. Además, cada vez aparecen más *marchés biologiques* (mercados ecológicos). Muchos también venden ropa, accesorios, menaje, etc.

La página https://meslieux.paris.fr/marches muestra todos los mercados por *arrondissement* (distrito), incluidos los especializados, p. ej. los de flores.

Tiendas 'gourmet'

Las tiendas de alimentos y bebidas resultan apetitosas. Los pasteles no aguantarán el viaje, pero otros productos como chocolates, mermeladas, conservas y quesos sí pueden llevarse a casa (si la aduana lo permite). Muchas de las mejores *fromageries* (queserías) envasan al vacío.

Los mejores grandes almacenes

Le Bon Marché El más antiguo de París, diseñado por Gustave Eiffel. (p. 196)

Galeries Lafayette Tiene una magnífica cúpula de cristal y abrirá una tienda en los Campos Elíseos en el 2019. (foto arriba; p. 87)

MARC BRUXELLE/SHUTTERSTOCK ©

Le Printemps Moda, cosméticos, comida y vino franceses. (p. 88)

La Samaritaine Un punto de referencia a orillas del Sena, que reabrirá en el 2019. (p. 88)

Las mejores tiendas conceptuales y de diseño

Merci Moderna y única: los beneficios se donan a una ONG que trabaja con niños en Madagascar. (p. 130)

Gab & Jo Solo artículos hechos en Francia. (p. 195)

Empreintes Escaparate de 6000 artistas y diseñadores franceses. (p. 131)

L'Exception Moda, menaje, libros y otros artículos de más de 400 diseñadores franceses. (p. 87)

Las mejores tiendas 'gourmet'

La Grande Épicerie de Paris Emporio de la alimentación. (p. 196)

Place de la Madeleine Tiendas de comida *gourmet* especializadas en un producto y proveedores de cáterin. (p. 89)

La Manufacture de Chocolat Fábrica de chocolate de Alain Ducasse. (p. 131)

La Dernière Goutte Vinos de pequeños productores franceses independientes. (p. 195)

Consejos para comprar

- Las *soldes* (rebajas) empiezan a mediados de enero y a mediados de junio, y duran 5-6 semanas.
- Casi todas las tiendas envuelven gratuitamente en papel de regalo (muy bonito); hay que pedir un *paquet cadeau*.
- Los ciudadanos extracomunitarios quizá puedan solicitar el reembolso del TVA (*taxe sur la valeur ajoutée*; IVA).

Museos

Si hay algo que rivaliza con la obsesión de los parisinos por la comida, es su amor al arte. Hay cientos de museos y siempre se encontrará algo nuevo, tanto si se prefiere el clasicismo como el impresionismo o la historia militar francesa.

Planear la visita

La mayoría de los museos cierran un día a la semana, normalmente el lunes o martes; muchos abren hasta tarde una o más noches por semana (es el momento con menos aglomeraciones). Se ahorrará tiempo comprando las entradas por internet, si es posible. Recuérdese que la última admisión es 30 min o 1 h antes del cierre (que es la indicada en esta guía). Las audioguías pueden estar incluidas en la entrada o tener precio aparte.

Museos nacionales

Hay que intentar estar en París el primer domingo de mes, cuando la visita a los *musées nationaux* (www.rmn.fr) y a un puñado de monumentos es gratuita (en algunos casos, solo en ciertos meses). Las exposiciones temporales siguen siendo de pago.

Museos municipales

Las colecciones permanentes de la mayoría de los *musées municipaux* (www.paris.fr) pueden visitarse gratis en cualquier momento. Las exposiciones temporales son de pago.

Las mejores colecciones impresionistas

Musée d'Orsay El museo nacional del impresionismo y movimientos relacionados es visita obligada. (foto arriba; p. 176)

Musée de l'Orangerie Monet ideó un impresionante ciclo de Nenúfares para este edificio. (p. 78)

Musée Marmottan Monet La mayor colección mundial del pintor impresionista Monet, en un antiguo pabellón de caza. (p. 46)

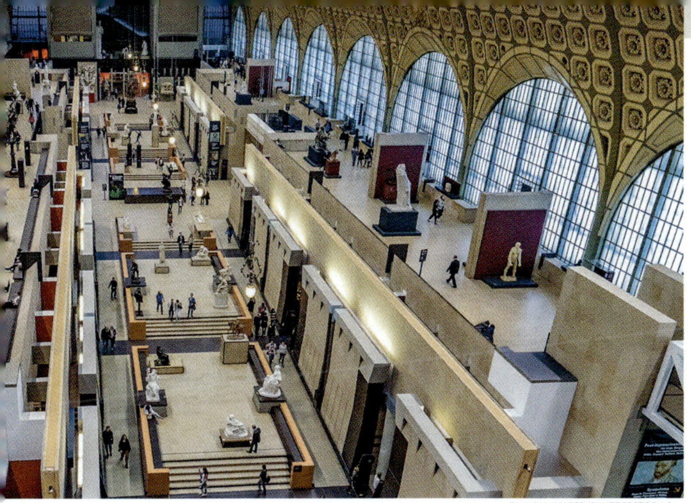

TAKASHI IMAGES/SHUTTERSTOCK ©

Los mejores museos de arte moderno y contemporáneo

Musée National d'Art Moderne El museo nacional de arte moderno, en el Centre Pompidou. (p. 112)

Musée d'Art Moderne de la Ville de Paris El museo municipal de arte moderno abarca desde el s. XX hasta la actualidad. (p. 61)

Palais de Tokyo Instalaciones y exposiciones temporales. (p. 60)

Espace Dalí Dedicado a la obra del maestro del surrealismo Salvador Dalí. (p. 99)

L'Atelier des Lumières El primer museo de arte digital de París. (p. 119)

Los mejores museos de escultura

Musée Rodin Obras de Rodin en su antigua mansión y jardín de rosas. (p. 40)

Musée de la Sculpture en Plein Air Más de 50 esculturas de finales del s. XX, de artistas como César y Brancusi. (p. 161)

Musée Maillol Museo centrado en el escultor Aristide Maillol. (p. 186)

Consejos para ahorrar

- Se ahorrará tiempo y dinero invirtiendo en un Paris Museum Pass o Paris Passlib' (que incluye transporte público) para saltarse (o reducir sustancialmente) las enormes colas en las taquillas.
- Se venden entradas combinadas para varios museos.
- Los ciudadanos de la UE menores de 26 años entran gratis a los museos y monumentos nacionales.

Arquitectura

La reforma del barón Haussmann, que creó los bulevares flanqueados por edificios neoclásicos, aún define el París de hoy. Tras el movimiento art nouveau, *los añadidos se centraron en los* grands projets *(grandes proyectos) de los presidentes franceses. La Cité de l'Architecture et du Patrimoine ofrece una visión de conjunto.*

La renovación de Haussmann

El aspecto actual de París se debe en gran medida al barón Georges-Eugène Haussmann, quien, por encargo de Napoleón III, reconstruyó completamente varias zonas entre 1853 y 1870, sustituyendo las callejuelas (fáciles de cerrar con barricadas en caso de sublevación) por avenidas anchas y rectas, incluidas las 12 que parten del Arco de Triunfo.

Edificios elevados

La controvertida construcción de la Tour Montparnasse en la década de 1970 (en obras del 2019 al 2023) dio lugar a la prohibición de los rascacielos. Sin embargo, debido a la escasez de viviendas, el ayuntamiento aumentó la altura máxima hasta los 180 m en algunas zonas. Uno de los defensores es el arquitecto francés Jean Nouvel, ganador del premio Pritzker.

Lo mejor del 'art nouveau'

Torre Eiffel La 'dama de hierro' de París es el culmen del *art nouveau*. (p. 38)

Entrada a la estación de Abbesses La entrada de metro de Hector Guimard más bella que se conserva. (p. 97)

Brasserie Bofinger Latón, vidrio y espejos *art nouveau* en la *brasserie* más antigua de París. (p. 125)

Musée d'Orsay La antigua estación de trenes (1900) que alberga el museo merece una visita por sí misma. (p. 176)

Galeries Lafayette Grandes almacenes con una impresionante cúpula de vidrio. (p. 87)

DMITRY ZINOVYEV/SHUTTERSTOCK ©

Le Carreau du Temple Este viejo mercado cubierto en Le Marais es hoy un centro social y cultural vanguardista. (p. 115)

Los mejores 'grands projects' presidenciales

Centre Pompidou El centro cultural del presidente Georges Pompidou, hoy muy estimado, causó escándalo al inaugurarse en 1977. (p. 112)

Pirámide de cristal del Louvre La pirámide de I. M. Pei, promovida por François Mitterrand, creó polémica en 1989. (p. 68)

Opéra Bastille Entre los costosos *projets* de Mitterrand se cuenta la segunda y vanguardista ópera de la ciudad. (foto arriba; p. 129)

Bibliothèque Nationale de France Las cuatro torres de la biblioteca nacional (proyecto de Mitterrand) tienen forma de libros a medio abrir. (p. 173)

Los mejores edificios de Jean Nouvel

Musée du Quai Branly El *projet* favorito del presidente Jacques Chirac, diseñado por Nouvel. (p. 44)

Institut du Monde Arabe El edificio que consolidó a Nouvel fusiona elementos árabes y occidentales. (p. 158)

Fondation Cartier pour l'Art Contemporain Impresionante espacio de arte contemporáneo. (p. 186)

Las mejores estructuras contemporáneas

Lafayette Anticipations Un espacio de moda, y arte contemporáneo transformado en el 2018 por Rem Koolhaas. (p. 120)

Cinémathèque Française Frank Gehry diseñó este edificio posmoderno que alberga dos museos del cine. (p. 173)

Forum des Halles Centro comercial coronado por un dosel selvático. (p. 80)

Fondation Louis Vuitton Centro de bellas artes de Frank Gehry, rematado por una 'nube' gigante de cristal. (p. 60)

Historia

La historia de París es una sucesión de batallas, derramamientos de sangre, excesos, revoluciones, reformas, resistencia, renacimiento y constante reinvención. Esta epopeya no está confinada en museos y archivos: los vestigios de la historia de la capital y del país son evidentes por toda la ciudad.

Los inicios

París nació en el s. III a.C., cuando los parisios, una tribu celta gala, fundaron un pueblo de pescadores. En el 52 a.C., Julio César puso fin a siglos de conflicto entre galos y romanos. El cristianismo fue introducido en el s. II d.C., y en el 508, el rey franco Clodoveo I unificó la Galia e hizo de París su sede.

Conflictos

En el s. XII, los vikingos escandinavos se acercaron a París, lo que a la larga desembocó en la Guerra de los Cien Años contra la Inglaterra normanda, que tomó el control de Francia en 1420. En 1429, Juana de Arco reorganizó las tropas francesas para derrotar a los ingleses.

Revolución

Los excesos de Luis XIV y sus herederos causaron la sublevación de los parisinos el 14 de julio de 1789, lo que inició la Revolución francesa. El Gobierno se consolidó en 1799 bajo el mando de Napoleón Bonaparte, que conquistó gran parte de Europa hasta su derrota en Waterloo.

Reformas y más

Por orden de Napoleón III, el barón Haussmann reformó el paisaje urbano de la capital. Cuando los parisinos supieron de la captura de Napoleón III en la guerra contra Prusia en 1870, exigieron una república. Surgió entonces la rutilante *belle époque*.

Los mejores legados romanos

Arènes de Lutèce Anfiteatro del s. II. (p. 161)

Crypte Archéologique Ruinas galorromanas. (p. 141)

MALIRA/SHUTTERSTOCK ©

Los mejores edificios medievales

Notre Dame Completada a principios del s. XIV. (foto arriba; p. 136)

Louvre Un fuerte del s. XII convertido en palacio y luego en museo. (p. 68)

Sainte-Chapelle Consagrada en 1248. (p. 144)

Los mejores monumentos revolucionarios

Place de la Bastille Aquí estaba la prisión cuya toma el 14 de julio de 1789 desencadenó la Revolución. (p. 121)

Versalles La marcha sobre Versalles (octubre de 1789) obligó a la familia real a abandonar el palacio. (p. 198)

Place de la Concorde Luis XVI y María Antonieta fueron dos de las miles de personas guillotinadas donde ahora se levanta el obelisco. (p. 79)

Conciergerie En este palacio (y cárcel) fue juzgada y encarcelada María Antonieta. (p. 144)

Los mejores lugares de enterramiento

Père Lachaise El cementerio más visitado del mundo, lleno de tumbas famosas. (p. 132)

Les Catacombes Los túneles del osario están repletos de huesos. (p. 185)

Panthéon Mausoleo donde reposan los grandes pensadores de Francia. (p. 158)

Cierres y renovaciones

- El museo de historia de París, Musée Carnavalet (en Le Marais), estará cerrado por obras hasta el 2020; consúltese www.carnavalet.paris.fr.
- El **Musée National du Moyen Âge** (p. 158) estará en obras hasta el 2020, pero permanece parcialmente abierto al público.

Parques y jardines

NIKOLPETR/SHUTTERSTOCK ©

Si los cafés son los salones comunales de París, las plazas y jardines son sus patios traseros. Los parques grandes resultan idílicos para pasear o tomar el sol, con muchos asientos, quioscos y cafés. Los jardincitos secretos están escondidos entre edificios históricos o incluso en mitad del Sena.

Los mejores jardines tradicionales

Jardin du Luxembourg El parque más popular de París. (p. 178)

Jardin des Tuileries Forma parte del eje histórico y no podría ser más clásico. (p. 78)

Versalles Los jardines de palacio, son dignos de un rey. (foto arriba; p. 199)

Los mejores tesoros ocultos

Square du Vert-Galant Con una romántica ubicación en la Île de la Cité. (p. 144)

Square René Viviani Alberga el árbol más viejo de París. (p. 159)

Île aux Cygnes Un camino a la sombra de los árboles recorre la longitud de la desconocida tercera isla de la ciudad. (p. 45)

Los mejores parques

Jardin des Plantes El jardín botánico tiene peonías, rosas, un jardín alpino e invernaderos. (p. 159)

Parc des Buttes Chaumont Un refugio boscoso en una colina. (p. 109)

Promenade Plantée El primer parque elevado del mundo, en un viaducto en desuso. (p. 120)

Place des Vosges La plaza más bonita, con soportales y un parque en el centro. (p. 121)

Visitar los espacios verdes

- Los horarios varían según la estación: hay que consultar la hora de cierre en la puerta del parque.
- Hay varios *murs végétaux* (jardines verticales) en la ciudad, p. ej. L'Oasis d'Aboukir (p. 82).
- Las iniciativas ecologistas están convirtiendo París en una ciudad más verde y se están creando muchas zonas abiertas.

Actividades ribereñas

El Sena, la ligne de vie de Paris *("la línea de la vida de París"), atraviesa la ciudad y tiene 37 puentes. Sus márgenes, declaradas Patrimonio Mundial por la Unesco, ofrecen pintorescos paseos, parques, actividades y eventos, además de dos playas de arena en verano. De noche, los reflejos de las luces de la ciudad y de los barcos turísticos bailan sobre el agua.*

M.SOBREIRA/ALAMY ©

La renovación de la ribera

Las *berges* (orillas) del Sena renacieron en el 2013 con la creación de un tramo de 2,3 km sin coches en la margen izquierda (p. 185), salpicado de restaurantes y bares, zonas deportivas, parques infantiles y jardines flotantes en 1800 m² de islas artificiales.

En el 2017, se creó un tramo de 3,3 km en la margen derecha (p. 119) con carriles-bici y peatonales, pistas de *pétanque* (petanca) y otros deportes, juegos infantiles, restaurantes y bares.

Paris Plages

Palmeras, bares, cafeterías, tumbonas, sombrillas y surtidores bordean el río en pleno verano durante las "Playas de París" (www.parisinfo.com), para disfrutar de la dulzura del verano.

Los mejores cruceros fluviales

Bateaux-Mouches (☎ 01 42 25 96 10; www.bateaux-mouches.fr; Port de la Conférence, 8e; adultos/niños 13,50/6 €; Ⓜ Alma Marceau) Recorridos de 70 min. Zarpan al este del Pont de l'Alma (margen derecha) de forma regular de 10.00 a 22.30 abr-sep y cada 40 min de 11.00 a 21.20 el resto del año. Comentarios en francés e inglés.

Vedettes de Paris (☎ 01 44 18 19 50; www.vedettesdeparis.fr; Port de Suffren, 7e; adultos/niños 15/7 €; ⏲ 11.30-19.30 may-sep, 11.30-17.30 oct-abr; Ⓜ Bir Hakeim o RER Pont de l'Alma) Recorridos turísticos de 1 h en embarcaciones más pequeñas. También hay paseos temáticos, como el imaginativo "Misterios de París" para niños (adultos/niños 15/9 €).

Circuitos

PASCAL LAGESSE/SHUTTERSTOCK ©

Parisien d'un Jour – Paris Greeters (https://greeters.paris; con donativo) Circuitos urbanos de 2-3 h dirigidos por voluntarios, para ver París a través de los ojos de sus habitantes. Hay que apuntarse al menos dos semanas antes.

Paris Walks (☎01 48 09 21 40; www.paris-walks.com; circuitos 2 h adultos/niños 15/10 €) Veterana y respetada empresa que ofrece paseos temáticos de 2 h (arte, moda, chocolate, Revolución francesa, etc.).

Fat Tire Bike Tours (☎01 82 88 80 96; www.fattiretours.com; circuitos desde 34 €) Circuitos diurnos y nocturnos en bicicleta, por el centro de la ciudad y más lejos.

Set in Paris (☎09 84 42 35 79; http://setinparis.com; 3 rue Maître Albert, 5e; circuitos 2 h 25 €; ⏰circuitos 10.00 y 15.00; Ⓜ Maubert-Mutualité) Desde su sede, una 'taquilla' de cine en el Barrio Latino, ofrece circuitos cinematográficos por localizaciones de películas como *El diablo viste de Prada, El caso Bourne, Los tres mosqueteros,* varias de James Bond y muchas otras.

Canauxrama (☎01 42 39 15 00; www.canauxrama.com; enfrente de 50 bd de la Bastille, Port de l'Arsenal, 12e; adultos/niños 18/9 €; ⏰variable; Ⓜ Bastille) Recorridos por el canal en temporada, con salida desde el Bassin de la Villette (cerca del Parc de la Villette) y el Port de l'Arsenal. Duran 2½ h (solo ida) y los barcos pasan por cuatro esclusas dobles, dos puentes giratorios y un tramo subterráneo.

Street Art Paris (☎09 50 75 19 92; http://streetartparis.fr; circuito 2½ h 20 €) Descubrir la historia de los grafitis con unos circuitos fascinantes dedicados al arte urbano.

Left Bank Scooters (☎06 78 12 04 24; www.leftbankscooters.com; circuito 3 h 1/2 pasajeros desde 200/50 €) Circuitos en vespa por París (diurnos y al atardecer), excursiones a Versalles y recorridos en sidecar. Es necesario tener carné de conducir para automóvil o motocicleta.

L'Open Tour (☎01 42 66 56 56; www.paris.opentour.com; pase 1 día adultos/niños 33/17 €, circuito nocturno 27/17 €) Autobuses turísticos descubiertos con subida y bajada libre. Tres circuitos diferentes y 50 paradas.

Localers (☎01 83 64 92 01; www.localers.com; circuitos desde 49 €) Descubrimientos urbanos entre bastidores: *pétanque,* sesiones fotográficas, visitas a mercados, clases de cocina...

Cursos de cocina y cata de vino

MATT MUNRO/LONELY PLANET ©

París cuenta con numerosas escuelas de cocina que ofrecen cursos para todos los bolsillos y niveles. Allí donde hay comida en París, el vino nunca anda lejos; muchos sitios ofrecen catas y clases de nivel principiante hasta experto.

Las mejores clases de cocina

Cook'n With Class (☎01 42 57 22 84; www.cooknwithclass.com; 6 rue Baudelique, 18e; ⏲2 h clase desde 95 €; Ⓜ Simplon, Jules Joffrin) Grupos pequeños e informales.

Le Cordon Bleu (☎01 85 65 15 00; www.cordonbleu.edu/paris; 13-15 quai André Citroën, 15e; Ⓜ Javel-André Citroën o RER Javel) Una de las escuelas de artes culinarias más importantes del mundo.

La Cuisine Paris (☎01 40 51 78 18; www.lacuisineparis.com; 80 quai de l'Hôtel de Ville, 4e; 2 h clases de cocina/circuitos a pie desde 69/80 €; Ⓜ Pont Marie, Hôtel de Ville) Cursos de pan, cruasanes y *macarons*, además de paseos gastronómicos.

Las mejores sesiones de cata de vino

Ô Château (☎01 44 73 97 80; http://o-chateau.com; 68 rue Jean-Jacques Rousseau, 1er; ⏲16.00-24.00 lu-sa; 📶; Ⓜ Les Halles o RER Châtelet-Les Halles) Empresa joven y divertida que ofrece catas asequibles.

Musée du Vin (☎01 45 25 63 26; www.museeduvinparis.com; 5 sq Charles Dickens, 16e; adultos/niños 13,90 €/gratis; ⏲10.00-18.00 ma-do; Ⓜ Passy) El Museo del Vino ofrece catas instructivas.

Wine Tasting in Paris (☎06 76 93 32 88; www.wine-tasting-in-paris.com; 14 rue des Boulangers, 5e; catas desde 46 €; ⏲catas 17.00-19.30 ma, ju y sa; Ⓜ Jussieu) Las catas abarcan metodología, vocabulario, interpretación de las etiquetas y regiones vinícolas.

Reservar una clase

- Abundan los cursos cortos; deben reservarse con mucha antelación.
- Muchos establecimientos ofrecen clases en inglés (confírmese al reservar).

Para niños

Los parisinos adoran a les enfants (los niños) y los reciben con los brazos abiertos en casi todas partes. Los niños franceses suelen ser tranquilos y educados, y se esperará que los pequeños viajeros también lo sean. Aun así, podrán desfogarse a gusto: el diseño residencial del centro incluye zonas de juego en parques y plazas.

PAGE LIGHT STUDIOS/SHUTTERSTOCK ©

Comer con niños

Muchos restaurantes admiten niños (confírmese antes), pero los menús infantiles no están generalizados y pocos restaurantes disponen de tronas.

Alojamiento

Debido al limitado espacio de los edificios parisinos, con frecuencia los apartamentos son más económicos. Consúltese la disponibilidad y coste de un *lit bébé* (cuna).

Parques temáticos

En las afueras del París central está Disneyland Resort Paris (www.disneylandparis.com), Parc Astérix (www.parcasterix.fr) y el Jardin d'Acclimatation (www.jardindacclimatation.fr).

Las mejores atracciones para niños

Le Grand Rex Los niños pueden ser estrellas de cine en entretenidos circuitos entre bastidores (p. 86)

Jardin du Luxembourg Paseos en poni, marionetas y más. (foto arriba; p. 178)

Vedettes de Paris Recorridos "Misterios de París" por el Sena, especiales para niños. (p. 23)

Galerie des Enfants Museo de historia natural para niños de 6 a 12 años en el Jardin des Plantes. (p. 160)

Desplazarse con niños

- Los menores de 4 años viajan gratis en el transporte público y, generalmente, entran gratis a los puntos de interés. Hay descuentos para niños de más edad.
- Cuidado al cruzar la calle: a menudo, los conductores no hacen caso de los semáforos en verde para peatones.

LGBT+

París tiene una 'escena' gay y lesbiana menos definida que otras ciudades. Le Marais (en particular, en torno a la intersección de las calles Ste-Croix de la Bretonnerie y des Archives) es el principal núcleo de locales nocturnos de ambiente; otros locales de la ciudad atraen a una clientela mixta.

NEIL ANTON DUMAS/SHUTTERSTOCK ©

Trasfondo

París fue la primera capital europea que eligió a un alcalde declaradamente gay: Bertrand Delanoë en el 2001. La ciudad en sí es muy abierta; las parejas homosexuales suelen expresar su afecto en público y pueden registrarse en un hotel sin problemas.

En el 2013, Francia se convirtió en el 13er país del mundo en legalizar el matrimonio entre personas del mismo sexo (y la adopción por parte de parejas homosexuales). Normalmente, al menos uno de los cónyuges debe ser residente para casarse aquí.

Circuitos guiados

Para conocer la vida LGBT+ desde dentro y descubrir dónde comer, beber, hacer turismo y salir de noche, hay que apuntarse a un circuito de **Gay Locals** (www.thegaylocals.com; circuito 3 h desde 180 €, 2½ h por bares de gais o lesbianas 50 €). Los guías, residentes en la ciudad, dirigen recorridos por Le Marais, circuitos privados por otros barrios populares y circuitos personalizados según los intereses de los viajeros.

Los mejores bares de ambiente

Le Tango Gais y lesbianas cosmopolitas en una sala de baile de los años treinta. (p. 128)

Open Café La ancha terraza es ideal para observar talentos. (p. 128)

3w Kafé *Pub*-coctelería insignia. (p. 128)

Quetzal Un eterno favorito; con ambiente de ligue a todas horas. (p. 128)

Cuatro días perfectos

Día 1

FLAVIA RADDAVERO/ALAMY ©

Se empieza con un paseo por el **Jardin des Tuileries** (p. 78), parando a ver los *Nenúfares* de Monet en el **Musée de l'Orangerie** (p. 78). La pirámide de cristal de I. M. Pei es la entrada al **Louvre** (p. 68).

Tras visitar los soportales del **Jardin du Palais Royal** (p. 79; foto arriba), hay que asomarse a la bella **Église St-Eustache** (p. 78). El **Centre Pompidou** (p. 112), que abre hasta tarde, ofrece arte moderno y contemporáneo, así como vistas fantásticas desde la azotea.

De día hay mucho que ver en Le Marais: el **Musée National Picasso** (p. 118), el **Musée des Arts et Métiers** (p. 118)... Pero es por noche cuando el barrio cobra vida, con un sinfín de bares (p. 127).

Día 2

ZEFART/SHUTTERSTOCK ©

Hay que subir al **Arco de Triunfo** (p. 54) para contemplar el increíble panorama parisino, pasear por los glamurosos **Campos Elíseos** (p. 53) y quemar la tarjeta de crédito en las **Galeries Lafayette** (p. 87) o la **place de la Madeleine** (p. 89) antes de internarse entre bastidores en la ópera de París, el **Palais Garnier** (p. 79).

Se puede ver arte indígena mundial en el **Musée du Quai Branly** (p. 44) e instalaciones contemporáneas en el **Palais de Tokyo** (p. 60).

El atardecer es el momento ideal para subir a la **Torre Eiffel** (p. 38; foto arriba): se verán vistas diurnas vertiginosas y la ciudad iluminada de noche.

Día 3

BRIAN KINNEY/SHUTTERSTOCK ©

Conviene ir al monumento más visitado de la ciudad, **Notre Dame** (p. 136; foto arriba), a primera hora para evitar las aglomeraciones. Se pueden encontrar más vidrieras hermosas en la cercana **Sainte-Chapelle** (p. 144). Hay que comprar un helado en **Berthillon** (p. 145) antes de visitar las *boutiques* de la Île St-Louis.

Después, obras maestras del impresionismo en el **Musée d'Orsay** (p. 176), compras en St-Germain (p. 194), un café en la terraza del café literario **Les Deux Magots** (p. 192) y un descanso en el **Jardin du Luxembourg** (p. 178).

Tras curiosear en librerías que abren hasta tarde, como la legendaria **Shakespeare & Company** (p. 169), se puede ir a un club de *jazz* como **Café Universel** (p. 168).

Día 4

SAMANTHA OHLSEN/ALAMY ©

Las calles y escaleras de Montmartre, bordeadas de edificios torcidos con hiedra, son encantadoras para deambular. Tras visitar el **Sacré-Cœur** (p. 94) en lo alto, se puede descubrir la historia del barrio en el **Musée de Montmartre** (p. 99; foto arriba).

Se da un paseo por las orillas del **Canal St-Martin** (p. 108), bordeado de cafés. Si los horarios lo permiten, hay que hacer un recorrido en barco por el canal hasta la Bastilla.

El barrio de la Bastilla es ideal para ir de café en café, sobre todo en rue de la Roquette y alrededores. Se termina en la sala de baile de 1936 **Le Balajo** (p. 129), en la zona nocturna de rue de Lappe.

Lo esencial

Para más información véase 'Guía práctica' (p. 203)

Moneda
Euro (€)

Idioma
Francés

Visados
Generalmente, sin restricciones para ciudadanos de la UE. Otras nacionalidades no suelen necesitar visado para estancias de hasta 90 días.

Dinero
Abundan los cajeros automáticos. Visa y MasterCard se aceptan en casi todos los hoteles, tiendas y restaurantes; American Express, en menos.

Hora
Hora Central Europea (GMT/UTC + 1 h)

Propinas
Por ley, ya van incluidas en los precios. Si el servicio es excepcional, se puede añadir un 5-10% en los restaurantes. En los taxis se redondea al alza.

Presupuesto diario

Económico: menos de 100 €

Dormitorio colectivo: 25-50 €.

Café/copa de vino/cóctel/*demi* (media pinta de cerveza): desde 3/3,50/9/3,50 €.

Excelentes opciones para comprar comida, sobre todo en mercados.

Conciertos y actividades gratuitas.

Transporte público, entradas de teatro en lista de espera.

Medio: 100-250 €

Habitación doble: 130-250 €.

Comida de dos platos: 20-40 €.

Museos gratis-hasta 12 €.

Entrada en clubes: gratis-hasta 20 €.

Alto: más de 250 €

Doble en hotel de lujo: desde 250 €.

Restaurante *gourmet* desde 40 €.

Boutiques de diseño.

Antes de partir

Dos meses antes Reservar alojamiento; comprar entradas para la ópera, el *ballet* o el cabaré; consultar el calendario de festivales; reservar mesa en restaurantes de lujo o muy demandados.

Dos semanas antes Apuntarse a un circuito dirigido por habitantes de la ciudad; elegir los museos que se quieran ver y comprar las entradas por internet si es posible.

Dos días antes ¡Meter en la maleta unos zapatos cómodos!

Cómo llegar

París está bien comunicada por avión y tren. El Eurostar une Londres con la Gare du Nord.

Aeropuerto Charles de Gaulle

Aprox. 1 h al noreste del centro de París.

Trenes (RER B), **autobuses** y **autobuses nocturnos** al centro 6-17 €.

Taxis 50-63,25 €.

Aeropuerto de Orly

Aprox. 1 h al sur del centro de París.

Trenes (Orlyval y luego RER), autobuses y autobuses nocturnos al centro 8,70-13,25 €.

Tranvía T7 a Villejuif-Louis Aragon, luego en metro al centro (3,80 €).

Taxis 30-40,25 €.

Cómo desplazarse

Caminar es un placer, y el eficaz y económico transporte público hace que desplazarse sea muy fácil.

M Metro y RER

El metro y los trenes RER circulan aprox. de 5.30 a 0.35 o 1.15 (hasta 2.15 vi y sa), según la línea.

Bicicleta

Las bicicletas compartidas de Vélib salen casi gratis y tienen estaciones por toda la ciudad.

Autobús

Es práctico para padres con cochecitos de bebé y personas con movilidad reducida.

Barco

Los barcos turísticos de Batobus navegan a lo largo del Sena.

Taxi

Hay paradas en los cruces importantes.

Bar à vins (bar de vinos).

Barrios de París

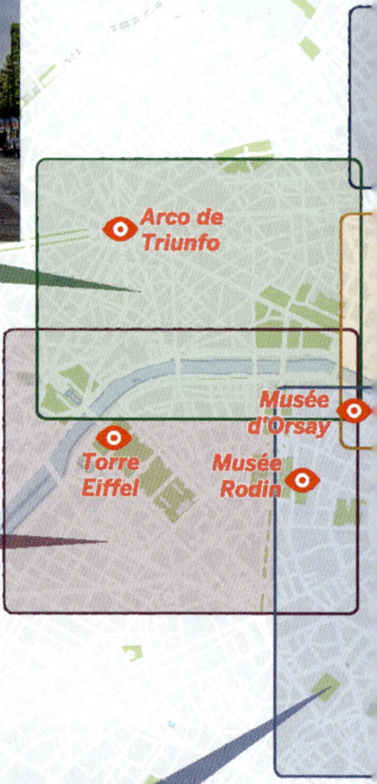

Arco de Triunfo y Campos Elíseos (p. 53)

Avenidas glamurosas flanqueadas por casas de modas, museos excelentes y restaurantes elegantes.

Musée d'Orsay y St-Germain des Prés (p. 37)

Con pedigrí literario, cafés con terraza y *boutiques* exquisitas, este barrio aburguesado conserva una cualidad cinematográfica.

Torre Eiffel y Les Invalides (p. 175)

Subir a la torre es razón suficiente para visitar este majestuoso barrio, pero también hay museos imprescindibles.

Sacré-Cœur y Montmartre (p. 93)
Bajo la basílica de Montmartre, los pintores con sus caballetes, los bistrós y los cabarés históricos mantienen vivo el espíritu artístico de la colina.

Louvre, Tuileries y Opéra (p. 67)
Museos palaciegos, jardines declarados Patrimonio Mundial, grandes almacenes suntuosos y tiendas de alimentos *gourmet*, entre otros atractivos.

Centre Pompidou y Le Marais (p. 111)
Boutiques y bares de moda, galerías vanguardistas y bellos museos en el laberinto de callejuelas de Le Marais.

Barrio Latino (p. 153)
Este animado barrio alberga vastos jardines, museos fascinantes, un enorme mausoleo y estudiantes de la universidad de la Sorbona.

Notre Dame y las islas (p. 135)
La catedral gótica domina la Île de la Cité; la pequeña y romántica Île St-Louis tiene tiendas encantadoras y helados sublimes.

AU CADET DE GASCOGNE
Restaurant
Le Singe qui lit
Café
Brasserie
AU CADET de GASCOGNE

Explorar París

Merece la pena

Circuitos a pie

Place du Tertre (p. 97), Montmartre. BORIS B/SHUTTERSTOCK ©

Explorar
Torre Eiffel y Les Invalides

Hogar de parisinos muy adinerados, este lujoso barrio se extiende hacia el oeste por la margen izquierda del Sena y alberga arquitectura magnífica, incluida la torre que simboliza la ciudad, además de excelentes museos dedicados a la historia y el arte de diversas épocas y culturas.

Un crucero por el río es la forma ideal de empezar (y/o terminar) un día en esta emblemática zona. Varias compañías, como Bateaux-Mouches (p. 23), paran cerca de la Torre Eiffel. Por la mañana se visita el Musée Rodin (p. 40) y su bello jardín con esculturas; después se va a Hôtel des Invalides (p.44) para conocer la historia militar francesa y sobrecogerse ante la tumba de Napoleón. Tras el arte indígena y la llamativa arquitectura del Musée du Quai Branly (p. 44), hay que subir a la Torre Eiffel (p. 38) al atardecer, para tener vistas tanto diurnas como nocturnas.

Cómo llegar y desplazarse

M Bir Hakeim (línea 6) o Champ de Mars-Tour Eiffel (RER C).

M Desde Alma Marceau (línea 9), es un paseo fácil cruzando el Pont de l'Alma.

Además de los cruceros fluviales, el servicio del Batobus empieza y termina cerca de la Torre Eiffel.

Véase el plano en p. 42.

Torre Eiffel (p. 38). GONZDDL/SHUTTERSTOCK ©

Principales puntos de interés

Torre Eiffel

Existen diferentes maneras de disfrutar de la Torre Eiffel, desde un ascenso vespertino entre luces parpadeantes hasta una comida en uno de sus dos restaurantes. Aunque recibe 6,2 millones de visitantes anuales, pocos negarán que cada visita es única y es algo que debe hacerse obligatoriamente si se está en París.

PLANO P. 42, C3

Champ de Mars, 5 av Anatole France, 7e

adultos/niños ascensor hasta último piso 25/6,30 €, hasta 2º piso 16/4 €, escaleras hasta 2º piso 10/2,50 €

M Bir Hakeim o RER Champ de Mars-Tour Eiffel

Primer piso

De los tres pisos, el 1° (a 57 m) ofrece más espacio, pero no las mejores vistas. El acristalado **Pavillon Ferrié** alberga una sala de proyecciones, un café y una tienda de recuerdos; en la pasarela exterior un circuito explica el diseño de la torre. El suelo de cristal ofrece una vertiginosa vista de la vida a nivel del suelo.

No todos los ascensores van al 1er piso (se recomienda comprobarlo), pero si se sube al 2° por equivocación, el descenso a pie es muy agradable.

Segundo piso

Las vistas desde el 2° piso (a 115 m), a una altura impresionante desde la que se ven los detalles de la ciudad, son las mejores. Los telescopios y mapas panorámicos ayudan a localizar los puntos de interés de París y más allá. Las ventanas informativas dan una idea de la mecánica de los ascensores y el túnel de visión permite ver el suelo a través de paneles de cristal. También hay aseos y una tienda de recuerdos.

Último piso

Las vistas desde el último piso (a 276 m; foto izda.) llegan a 60 km de distancia en un día despejado, aunque a esa altura el paisaje es más panorámico que detallado. La ascensión se celebra con una copa de champán (13-22 €) en el Bar à Champagne (abierto 12.00-17.15 y 18.15-22.45), antes de ver la oficina de Gustave Eiffel, en la que las figuras de cera de Eiffel y su hija Claire reciben a Thomas Edison.

Para subir al último piso se toma un ascensor en el 2° piso (cerrado con viento intenso).

★ Consejos

- Mejor comprar los billetes de los ascensores en línea (www.toureiffel.paris). Se elige una franja horaria y se imprimen o se usa un smartphone legible para el escáner de la entrada.
- En lo alto hace viento; no hay que olvidar llevar una chaqueta.
- En verano, el horario es más amplio (ascensor y escaleras 9.00-12.45 med jun-ago; ascensor 9.30-11.45, escaleras 9.30-18.30 sep-med jun).

✕ Una pausa

En el 1er piso está **58 Tour Eiffel** (www.restaurants-toureiffel.com; menús comida 37,20 €, cena 93,70-113,70 €; ⏲11.30-16.30 y 18.30-23.00; 🍷 👪).

Le Jules Verne (www.lejulesverne-paris.com; menús 5/6 platos 190/230 €, comidas menú 3 platos 105 €; ⏲12.00-13.30 y 19.00-21.30), el restaurante del 2° piso, sirve cocina con estrella Michelin.

Principales puntos de interés

Musée Rodin

Aunque no se ame el arte, vale la pena visitar este destacado museo para perderse por sus románticos jardines, uno de los oasis verdes más apacibles de París. Los arriates formales y los setos arreglados que enmarcan el Hôtel Biron, una mansión del s. XVIII, albergan piezas originales del escultor, pintor, dibujante, grabador y coleccionista Auguste Rodin. Esta era su casa y taller cuando estaba en París.

PLANO P. 42, G4

01 44 18 61 10

www.musee-rodin.fr

79 rue de Varenne, 7e

adultos/niños 10 €/gratis, solo jardín 4 €/gratis

10.00-17.45 ma-do

M Varenne o Invalides

Colecciones

En 1908, Rodin donó toda su colección de arte al Estado francés a condición de que dedicasen su antiguo taller y sala de exposiciones, el Hôtel Biron (1730), a exhibir su obra. Además de las pinturas y bocetos realizados por Rodin, no hay que perderse su colección de obras de artistas como Van Gogh y Monet.

La sala Rodin en el Hôtel Biron cuenta con mobiliario original que la recrea tal como estaba cuando el artista vivió y trabajó en ella.

Esculturas

La primera pieza fundida de la famosa escultura de Rodin **'El pensador'** *(Le Penseur)*, realizada en 1902, se encuentra en el jardín, el lugar perfecto para admirar esa figura desnuda concebida por el artista para representar la inteligencia y la poesía (originalmente se tituló *El poeta*).

En 1880 se le encargó **'La puerta del infierno'** (*La Porte de l'Enfer;* foto izda.) para la entrada de un museo que no se construyó y Rodin trabajó en su obra maestra escultórica hasta su muerte en 1917. Mide 6 m de altura y 4 m de anchura, y sus 180 figuras representan una escena del *Infierno de* Dante.

La oda de mármol al amor, **'El beso'** *(Le Baiser)*, se realizó para formar parte de *La puerta del infierno.* Sus abrazados amantes causaron un gran revuelo debido al enfoque radical de Rodin de que las mujeres mostraran la misma pasión que los hombres.

El museo también expone muchas esculturas de Camille Claudel, protegida y musa de Rodin.

★ Consejos

- Si se compran las entradas en línea, se evitan las colas.
- Las audioguías cuestan 6 €.
- Si solo se desean ver las esculturas exteriores, la entrada para el jardín es más barata.
- Una entrada combinada con el Musée d'Orsay (p. 176) cuesta 18 €; los tiques combinados son válidos para una visita a cada museo en un plazo de tres meses.

Una pausa

Besnier (40 rue de Bourgogne, 7e; 7.00-20.00 lu-sa, cerrado ago; M Varenne) es una *boulangerie* (panadería) cercana.

Para probar comida tradicional francesa se reserva mesa en el restaurante más antiguo de París, À la Petite Chaise (p. 187).

A
B
C
D
1
2
3
4
5
6
R de Longchamp
Av d'Eylau
Av Kléber
Pl d'Iéna
Av Pierre 1er de Serbie
Av George V
Alma Marceau
Iéna
Av du Président Wilson
Trocadéro
Av Georges Mandel
Av d'Iéna
Av Albert de Mun
R Fresnel
Av de New York
Pont de l'Alma
Passerelle Debilly
Pont de l'Alma
Cimetière de Passy
Pl du Trocadéro et du 11 Novembre
R Scheffer
Av des Nations Unies
Pl de Varsovie
Musée du Quai Branly
4
Av Paul Doumer
R Vineuse
Jardins du Trocadéro
Port de la Bourdonnais
R de l'Université
16E
Av des Nations Unies
Q Branly
Allée Paul Deschanel
Av de la Bourdonnais
R de Monttessuy
Av Rapp
R de la Tour
Bd Delessert
Pont d'Iéna
R de Passy
Pl de Costa Rica
Torre Eiffel
Av Gustave Eiffel
Av Elisée Reclus
11
18
Passy
Champ de Mars-Tour Eiffel
Allée Léon Bourgeois
9
R Raynouard
Stade Émile Anthoine
Pont de Bir Hakeim
Av Joseph Bouvard
Av du Président Kennedy
Allée des Cygnes
R Jean Rey
Pl des Martyrs Juifs du Vélodrome d'Hiver
Av de Suffren
5
Parc du Champ de Mars
Av Anatole France
Bir Hakeim
R de la Fédération
Av Pierre Loti
Île aux Cygnes
6
R Nélaton
R St-Saëns
Bd de Grenelle
15E
R Edgar Faure
8
R Desaix
Pl A Sauvy
R de Presles
Av Charles Floquet
R du Docteur Finlay
R Dupleix
Pl Dupleix
Q de Grenelle
Pl de Brazzaville
R St-Charles
R Émeriau
Dupleix
Av de Champaubert
R du Laos
R Viala
R Juge
Bd de Grenelle
Ladurée Picnic
Pl St-Charles
R Ruelle
R de Lourmel
R Tiphaine
La Motte Picquet Grenelle
R Fondary
R Letellier
R du Commerce
Pl Cambronne
R du Théâtre
R Violet
R Frémicourt
Av Émile Zola
R de la Croix Nivert
R Cambronne
0
500 m
Reseñas en:
Principales puntos de interés p. 38
Puntos de interés p. 44
Dónde comer p. 45
Dónde beber p. 49
De compras p. 50

E
F
G
H
1
2
3
4
5
6
Av Montaigne
R Jean Goujon
R François 1er
Av Franklin D Roosevelt
Av Winston Churchill
Av des Champs-Élysées
Cours la Reine
Cours Albert 1er
Pl de la Concorde
Port de la Conférence
Sena
Pont des Invalides
Pont Alexandre III
Pont de la Concorde
Q d'Orsay
Q d'Orsay
Pl de la Résistance
R Surcouf
Bd de la Tour Maubourg
Esplanade des Invalides
Av du Maréchal Gallieni
Invalides
Assemblée Nationale
R de l'Université
Pl du Palais Bourbon
Bd St-Germain
21
7
13
19
R Malar
R St-Dominique
R St-Dominique
R Amélie
12
R Fabert
17
R de Constantine
Pl des Invalides
R de Bourgogne
R St-Dominique
R Las Cases
10
14
Av Bosquet
R de Grenelle
R Cler
R Duvivier
La Tour Maubourg
R de Grenelle
R de Bellechasse
20
R du Champ de Mars
Musée de l'Armée 3
Hôtel des Invalides 1
Église du Dôme 2
Varenne
FAUBOURG ST-GERMAIN
R de Varenne
Musée Rodin
7E
R Chevert
École Militaire
Bd des Invalides
R Barbet de Jouy
R Vaneau
Av de Tourville
Pl Vauban
Av de la Motte-Picquet
École Supérieure de Guerre
École Militaire
Av Duquesne
R Bixio
Av de Villars
Sq des Missions Etrangères
R de Babylone
Jardin Catherine Labouré
St-François Xavier
16
R d'Estrées
Av de Lowendal
Pl de Fontenoy
R Oudinot
R Rousselet
R Vaneau
Laennec
UNESCO
Av de Suffren
Av de Ségur
Av de Saxe
Av de Breteuil
R Eblé
Bd des Invalides
15
Vaneau
6E
R Duroc
Cambronne
R Pérignon
22
Bd Garibaldi
R de Sèvres
Bd du Montparnasse
R du Cherche Midi
R Miollis

Puntos de interés

Hôtel des Invalides

MONUMENTO, MUSEO

1 PLANO P. 42, G3

En la década de 1670, Luis XIV mandó construir el Hôtel des Invalides, flanqueado por los 500 m de césped de la Esplanade des Invalides, para alojar a 4000 *invalides* (veteranos de guerra discapacitados). El 14 de julio de 1789 una turba asaltó el edificio y se apoderó de 32 000 armas antes de tomar la Bastilla, lo que supuso el comienzo de la Revolución francesa. La entrada incluye los puntos de interés del Hôtel des Invalides (las exposiciones temporales tienen precio aparte). El horario varía; compruébense las actualizaciones en su web. (www.musee-armee.fr; 129 rue de Grenelle, 7e; adultos/niños 12 €/gratis; 10.00-18.00; M Varenne, La Tour Maubourg)

Église du Dôme

IGLESIA

2 PLANO P. 42, G4

La emblemática iglesia del Hôtel des Invalides, con su cúpula dorada (1677-1735) es uno de los edificios religiosos más exquisitos construidos por Luis XIV e inspiró el Capitolio de Estados Unidos. Acoge los restos de Napoleón desde 1840; la **Tombeau de Napoléon 1er** está compuesta por seis ataúdes que encajan uno en otro, como una muñeca rusa. (www.musee-armee.fr; 129 rue de Grenelle, 7e; incluye entrada al Hôtel des Invalides; 10.00-19.00 jul y ago, hasta 18.00 abr-jun, sep y oct, hasta 17.00 nov-mar; M Varenne)

Musée de l'Armée

MUSEO

3 PLANO P. 42, G3

Se halla en la Cour d'Honneur, al norte del Hôtel des Invalides, y alberga la mayor colección del país sobre historia militar francesa. (Museo del Ejército; www.musee-armee.fr; 129 rue de Grenelle, 7e; incluye entrada al Hôtel des Invalides; 10.00-18.00 abr-oct, hasta 17.00 nov-mar; M Varenne, La Tour Maubourg)

Musée du Quai Branly

MUSEO

4 PLANO P. 42, D2

Este tributo a la diversidad cultural ofrece una inspiradora visión de conjunto del arte popular e indígena. Abarca cuatro secciones principales: Oceanía, Asia, África y América. Máscaras, tallas, armas, joyas y muchos otros objetos integran el grueso de su colección, expuesta en su poco convencional interior, sin salas ni paredes altas. Hay excelentes exposiciones temporales y actuaciones. (01 56 61 70 00; www.quaibranly.fr; 37 quai Branly, 7e; adultos/niños 10 €/gratis; 11.00-19.00 ma, mi y do, 11.00-21.00 ju-sa; M Alma Marceau o RER Pont de l'Alma)

Parc du Champ de Mars

PARQUE

5 PLANO P. 42, D4

El verde Champ de Mars, ideal para hacer un pícnic en verano, se extiende al sureste de la Torre Eiffel. Se utilizó originalmente como plaza de armas de los cadetes de la **École Militaire** del s. XVIII, el enorme edificio clásico francés del extremo sureste del parque, que contó con Napoleón Bonaparte entre sus alumnos. El **Muro por la paz** (http://wallforpeace.org), levantado en el 2000, es obra de Clara Halter. (Champ de Mars, 7e; M École Militaire o RER Champ de Mars-Tour Eiffel)

Île aux Cygnes

ISLA

6 PLANO P. 42, A4

La tercera y poco conocida isla de París, la artificial Île aux Cygnes, se creó en 1827 para proteger el puerto fluvial y mide 850 m de largo y 11 m de ancho. En el lado occidental del Pont de Grenelle se alza la **réplica de la Estatua de la Libertad,** inaugurada en 1889, a una cuarta parte de su tamaño real. Para disfrutar de unas vistas sensacionales de la Torre Eiffel, se va hacia el este por la Allée des Cygnes, el paseo que atraviesa la isla. (Isla de los Cisnes; entre Pont de Grenelle y Pont de Bir Hakeim, 15e; M Javel-André Citroën, Bir Hakeim)

Dónde comer

Tomy & Co

DE AUTOR **€€**

7 PLANO P. 42, F2

El restaurante que Tomy Gousset tiene cerca de *mademoiselle* Eiffel causa sensación desde el primer día. El chef franco-camboyano obra magia para crear geniales platos de temporada con ingredientes de su huerto ecológico. En invierno, entran en escena las

Musée du Quai Branly.

trufas negras aromáticas (menú degustación temático 95 €). Los postres –tarta de chocolate con higos frescos, helado de higos y azúcar de palma de Camboya– también son de temporada. Fundamental reservar. (01 45 51 46 93; 22 rue Surcouf, 7e; comidas menú 2 platos 27 €, cenas menú 3 platos/degustación 47/68 €, platos principales maridaje vino 45 €; 12.00-14.00 y 19.30-21.30 lu-vi; M Invalides)

Le Cassenoix FRANCESA MODERNA €€

8 PLANO P. 42, C4

"El Cascanueces" es todo lo que debe ser cualquier bistró de barrio que se precie. *Tradition et terroir* (tradición y procedencia) es el lema que inspira al propietario y chef, Pierre Olivier Lenormand, para crear platos tan intensos como espaldilla de ternera estofada con puré de patatas y cebolla caramelizada, o merluza a la plancha con chirivías y crujiente de avellanas y parmesano. Los ventiladores clásicos del techo contribuyen al ambiente *retro*. Reservas con antelación. (01 45 66 09 01; www.le-cassenoix.fr; 56 rue de la Fédération, 15e; menú 3 platos 34 €; 12.00-14.30 y 19.00-22.30 lu-vi; M Bir Hakeim)

Musée Marmottan Monet

El **Musée Marmottan Monet** (01 44 96 50 33; www.marmottan.fr; 2 rue Louis Boilly, 16e; adultos/niños 11/7,50 €; 10.00-18.00 ma, mi y vi-do, hasta 21.00 ju; M La Muette) exhibe la mayor colección mundial de obras del pintor impresionista Claude Monet (1840-1926), además de cuadros de Gauguin, Sisley, Pissarro, Renoir, Degas, Manet y Berthe Morisot. También alberga una importante colección de iluminaciones francesas, inglesas, italianas y flamencas de los siglos XIII a XVI.

Arnaud Nicolas FRANCESA €€

9 PLANO P. 42, D3

El lujoso restaurante y *boutique* del chef Arnaud Nicolas combina dos amores franceses: la gastronomía y la charcutería. Ya sea una empanada de alta cocina (p. ej., de cerdo a las finas hierbas, de fuagrás y codorniz con peras y pistachos), una *terrine* sofisticada o una sencilla tabla de embutidos, este elegante lugar lo preparará con increíble resultado. De postre, un suflé de chocolate negro. (01 45 55 59 59; http://arnaudnicolas.paris/en; 46 av de la Bourdonnais, 7e; comidas menú 2/3 platos 28/32 €, menú degustación 62 €; 14.00-21.45 lu, 12.00-13.45 y 14.00-21.45 ma-sa; M École Militaire)

Les Fables de la Fontaine DE AUTOR €€

10 PLANO P. 42, E3

Los precios de este restaurante con estrella Michelin son una ganga y el *menú* del almuerzo un auténtico chollo. Los chefs Julia Sedefdjian y David Bottreau crean obras de arte: ostras en su concha con gelatina verde de pepino y caviar de manzana verde y limón; ternera rebozada con almendra y puré de alcachofa y setas de cardo; y suflé de banana con helado de ron. (☎01 44 18 37 55; www.lesfablesdelafontaine.net; 131 rue St-Dominique, 7e; comidas menú entre semana 2 platos 28 €, platos principales 21-29 €; ⏲12.00-14.30 y 19.00-22.30; Ⓜ École Militaire o RER Pont de l'Alma)

Café Constant

BISTRÓ **€€**

11 PLANO P. 42, D3

Regentado por el chef con estrella Michelin Christian Constant, cuyo restaurante **Le Violon d'Ingres** (☎01 45 55 15 05; 135 rue St-Dominique, 7e; comidas menú entre semana 2/3 platos 49/55 €, menú degustación 130 €, platos principales 45-52 €; ⏲12.00-14.30 y 19.00-22.30) está en la misma calle, este café tradicional de barrio con barra y suelo originales prepara clásicos fantásticos: *cordon bleu* de ternera con puré de patatas, pollo asado a las finas hierbas o guiso de ternera seguido de arroz con leche. Sirven desayunos hasta las 11.00 y comidas más sustanciosas desde las 12.00 hasta el cierre. (☎01 47 53 73 34; www.maisonconstant.com; 139 rue St-Dominique, 7e; comidas menú entre semana 2/3 platos 18/26 €, platos principales 18-29 €; ⏲7.00-23.00 lu-sa, 8.00-23.00 do; Ⓜ École Militaire o RER Pont de l'Alma)

Un pícnic 'gourmet'

Única en su clase, **Ladurée Picnic** (plano p. 42, A6; ☎01 70 22 45 20; www.laduree.fr; 16 rue Linois, 15e, Centre Commercial Beaugrenelle; desayuno/comidas menú 14,50/9,50 €, sándwiches/ ensaladas desde 2,40/5,50 €; ⏲9.30-20.30 lu-sa, 10.00-19.00 do; Ⓜ Charles Michels) está especializada en pícnics *gourmet* para llevar, con los envoltorios verdes menta que caracterizan a la famosa pastelería. Hay ensaladas de langosta o salmón, agua de sabores como jengibre y cilantro o menta y pepino, y un arcoíris de tartas, *macarons* y otros deliciosos dulces.

Karamel

PASTELERÍA **€**

12 PLANO P. 42, F2

Los *gourmets* de lo dulce deben pasarse por la *boutique* especializada y *salon de thé* del chef-*pâtissier* Nicolas Haelewyn, que ha pasado toda su carrera en Ladurée. Las hileras de tartas al caramelo compiten con tabletas de chocolate con caramelo, tarros de caramelo para untar y caramelos masticables de vainilla y *fleur de sel* (flor de sal), maracuyá o rosa y frambuesa. (☎01 71 93 02 94; https://karamelparis.com; 67 rue St-Dominique, 7e; ⏲8.30-20.30; Ⓜ Invalides, Tour Maubourg)

Restaurant David Toutain — DE AUTOR €€€

13 PLANO P. 42, F2

David Toutain se supera en su restaurante epónimo con estrella Michelin gracias a una de las cocinas de categoría más creativas del actual París. Los platos misteriosos de *dégustation* incluyen combinaciones tan curiosas como anguila ahumada con *mousse* de manzana verde y sésamo negro, coliflor, chocolate blanco y trufas de coco, o apio caramelizado y arroz con leche a la trufa con praliné de alcachofa. También se ofrecen vinos para maridar. (☎ 01 45 50 11 10; http://davidtoutain.com; 29 rue Surcouf, 7e; comidas menú 3 platos 55 €, menú degustación 80-140 €, maridaje vino 70-100 €; 🕒12.30-14.00 y 20.00-22.00 lu, 12.00-14.00 y 20.00-22.00 ma-vi; M Invalides)

Le Fontaine de Mars — BISTRÓ €€

14 PLANO P. 42, E3

Si se busca cocina tradicional francesa, este bistró de barrio al estilo de los años treinta es ideal, con cortinas de encaje, manteles a cuadros y –lo mejor de todo– un pescadero que abre ostras en un puesto bajo los arcos del local. Se ofrecen clásicos como caracoles, *boudin* (morcilla), *andouillette* (embutido de tripas de Lyon) y *confit de canard* (muslo de pato en conserva) casero, además de sensacionales fuentes de marisco. (☎ 01 47 05 46 44; www.fontainede-mars.com; 129 rue St-Dominique, 7e; platos de marisco desde 49 €, platos

Café Constant (p. 47).

GILLES TARGAT/PHOTO12/ALAMY ©

principales 17-35 €; 12.00-15.00 y 19.30-23.00; M École Militaire)

Plume

BISTRÓ **€€€**

15 PLANO P. 48, H6

Un ambiente minimalista de los años cincuenta envuelve a los entendidos clientes de "Pluma", el neobistró de Youssef Gastli, un chef tunecino joven y con talento. Su cocina francesa moderna se traduce en vieiras con apio-nabo y rábano picante, o pescado del día con arroz salvaje, azafrán, hierbas y *poutargue* (huevas de pescado curadas). La fantástica lista de vinos incluye variedades ecológicas, biodinámicas y naturales. (01 43 06 79 85; www.restaurantplume.com; 24 rue Pierre Leroux, 7e; comidas 2/3 platos menú 27/37 €, cenas menú 3/5 platos 45/65 €, platos principales 29-32 €; 12.00-14.15 y 19.30-22.15 ma-sa; M Vaneau, Duroc)

Dónde beber

Coutume Café

CAFÉ

16 PLANO P. 42, H5

La revolución en el café parisino se debe en parte a Coutume, tostador artesano de muchos establecimientos de la ciudad. Su café insignia –un animado y luminoso espacio posindustrial– es el hipocentro de unos innovadores métodos de preparación, como la extracción en frío y de sifón. Además de algunos de los mejores cafés de París, sirve sabrosos platos de temporada, con lo que siempre está lleno. (01 45 51 50 47; www.coutumecafe.com; 47 rue de Babylone, 7e; 8.30-17.30 lu-vi, 9.00-18.00 sa y do; ; M St-François Xavier)

Rue Cler para 'gourmets'

La **rue Cler** llena de compradores locales, sobre todo en fin de semana, es ideal para aprovisionarse de pan, relleno para sándwiches, dulces y vino para hacer un pícnic.

Entre las *boulangeries* (panaderías), *fromageries* (queserías), carnicerías, delicatesen y otras tiendas de comida (muchas con mostrador en la calle) hay animadas terrazas de cafés abarrotadas de lugareños.

Fitzgerald

COCTELERÍA

17 PLANO P. 42, F3

Smoked Bloody Mary, Like a Porn Star, Diamond, Rich Boy y Zelda Negroni (en honor a la esposa del escritor F. Scott Fitzgerald) son algunos de los cócteles de evocador nombre (13-15 €) que ofrece el chic Fitzgerald. Para acompañar, hay tentempiés refinados como *croque monsieur* a la trufa y jamón ibérico curado de 22 meses. También hay un restaurante propiamente dicho, por si alguien tuviera ganas de comer algo más. (01 45 50 38 63; http://fitzgerald.paris; 54 bd de la Tour Maubourg, 7e; 12.00-15.00 y 18.00-2.00 lu-sa; M La Tour Maubourd)

Terres de Café

CAFÉ

18 PLANO P. 42, D3

Este tostadero especializado posee una diminuta cafetería en la avenue de la Bourdonnais, perfecta para refugiarse después de subir a la Torre Eiffel o hacer un pícnic en los Champs de Mars. Hay que sentarse en un banco en alguna de las cinco mesas de adentro o bien admirar el *latte art* del barman desde la terraza. (01 45 50 37 39; www.terresdecafe.com; 67 av de la Bourdonnais, 7e; 9.00-18.30 lu-sa, hasta 18.00 do; M École Militaire)

The Club

COCTELERÍA

19 PLANO P. 42, F2

A pie de calle, tiene ladrillos tipo almacén neoyorquino y grandes armarios de madera; el sótano estilo salón, con sofás rojos y negros, es todavía más *cool*. Aparte del cóctel Club de la casa (lima, jengibre y licor de miel Jack Daniels), hay otros cócteles que cambian según la temporada; también se puede pedir a los bármanes que sorprendan con alguna creación propia. (01 45 50 31 54; www.the-club.fr; 24 rue Surcouf, 7e; 16.00-1.30 lu-sa; M La Tour-Maubourg)

De compras

Cantin

QUESO

20 PLANO P. 42, E3

Esta tienda, abierta en 1950 y aún regentada por la misma familia, vende quesos elaborados en cantidades limitadas en pequeñas granjas, que maduran en las bodegas propias de Cantin (entre dos

Fromagerie (tienda de queso), rue Cler (p. 49).

BORIS KARPINSKI/ALAMY ©

Comprender: Charles de Gaulle y la II Guerra Mundial

La batalla por Francia en la II Guerra Mundial comenzó en mayo de 1940 y el país capituló el 14 junio. París fue ocupado y casi la mitad de su población, evacuada. El general Charles de Gaulle, subsecretario de Defensa, huyó a Londres. El 18 de junio de 1940 hizo un llamamiento a los franceses por radio para que resistieran a los alemanes. Estableció un Gobierno en el exilio y fundó las Forces Françaises Libres, que lucharon junto a los Aliados. Una fuerza aliada liderada por unidades de las Forces Françaises Libres liberó París el 25 de agosto de 1944.

De Gaulle regresó a París y estableció un Gobierno provisional, pero dimitió en enero de 1946, pues creyó erróneamente que avivaría un clamor popular para que regresara. Fundó el partido Rassemblement du Peuple Français y permaneció en la oposición hasta 1958, año en que volvió a asumir el poder para evitar un golpe de Estado militar en la sublevada Argelia. En 1969 dimitió como presidente y le sucedió el gaullista Georges Pompidou.

semanas y dos años de estancia en bodega) antes de ponerse a la venta. Organiza talleres de degustación para aprender a preparar la tabla de quesos perfecta. (☎01 45 5043 94; www.cantin.fr; 12 rue du Champs de Mars, 7e; 🕒14.00-19.30 lu, 8.30-19.30 ma-sa, 8.30-13.00 do; M École Militaire)

Maison Chaudun

CHOCOLATE

21 PLANO P. 42, E2

Los *pavés* ("adoquines" rotos y lanzados durante las protestas estudiantiles de mayo de 1968) de ganache son lo más destacado de la chocolatería de Michel Chaudun, que parece una juguetería gracias a creaciones como piezas de ajedrez y caballos de chocolate. (☎01 47 53 74 40; www.chaudun.com; 149 rue de l'Université, 7e; 🕒10.00-19.00 lu-sa, 10.00-17.00 do; M La Tour Maubourg)

Chercheminippes

VINTAGE

22 PLANO P. 42, H6

Esta *boutique* vende ropa informal femenina de segunda mano. Tiene otras tiendas en la misma calle, cada una especializada en un género: complementos en el nº 104, menaje en el nº 109, moda infantil en el nº 110, moda masculina en el nº 111 y *haute couture* para mujer en el nº 114. (www.chercheminippes.com; 102 rue du Cherche Midi, 6e; 🕒11.00-19.00 lu-sa; M Vaneau)

TAG HEUER
TAG HEUER
AVIATION CLUB DE FRANCE
GUCCI

Explorar

Arco de Triunfo y Campos Elíseos

Rebosan pompa y grandiosidad. El barón Haussmann reestructuró el paisaje urbano parisino alrededor del Arco de Triunfo, del que salen una docena de avenidas. La más famosa es la de los Campos Elíseos, bordeada por tiendas de lujo. El esplendor del barrio se extiende a sus restaurantes de haute cuisine *y tiendas de* haute couture.

Se sube al ***Arco de Triunfo*** *(p. 54), que domina los* ***Campos Elíseos,*** *y después se pasea por esta famosa avenida que recibió el nombre de Elíseo. Después de visitar el Musée Jacquemart-André (p. 58), se deambula por las tiendas de moda del* ***Triangle d'Or*** *y se admiran los elaborados objetos del Musée Guimet des Arts Asiatiques (p. 58) o se ve una exposición en el Grand Palais (p. 59). A continuación, se toma una foto de postal de la Torre Eiffel desde la terraza del Palais de Chaillot (p. 60) y se visita su excepcional museo, la* ***Cité de l'Architecture et du Patrimoine*** *(p. 58).*

Cómo llegar y desplazarse

M Charles de Gaulle-Étoile (líneas 1, 2, 6 y RER A), al lado del Arco de Triunfo.

M Otras paradas de metro para ir a los Campos Elíseos son George V (línea 1), Franklin D. Roosevelt (líneas 1 y 9) y Champs-Élysées-Clemenceau (líneas 1 y 13).

El Batobus de subida y bajada libre para en el Pont Alexandre III, cerca de los Campos Elíseos.

Véase el plano en p. 56.

Campos Elíseos. BENNY MARTY/SHUTTERSTOCK ©

Principales puntos de interés

Arco de Triunfo

Aunque los ejércitos de Napoleón nunca marcharon colmados de honores a través del Arco de Triunfo, este monumento ha llegado a ser el mayor símbolo del patriotismo francés. Sin embargo, la mayoría de los visitantes no suben la estrecha escalera de caracol movidos por sentimientos nacionalistas, sino para contemplar el sublime panorama desde lo alto.

PLANO P. 56, C2

www.paris-arc-de-triomphe.fr

place Charles de Gaulle, 8e

10.00-23.00 abr-sep, hasta 22.30 oct-mar

M Charles de Gaulle-Étoile

Bajo el arco

La **Tumba del Soldado Desconocido** está debajo del arco. Honra a los 1,3 millones de soldados franceses que perdieron la vida en la I Guerra Mundial. El soldado desconocido se enterró en 1921, bajo una llama eterna que se reaviva a diario a las 18.30.

Las placas de bronce del suelo conmemoran episodios importantes en la historia moderna francesa, como la proclamación de la III República Francesa (4 sep 1870) y el discurso de Charles de Gaulle emitido desde Londres el 18 de junio de 1940, que impulsó la resistencia francesa.

Esculturas

El arco está adornado con cuatro esculturas, seis relieves y un friso en la parte superior. La escultura más famosa es la de la derecha, si se llega por los Campos Elíseos: *La Marseillaise* (Salida de los voluntarios en 1792). Esculpida por François Rude, muestra a los soldados reunidos bajo las alas de la victoria, dispuestos a rechazar a los ejércitos invasores de Prusia y Austria.

Mirador

Ascender los 284 escalones al **mirador del arco** (adultos/niños 12 €/gratis) de 50 m recompensa con unas extraordinarias vistas del París occidental. El Arco de Triunfo es el punto más alto de la fila de monumentos conocida como *axe historique* (eje histórico); las vistas hacia el este atraviesan los Campos Elíseos y llegan al obelisco con el pináculo dorado de place de la Concorde (y hasta la pirámide de cristal del Louvre), y hacia el oeste hasta el distrito de La Défense, en el que el Grande Arche marca el final occidental del *eje*.

★ Consejos

- No intentar cruzar la rotonda congestionada por el tráfico. Las escaleras de la parte noreste de los Campos Elíseos llevan por debajo de la Étoile a túneles peatonales que conducen al arco.
- No arriesgarse a ser atropellado por sacar fotos mientras se cruzan los Campos Elíseos.
- El arco cuenta con un ascensor reservado a los visitantes con movilidad reducida o acompañados por niños, aunque hay unos inevitables escalones.

✕ Una pausa

- El **Publicis Drugstore** (☎01 44 43 75 07; www.publicisdrugstore.com; 133 av des Champs-Élysées, 8e; 🕗8.00-2.00 lu-vi, 10.00-14.00 sa y do; Ⓜ Charles de Gaulle-Étoile) es estupendo para comer o beber algo.
- Hay que combinar una visita vespertina con una cena francesa tradicional en Le Hide (p. 62).

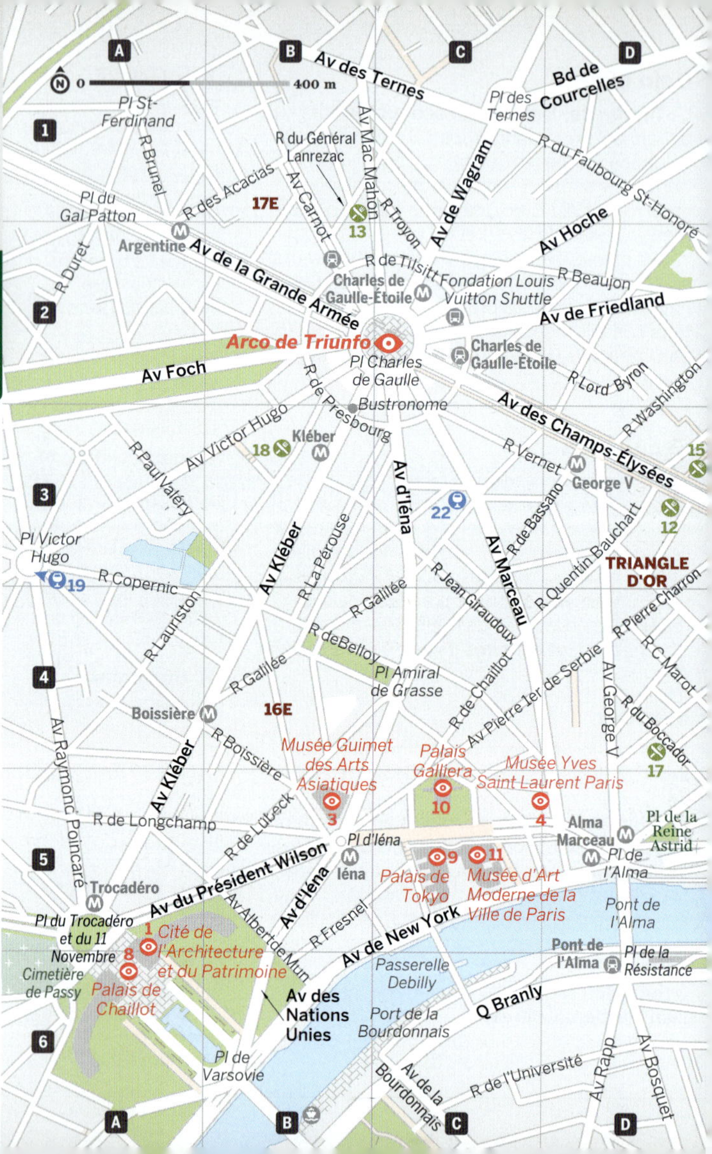
A
B
C
D
1
2
3
4
5
6
0
400 m
Av des Ternes
Bd de Courcelles
Pl des Ternes
Pl St-Ferdinand
R Brunel
R du Général Lanrezac
Av Mac Mahon
R du Faubourg St-Honoré
Av de Wagram
R Troyon
Av Carnot
R des Acacias
17E
13
Pl du Gal Patton
Argentine
Av de la Grande Armée
R Duret
R de Tilsitt
Charles de Gaulle-Étoile
Fondation Louis Vuitton Shuttle
R Beaujon
Av Hoche
Av de Friedland
Arco de Triunfo
Pl Charles de Gaulle
Av Foch
Charles de Gaulle-Étoile
R Lord Byron
R Washington
Bustronome
R de Presbourg
Av des Champs-Élysées
Av Victor Hugo
Kléber
18
R Vernet
George V
15
R Paul Valéry
Av d'Iéna
22
R de Bassano
12
Pl Victor Hugo
19
R Copernic
Av Kléber
R La Pérouse
Av Marceau
R Jean Giraudoux
R Quentin Bauchart
TRIANGLE D'OR
R Pierre Charron
R Galilée
R Lauriston
R de Belloy
Pl Amiral de Grasse
R de Chaillot
Av Pierre 1er de Serbie
R C Marot
R Galilée
Av George V
R du Boccador
Boissière
16E
R Boissière
Av Raymond Poincaré
Av Kléber
Musée Guimet des Arts Asiatiques
Palais Galliera
Musée Yves Saint Laurent Paris
17
3
10
4
R de Longchamp
R de Lübeck
Pl d'Iéna
Alma Marceau
Pl de la Reine Astrid
Av du Président Wilson
Iéna
9
11
Pl de l'Alma
Trocadéro
Av d'Iéna
Palais de Tokyo
Musée d'Art Moderne de la Ville de Paris
Pl du Trocadéro et du 11 Novembre
1 Cité de l'Architecture et du Patrimoine
Av Albert de Mun
R Fresnel
Av de New York
Pont de l'Alma
8
Cimetière de Passy
Palais de Chaillot
Passerelle Debilly
Pont de l'Alma
Pl de la Résistance
Av des Nations Unies
Port de la Bourdonnais
Q Branly
Pl de Varsovie
Av de la Bourdonnais
R de l'Université
Av Rapp
Av Bosquet

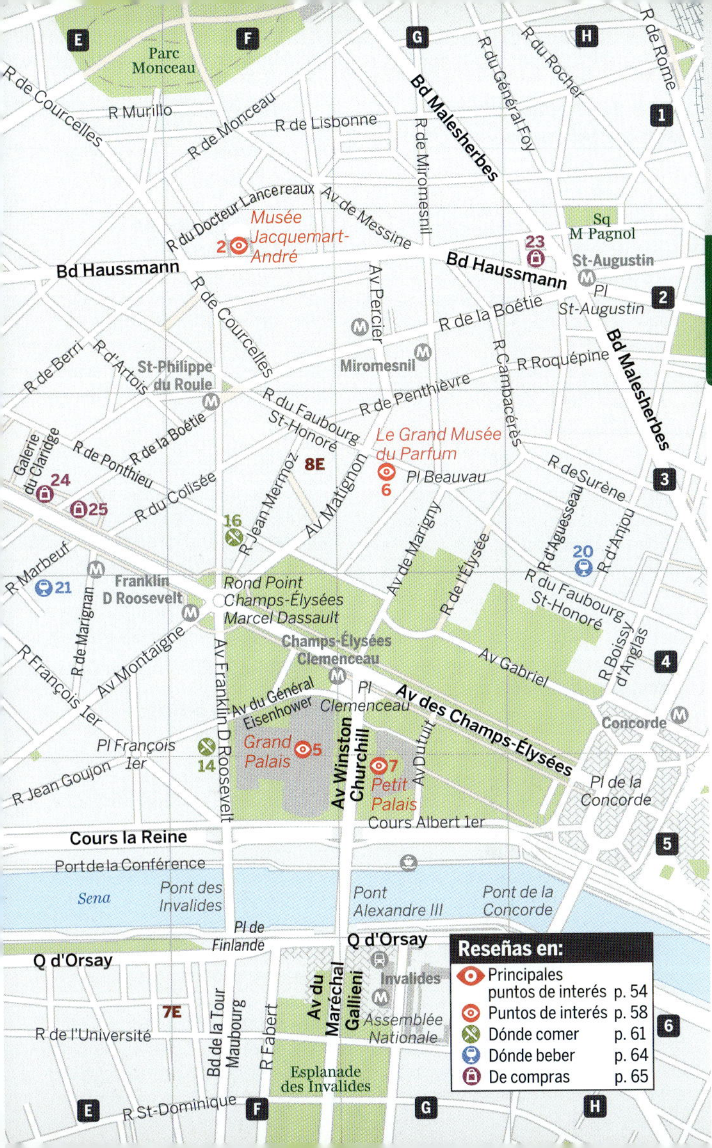
E
F
G
H
1
2
3
4
5
6
Parc Monceau
R de Courcelles
R Murillo
R de Monceau
R de Lisbonne
Bd Malesherbes
R de Miromesnil
R du Général Foy
R du Rocher
R de Rome
R du Docteur Lancereaux
Av de Messine
2 Musée Jacquemart-André
Bd Haussmann
23
Sq M Pagnol
St-Augustin
Pl St-Augustin
R de Courcelles
Av Percier
R de la Boétie
Miromesnil
R Cambacérès
R Roquépine
R de Berri
R d'Artois
St-Philippe du Roule
R du Faubourg St-Honoré
R de Penthièvre
Le Grand Musée du Parfum
6
Pl Beauvau
Galerie du Claridge
24
25
R de Ponthieu
R de la Boétie
8E
R du Colisée
R Jean Mermoz
Av Matignon
R de Surène
R d'Aguesseau
R d'Anjou
20
16
Av de Marigny
R de l'Élysée
R Marbeuf
21
Franklin D Roosevelt
Rond Point Champs-Élysées Marcel Dassault
R du Faubourg St-Honoré
R de Marignan
Champs-Élysées Clemenceau
Av Gabriel
R Boissy d'Anglas
R François 1er
Av Montaigne
Av Franklin D Roosevelt
Av du Général Eisenhower
Pl Clemenceau
Av des Champs-Élysées
Concorde
Pl François 1er
14
Grand Palais
5
Av Winston Churchill
7
Petit Palais
Av Dutuit
Pl de la Concorde
R Jean Goujon
Cours Albert 1er
Cours la Reine
Port de la Conférence
Sena
Pont des Invalides
Pont Alexandre III
Pont de la Concorde
Pl de Finlande
Q d'Orsay
Q d'Orsay
Invalides
Av du Maréchal Gallieni
Assemblée Nationale
7E
R de l'Université
Bd de la Tour Maubourg
R Fabert
Esplanade des Invalides
R St-Dominique
Reseñas en:
Principales puntos de interés p. 54
Puntos de interés p. 58
Dónde comer p. 61
Dónde beber p. 64
De compras p. 65

Puntos de interés

Cité de l'Architecture et du Patrimoine

MUSEO

1 PLANO P. 56, A5

Este mastodóntico espacio de 23 000 m² en tres pisos es una oda a la arquitectura francesa. Su sección más destacada es la planta baja inundada de luz, que alberga una colección de *moulages* (moldes) de yeso y madera para pórticos, columnas y gárgolas de catedrales. Las réplicas de los murales y vidrieras creadas para la Exposición Universal de 1878 se exhiben en el piso superior. Las vistas de la Torre Eiffel son monumentales. (www.citechaillot.fr; 1 place du Trocadéro et du 11 Novembre, 16e; adultos/niños 8 €/gratis; 11.00-19.00 mi y vi-do, hasta 21.00 ju; M Trocadéro)

Musée Jacquemart-André

MUSEO

2 PLANO P. 56, F2

Esta opulenta residencia de finales del s. XIX, hogar de los coleccionistas Nélie Jacquemart y Édouard André combinaba elementos de distintas épocas, como antigüedades griegas y romanas, objetos egipcios, muebles de época y retratos de maestros holandeses. Las 16 habitaciones permiten asomarse al estilo de vida de la alta sociedad parisina: desde la biblioteca, decorada con lienzos de Rembrandt y Van Dyck, hasta el maravilloso Jardin d'Hiver, una sala acristalada con plantas y una magnífica escalera de doble hélice. (01 45 62 11 59; www.musee-jacquemart-andre.com; 158 bd Haussmann, 8e; adultos/niños 13,50/10,50 €; 10.00-18.00, hasta 20.30 lu exposiciones temporales; M Miromesnil)

Musée Guimet des Arts Asiatiques

GALERÍA

3 PLANO P. 56, B5

Los entendidos en pinturas japonesas a la tinta y en *thangkas* tibetanos no pueden perderse el Musée Guimet, el museo de arte asiático más grande de Francia. Muestra el paso del budismo y de los estilos artísticos por la Ruta de la Seda en obras que van de budas Gandhara del s. I de Afganistán y Pakistán a posteriores esculturas y arte budistas de Asia central, China y Japón. (01 56 52 53 00; www.guimet.fr; 6 place d'Iéna, 16e; adultos/niños 8,50 €/gratis; 10.00-18.00 mi-lu; M Iéna)

Musée Yves Saint Laurent Paris

MUSEO

4 PLANO P. 56, C5

Alojado en los estudios (1974-2002) del legendario diseñador, el museo ofrece retrospectivas de los diseños vanguardistas de YSL, desde los primeros bocetos hasta las piezas acabadas. Las exposiciones temporales dan a conocer el proceso creativo por el que se diseña una colección de *haute couture* y la historia de la moda en el s. XX. En el edificio solo cabe un pequeño número de visitantes a la vez; si no se compran las entradas en línea, habrá que hacer cola fuera. (☎01 44 31 64 00; www.museeyslparis.com; 5 av Marceau, 16e; adultos/niños 10/7 €; ⌚11.00-18.00 ma-ju, sa y do, hasta 21.00 vi; M Alma-Marceau)

Grand Palais

GALERÍA

5 PLANO P. 56, F4

El Grand Palais, construido para la Exposición Universal de 1900, alberga varias salas de exposición bajo su enorme techo de cristal *art nouveau* de 8,5 toneladas. Algunos de las mejores exposiciones de París (Renoir, Chagall, Turner) se organizan en las **Galeries Nationales** y duran de tres a cuatro meses. Las horas, precios y fechas varían. Se recomienda reservar las entradas en línea. El Grand Palais cerrará por obras desde finales del 2020 hasta mediados del 2024. (☎01 44 13 17 17; www.grandpalais.fr; 3 av du Général Eisenhower, 8e; adultos/niños 14 €/gratis; ⌚10.00-20.00 ju-lu, hasta 22.00 mi; M Champs-Élysées-Clemenceau)

Le Grand Musée du Parfum

MUSEO

6 PLANO P. 56, G3

En París hay varios museos del perfume, pero este es el único que no depende de ninguna gran marca. Inaugurado en el 2016, comienza con una exposición histórica en el sótano (botellas de perfume antiguas, paneles explicativos en francés/inglés), pero lo más interesante está arriba. La 1ª planta es una guía sensorial que desvela el proceso químico, mientras se identifican

Musée Yves Saint Laurent Paris.

KIEV.VICTOR/SHUTTERSTOCK ©

Fondation Louis Vuitton

Diseñada por Frank Gehry, la **Fondation Louis Vuitton** (☎01 40 69 96 00; www.fondationlouisvuitton.fr; 8 av du Mahatma Gandhi, 16e; adultos/niños 16/5 €; ⏲variable según exposición; Ⓜ Les Sablons) es un llamativo edificio de paneles de cristal en el Bois de Bologne. Alberga exposiciones temporales de arte contemporáneo (consúltese la página web). Un **autobús lanzadera** (plano p. 56, C2; 44 av Friedland, 8e; ida y vuelta 2 €) va desde el Arco de Triunfo hasta el museo y viceversa durante el horario de apertura.

aromas. La 2ª presenta el arte de crear fragancias y los instrumentos utilizados por los perfumistas profesionales. (☎01 42 65 25 44; www.grandmuseeduparfum.fr; 73 rue du Faubourg St-Honoré, 8e; adultos/niños 14,50/5 €; ⏲10.30-19.00 ma-do; Ⓜ Miromesnil)

Petit Palais

GALERÍA

7 👁 PLANO P. 56, G5

Se construyó para la Exposición Universal de 1900 y alberga el **Musée des Beaux-Arts de la Ville de Paris.** Está especializado en obras de arte medievales y renacentistas, como porcelana, relojes, tapices, dibujos y pintura y escultura francesa del s. XIX; también hay obras de artistas como Rembrandt, Colbert, Cézanne, Monet, Gauguin, Delacroix y otros. (Musée des Beaux-Arts de la Ville de Paris; ☎01 53 43 40 00; www.petitpalais.paris.fr; av Winston Churchill, 8e; donativo de 2 €; ⏲10.00-18.00 ma-do, hasta 21.00 vi; Ⓜ Champs-Élysées-Clemenceau)

Palais de Chaillot

EDIFICIO HISTÓRICO

8 👁 PLANO P. 56, A6

Las dos alas curvas con columnas de este edificio (construido para la Exposición Internacional de 1937) y la terraza central permiten unas vistas excepcionales de los **Jardins du Trocadéro,** el Sena y la Torre Eiffel. El ala oriental alberga la extraordinaria Cité de l'Architecture et du Patrimoine (p. 58), dedicada a la arquitectura y patrimonio franceses, y el **Théâtre National de Chaillot** (☎01 53 65 30 00; http://theatre-chaillot.fr), que ofrece danza y teatro. El Musée de la Marine, cerrado por obras hasta el 2021, y el **Musée de l'Homme** (Museo del Hombre; ☎01 44 05 72 72; www.museedelhomme.fr; adultos/niños 10 €/gratis; ⏲10.00-18.00 mi-lu) están en el ala oeste. (place du Trocadéro et du 11 Novembre, 16e; Ⓜ Trocadéro)

Palais de Tokyo

GALERÍA

9 👁 PLANO P. 56, C5

El Palacio de Tokio, creado para la Exposition Internationale des Arts et Techniques dans la Vie Moderne (Exposición Internacional de las Artes y Técnicas en la Vida Moderna) de 1937, no tiene colección permanente. Su interior de cemento y acero conforma un austero telón de fondo para exposiciones e instalaciones interactivas de arte contemporáneo. La librería vende revistas de arte y diseño, y las opciones de comida y bebida son geniales. (☎01 81 97 35 88; www.palaisdetokyo.com; 13 av du Président Wilson, 16e; adultos/niños 12 €/gratis; ⌚12.00-24.00 mi-lu; Ⓜléna)

Palais Galliera

MUSEO

10 PLANO P. 56, C5

El Museo de la Moda de París (cerrado por reformas hasta el 2019), instalado en el Palais Galliera, almacena unas 100 000 prendas y accesorios –de bastones y paraguas a abanicos y guantes– del s. XVIII a nuestros días. La colección permanente se expondrá a partir del 2019. Este palacio de estilo italiano y sus jardines de mediados del s. XIX merecen una visita por sí solos. (☎01 56 52 86 00; www.palaisgalliera.paris.fr; 10 av Pierre 1er de Serbie, 16e; adultos/niños 10 €/gratis; ⌚10.00-18.00 ma-do, hasta 21.00 ju; Ⓜléna)

Musée d'Art Moderne de la Ville de Paris

GALERÍA

11 PLANO P. 56, C5

La colección permanente de este museo exhibe obras representativas de prácticamente todos los movimientos artísticos importantes del s. XX y el s. XXI, con obras de Modigliani, Matisse, Braque y Soutine. Su verdadera joya es la sala con lienzos de Dufy y Bonnard. Organiza vanguardistas exposiciones temporales (de pago). (☎01 53 67 40 00; www.mam.paris.fr; 11 av du Président Wilson, 16e; gratis; ⌚10.00-18.00 ma, mi, vi-do, 10.00-22.00 ju; Ⓜléna)

Dónde comer

Ladurée

PASTELERÍA €€

12 PLANO P. 56, D3

Es una de las *patisseries* más antiguas de París (abrió en 1862) e inventó el *macaron* relleno de *ganache* en la década de 1930. Es el salón de té con más clase de los Campos Elíseos. También vende pasteles para llevar y tiene un menú infantil de tres platos por 19 €.

Grande Arche

El edificio más característico de La Défense es el **Grande Arche** (☎01 40 90 52 20; www.lagrandearche.fr; 1 Parvis de la Défense; adultos/niños 15/7 €; ⌚10.00-19.00; ⓂLa Défense), un arco cúbico de mármol construido en la década de 1980 para albergar oficinas empresariales y gubernamentales. Señala el extremo oeste del *axe historique* (eje histórico), aunque el arquitecto danés Johan-Otto von Sprekelsen lo colocó ligeramente desalineado de forma deliberada. La azotea brinda vistas espectaculares. El museo acoge exposiciones temporales de fotoperiodismo.

Un festín sobre ruedas

Bustronome (plano p. 56, B3; ☎09 54 44 45 55; www.bustronome.com; 2 av Kléber, 16e; comidas 4 platos 65 €, cenas 6 platos 100 €; ⏲con reserva 12.15, 12.45, 19.45 y 20.45; ; M Kléber, Charles de Gaulle-Étoile) es un viaje por la gastronomía francesa a bordo de un autobús con techo de cristal; los monumentos más famosos de París –Arco de Triunfo, Grand Palais, Palais Garnier, Notre Dame y Torre Eiffel– van pasando mientras los pasajeros degustan platos de temporada preparados en la cocina del piso inferior. El menú infantil de almuerzo/cena cuesta 40/50 €; también hay menús vegetarianos, veganos y sin gluten.

(☎01 40 75 08 75; www.laduree.com; 75 av des Champs-Élysées, 8e; pasteles desde 2,60 €, platos principales 18-47 €, menú 2/3 platos 35/42 €; ⏲7.30-23.00 do-ju, 7.30-24.00 vi y sa; ; M George V)

Le Hide

FRANCESA €€

13 PLANO P. 56, B1

Este pequeño bistró de barrio, uno de los eternos favoritos, sirve exquisita comida tradicional francesa: caracoles, pechuga de pato con puré de apio y aceite de trufa, paleta de cordero al horno, rape con *beurre blanc* (salsa blanca). Como era de esperar, se llena más rápido de lo que se tarda en bajar corriendo las escaleras del cercano Arco de Triunfo (p. 56); hay que reservar con mucha antelación. (☎01 45 74 15 81; www.lehide.fr; 10 rue du Général Lanrezac, 17e; menús 2/3 platos 36/48 €; ⏲18.00-22.30 lu-sa; M Charles de Gaulle-Étoile)

Lasserre

DE AUTOR €€€

14 PLANO P. 56, F4

Este lujoso restaurante del Triangle d'Or ha recibido a iconos de la moda como Audrey Hepburn y sigue siendo una excelente elección para tomar una memorable comida con estrella Michelin. Un ascensor atendido por un botones, decoración blanca y dorada con lámparas de araña, un extraordinario techo retráctil y un servicio impecable crean el marco en el que se degustan creaciones tan inspiradas como langosta asada *à la Parisienne* con salsa de estragón. Hay que acatar las normas de etiqueta. (☎01 43 59 02 13; www.restaurant-lasserre.com; 17 av Franklin D Roosevelt, 8e; comidas menú 3 platos 60 €, menú degustación 190 €, platos principales 85-130 €; ⏲12.00-14.00 ju y vi, 19.00-22.00 ma-sa; M Franklin D Roosevelt)

86 Champs

PASTELERÍA €€

15 PLANO P. 56, D3

Una fantasía de aromas florales –verbena, rosa, lavanda– invita a entrar en este templo de la repostería francesa. Es mitad Pierre Hermé (famoso por sus *macarons*) y mitad L'Occitane (productos de belleza provenzales); tras ver la *boutique,* hay que ir al mostrador de postres de atrás, en forma de herradura, para degustar caprichosas creaciones preparadas en el acto. (☎ 01 70 38 77 38; www.86champs.com; 86 av Champs-Élysées, 8e; ⌚8.30-23.30 do-ju, hasta 24.30 vi y sa; Ⓜ George V)

Framboise

CREPERÍA **€**

16 PLANO P. 56, F3

Esta deliciosa crepería está escondida entre una serie de establecimientos asiáticos de comida para llevar. Cuida la calidad (harina de trigo sarraceno de cultivo ecológico) y es una buena elección para una comida barata junto a los Campos Elíseos. (☎ 01 74 64 02 79; www.creperieframboise.fr; 7 rue de Ponthieu, 8e; comidas 2 platos 13,90 €, crêpes desde 8,70 €; ⌚12.00-14.30 y 19.00-22.00; Ⓜ Franklin D Roosevelt)

Philippe & Jean-Pierre

FRANCESA **€€€**

17 PLANO P. 56, D4

Philippe supervisa el elegante comedor de manteles blancos, mientras el copropietario, Jean-Pierre, dirige la cocina. Los menús de temporada incorporan platos como crema de coliflor con champiñones y trufas, vieiras salteadas con puerro y salsa de manzana Granny Smith, y *moelleux au chocolat* (pastel de chocolate fundido). Teniendo en cuenta el servicio, la calidad y la ubicación en el Triangle d'Or, los precios son

Macarons, **Ladurée (p. 56).**

RESUL MUSLU/SHUTTERSTOCK ©

casi una ganga. (☎01 47 23 57 80; 7 rue du Boccador, 8e; menú 4/5 platos 44/54 €, platos principales 26-43 €; ⏲12.00-14.15 lu-vi, 19.15-22.45 lu-sa; Ⓜ Alma Marceau)

Atelier Vivanda FRANCESA €€

18 PLANO P. 56, B3

Un paraíso carnívoro escondido en una calle lateral a 10 min del Arco de Triunfo. Se centra en la carne y aves de corral de la mejor calidad; el menú de tres platos es una ganga en este barrio. También hay ancas de rana, caracoles y *fondue* en temporada. Hay que reservar. (☎01 40 67 10 00; www.ateliervivanda.com; 18 rue Lauriston, 16e; comida 2/3 platos 32/38 €, platos principales 28 €; ⏲12.00-14.30 y 19.30-22.30 lu-vi; Ⓜ Charles de Gaulle-Étoile)

Dónde beber

St James Paris BAR

19 PLANO P. 56, A3

Detrás de un muro de piedra, se esconde una mansión histórica convertida en hotel que abre su bar todas las noches a clientes de fuera. En invierno, las bebidas se sirven en la biblioteca con paneles de madera; en verano, en un romántico jardín de 300 m² con cenadores en forma de globo (los primeros globos aerostáticos despegaron aquí). Hay más de 70 cócteles y un restaurante con estrella Michelin al lado. (www.saint-james-paris.com; 43 av Bugeaud, 16e; ⏲19.00-1.00; wifi; Ⓜ Porte Dauphine)

Honor CAFÉ

20 PLANO P. 56, H3

En un patio junto a la lujosa rue du Faubourg St-Honoré, al lado de la casa de modas Comme des Garçons, se esconde "la primera y única cafetería independiente al aire libre" de París. Es un puesto de madera blanca y negra con techo de plástico que prepara café de pequeños productores internacionales. También sirve tartas apetecibles, sándwiches generosos para almorzar, quiches y ensaladas (platos 5-10,50 €), así como zumos, vino y cerveza. (www.honor-cafe.com; 54 rue du Faubourg St-Honoré, 8e; ⏲9.00-18.00 lu-sa; Ⓜ Madeleine)

Zig Zag Club CLUB

21 PLANO P. 56, E4

Ofrece de los mejores sonidos electrónicos del oeste de París, DJ consagrados, excelente equipo de sonido y de luces, y una amplia pista de baile. Es caro, pero se llena rápidamente, por lo que hay que ir pronto. (http://zigzagclub.fr; 32 rue Marbeuf, 8e; ⏲23.30-7.00 vi y sa; Ⓜ Franklin D Roosevelt)

Upper Crèmerie BAR

22 PLANO P. 56, C3

Las soleadas mesas de este café-coctelería, en una típica terraza parisina, se llenan a mediodía y después del trabajo con gente bien vestida de las oficinas de alrededor. Dentro, los colores vivos y las luces de neón aseguran que este sitio no es nada tradicional. Los cócteles y la comida (11-13 €) son un acierto. (☎01 40 70 93 23; 71 av Marceau, 16e; ⏰9.00-24.00 lu-vi; 📶; Ⓜ Kléber, George V)

De compras

Les Caves Augé

VINO

23 🔒 PLANO P. 56, H2

Esta fantástica tienda de vinos fundada en 1850, con botellas apiladas en todos los rincones, debería ser la primera opción si nos fiamos del gusto de Marcel Proust, que era cliente habitual. Organiza catas cada dos sábados (véase la página web), en las que se puede conocer a productores de vino de distintas regiones. (☎01 45 22 16 97; www.cavesauge.com; 116 bd Haussmann, 8e; ⏰10.00-19.30 lu-sa; Ⓜ St-Augustin)

Guerlain

PERFUME

24 🔒 PLANO P. 56, E3

Es el perfumero más famoso de París y su tienda (de 1912), una de las más bonitas de la ciudad. El interior, con espejos y mármol *art déco*, evoca el antiguo esplendor de los Campos Elíseos. Para darse un lujo, se recomienda pedir hora para su *spa*. (☎*spa* 01 45 62 11 21; www.guerlain.com; 68 av des Champs-Élysées, 8e; ⏰10.30-20.00 lu-sa, 12.00-20.00 do; Ⓜ Franklin D Roosevelt)

Triángulo de Oro

El legendario **Triangle d'Or** (Triángulo de Oro; creado por la av George V, la av Champs-Élysées y la av Montaigne, 8e) es como el paseo de la fama de la mejor moda. Las casas francesas más prestigiosas de París, Chanel, Chloé, Dior, Givenchy, Hermès, Lanvin, Louis Vuitton y Saint Laurent, se codean con los diseñadores internacionales más importantes del mundo.

Galeries Lafayette Champs -Élysées

GRANDES ALMACENES

25 🔒 PLANO P. 56, E3

El nuevo espacio de Galeries Lafayette de los Campos Elíseos está situado en uno de los primeros edificios *art déco* de la avenida. Aunque más pequeña que la tienda principal de Haussmann (p. 56), será más moderna y adaptada a los compradores de hoy. Abrirá a principios del 2019. (www.galerieslafayette.com; 52 av Champs-Élysées; Ⓜ Franklin D Roosevelt)

Explorar

Louvre, Tuileries y Opéra

El axe historique *(eje histórico) de París cruza el Jardin des Tuileries antes de alcanzar la pirámide de cristal de I. M. Pei, que se alza en la entrada del museo más importante de París, el Louvre. Las tiendas* gourmet *rodean la Église de la Madeleine, mientras que más al norte se hallan la ópera del Palais Garnier y los almacenes* art nouveau *de los Grands Boulevards.*

Como explorar el Louvre (p. 68) lleva su tiempo, es la actividad idónea para empezar el día. Otros museos de merecida visita son el Musée de l'Orangerie (p. 78), con el cuadro Lirios de agua *de Monet, y el museo de fotografía Jeu de Paume (p. 78), ambos rodeados por los céspedes, fuentes y estanques del Jardin des Tuileries (p. 78). Después se puede visitar la ópera del Palais Garnier (p. 79), los grandes almacenes Galeries Lafayette (p. 87) y Le Printemps (p. 88), cuyas azoteas brindan vistas gratuitas de la ciudad.*

Cómo llegar y desplazarse

M El Louvre tiene dos estaciones de metro: Palais Royal-Musée du Louvre (líneas 1 y 7) y Louvre-Rivoli (línea 1).

M En Châtelet-Les Halles, el centro de enlaces principal de París, convergen muchas líneas de metro y RER.

El Batobus para delante del Louvre.

Véase el plano en p. 76.

Jardin des Tuileries (p. 78). MEANDERING TRAIL MEDIA/SHUTTERSTOCK ©

Principales puntos de interés

Louvre

Pocas galerías de arte se valoran tanto o son tan abrumadoras como el Louvre, la pièce de résistance *de París a la que nadie se puede negar. Tampoco extraña, es uno de los mayores y más diversos museos del mundo, que exhibe 35 000 obras de arte. Para verlas todas se tardarían nueve meses, por lo que es esencial planear la visita.*

PLANO P. 76, E6

www.louvre.fr

rue de Rivoli y quai des Tuileries, 1er

adultos/niños 15 €/gratis

9.00-18.00 lu, ju, sa y do, hasta 21.45 mi y vi

M Palais Royal-Musée du Louvre

Palais du Louvre

El Louvre actual ocupa cuatro pisos y tres alas: el **ala Sully** (foto izda.) crea los cuatro lados de la Cour Carrée (patio cuadrado) en el extremo oriental del complejo; el **ala Denon** ocupa 800 m a lo largo del Sena, hacia el sur; y la norteña **ala Richelieu** bordea la rue de Rivoli. Fue una fortaleza construida por Philippe-Auguste en el s. XII y todavía se aprecian restos medievales en el nivel inferior (Sully). En el s. XVI pasó a ser residencia real y después de la Revolución, en 1793, se convirtió en museo nacional. Sus fondos no eran más de 2500 pinturas y obras de arte.

A lo largo de los siglos los Gobiernos franceses acumularon las pinturas, esculturas y objetos que exhibe en la actualidad. El proyecto "Grand Louvre", inaugurado por el presidente Mitterrand en 1989, duplicó el espacio del museo y también se han abierto y renovado galerías, incluidas las **galerías de arte islámico** (nivel subterráneo, Denon) en el restaurado Cour Visconti.

Antigüedades de valor incalculable

No hay que pasar a toda velocidad por la asombrosa colección de tesoros de la antigüedad del Louvre: **Mesopotamia** (planta baja, Richelieu) y **Egipto** (planta baja y 1er piso, Sully) están bien representados, como demuestra el *Código de Hammurabi* (sala 3, planta baja, Richelieu) y el *Escriba sentado* (sala 22, 1er piso, Sully). La sala 12 (planta baja, ala Sully) contiene frisos impresionantes y una **columna con dos cabezas de toro** del palacio de Darío en el antiguo Irán; una **estatua sedente del faraón Ramsés II** destaca en la sala del templo (sala 12, Sully).

Se recomienda ver los mosaicos y estatuillas del Imperio bizantino (nivel subterráneo, Denon), y la colección de estatuas griegas, que culmina con el dúo sin brazos más famoso del mundo: la **'Venus de Milo'** (sala 16, planta baja,

★ Consejos

- Hay que hacer dos colas para entrar: una por seguridad y otra para comprar las entradas.
- En la Grande Pyramide se suele formar la cola más larga; es preferible entrar por el Carrousel du Louvre (99 rue de Rivoli o desde el metro).
- El Paris Museum Pass (http://en.parismuseumpass.com) o el Paris City Passport dan prioridad; comprar la entrada por internet (recargo de 2 €) también acelera el proceso.

Una pausa

- Las entradas duran todo el día, por lo que se puede salir a almorzar. Para tomar una comida rápida y fácil, se compra un sándwich en el Hall Napoléon para hacer un pícnic en el Jardin des Tuileries (p. 78).
- Una alternativa es la alta cocina de Chez La Vieille (p. 82), a 5 min andando.

Sully) y la **'Victoria de Samotracia'** (escalera Daru, 1er piso, Denon).

'Gioconda'

La obra más admirada del Louvre (y el cuadro más famoso del mundo) es la *Gioconda* de Leonardo da Vinci, la mujer de enigmática sonrisa conocida también como *Mona Lisa* (sala 6, 1er piso, Denon). Durante siglos, los admiradores especularon acerca de todos los aspectos del cuadro, desde la posibilidad de que la retratada estuviese de luto por la muerte de un ser querido hasta que estuviese enamorada del retratista o en la cama con él.

Mona (*monna* en italiano) es la contracción de *madonna* y Gioconda es el femenino del apellido Giocondo. Unos científicos canadienses utilizaron rayos infrarrojos para ver a través de las capas de pintura y confirmaron que la *Mona Lisa* era Lisa Gherardini (1479-¿1542?), esposa del comerciante florentino Francesco de Giocondo. También descubrieron que un velo de gasa transparente, que a principios del s. XVI se ponían las mujeres embarazadas o que acababan de dar a luz, cubría su vestido; se supone que se pintó para conmemorar el nacimiento de su segundo hijo, alrededor de 1503, cuando tenía unos 24 años.

Obras maestras francesas e italianas

El **1er piso del ala Denon,** donde se halla la *Gioconda*, es la parte más popular del Louvre. Las salas 75 a la 77 exponen cuadros franceses icónicos, como la *Consagración del emperador Napoleón I* (David), *La balsa de la Medusa* (Géricault) y *La gran odalisca* (Ingres).

Victoria alada de Samotracia.

MURATART/SHUTTERSTOCK ©

Las salas 1, 3, 5 y 8 son obligatorias. Están llenas de obras clásicas de los maestros del **Renacimiento,** como Rafael, Tiziano, Uccello y Botticini, y culminan con las multitudes congregadas alrededor de la *Gioconda.* Pero también hay otras cosas que ver, desde los delicados frescos de Botticelli (sala 1) al detallado *Las bodas de Caná* (sala 6). En la planta baja del ala Denon, se recomiendan las esculturas italianas, como *El esclavo moribundo* de Miguel Ángel y *Psique reanimada por el beso del amor* de Canova (sala 4).

Pintura del norte de Europa

Sobre los dorados y el cristal de los **Apartamentos de Napoleón III** (1ª planta), el ala Richelieu permite una visita más tranquila a la colección de pintura flamenca y holandesa encabezada por obras de Peter Paul Rubens y Pieter Bruegel el Viejo. La sala 38 alberga *La encajera* de Vermeer y en la sala 31 abundan las obras de Rembrandt.

Pirámide de cristal

La pirámide de cristal de 21 m de altura diseñada por el arquitecto estadounidense nacido en China I. M. Pei que adorna la entrada principal del Louvre es casi tan sensacional como las obras maestras que hay en el interior. Bajo la pirámide de Pei está el **Hall Napoléon,** la zona de la entrada principal del museo. Para disfrutar de otra pirámide de Pei de dimensiones igual de espectaculares se va al **Carrousel du Louvre,** un concurrido centro comercial que serpentea bajo tierra, de la Gran Pirámide al **Arc de Triomphe du Carrousel**, y cuyo centro de atención es la **Pyramide Inversée** (pirámide invertida) de Pei.

Recorridos y circuitos

Los recorridos autoguiados abarcan de las obras maestras del Louvre al arte de comer y a temas orientados a familias. En la web se descargan los folletos de los circuitos. Otra buena opción es alquilar una guía multimedia Nintendo 3DS (5 €; identificación requerida). Los **circuitos guiados** (☎01 40 20 52 63; adultos/niños 12/9 €; 🕒11.00 y 14.00 excepto 1er do del mes), en inglés y más formales, salen del Hall Napoléon. Se puede reservar plaza por teléfono hasta con 14 días de antelación o apuntarse al llegar al museo.

Otros museos del Louvre

Hay tres colecciones de gestión privada –Artes Aplicadas y Diseño, Publicidad y Diseño Gráfico, Moda y Tejidos– en el ala Rohan del vasto Palais du Louvre. Se conocen colectivamente como el **Musée des Arts Décoratifs** (☎01 44 55 57 50; www.lesartsdecoratifs.fr; 107 rue de Rivoli, 1er; adultos/niños 11 €/gratis; 🕒11.00-18.00 ma-do, hasta 21.00 ju); la entrada permite visitar los tres. Por otros 2 € se puede comprar una entrada combinada que incluye el Musée Nissim de Camondo en el 8e.

Louvre

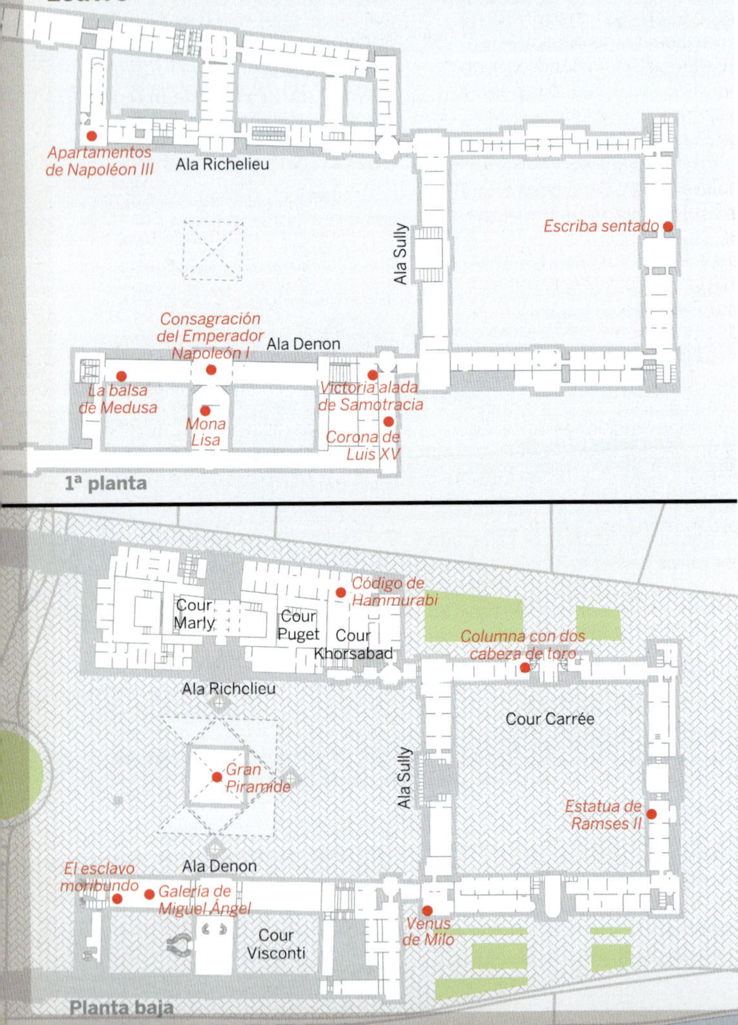
Apartamentos de Napoléon III
Ala Richelieu
Escriba sentado
Ala Sully
Consagración del Emperador Napoleón I
Ala Denon
La balsa de Medusa
Mona Lisa
Victoria alada de Samotracia
Corona de Luis XV
1ª planta
Cour Marly
Cour Puget
Cour Khorsabad
Código de Hammurabi
Columna con dos cabeza de toro
Ala Richelieu
Cour Carrée
Gran Pirámide
Ala Sully
Estatua de Ramses II
El esclavo moribundo
Ala Denon
Galería de Miguel Ángel
Cour Visconti
Venus de Milo
Planta baja

La colección de **Artes Aplicadas y Diseño** es la que más espacio ocupa y expone mobiliario, joyas y objetos artísticos de cerámica y cristal de la Edad Media y el Renacimiento, pasando por el *art nouveau* y el *art déco* hasta nuestros días. Sus colecciones abarcan de Europa a Asia oriental.

En el otro lado del edificio se halla la colección de **Publicidad y Diseño Gráfico,** que contiene aprox. 100 000 carteles que datan del s. XIII en adelante, así como innumerable material promocional. La mayor parte del espacio se dedica a exposiciones especiales.

La colección de **Moda y Tejidos** cuenta con unos 16 000 trajes desde el s. XVI hasta la actualidad, incluidas creaciones de *haute couture* de Chanel, Jean-Paul Gaultier, etc. Solo se exhiben durante las exposiciones temáticas que se programan periódicamente.

Renovación del Louvre

A finales del 2014 el Louvre comenzó un plan de renovación de 30 años con intención de modernizar el museo y hacerlo más accesible. La primera fase aumentó el número de puertas principales para reducir el tiempo de espera (incluso ahora conviene comprar las entradas en línea o utilizar el Paris Museum Pass; las colas en la entrada subterránea del Carrousel du Louvre suelen ser más cortas). También se modernizó el Hall Napoléon y mejoró lo que era un desconcertante caos. Los cambios venideros incluyen aumentar el número de carteles y cartelas de las obras de arte para mejorar la orientación del visitante.

En el 2018, abrieron al público dos nuevas salas en la 2ª planta del ala Richelieu, con un puñado de obras de arte robadas durante la ocupación nazi de Francia. El Gobierno francés recuperó muchos objetos tras la guerra, pero algunos nunca fueron reclamados por sus propietarios originales.

Circuito a pie

Pasajes cubiertos de la margen derecha

Entrar en los passages couverts (galerías co-merciales cubiertas) de la margen derecha permite hacerse una idea de cómo era la vida en el París de principios del s. XIX. Medio siglo después, París ya contaba con aprox. 150 de estas galerías decoradas. Este paseo es ideal para un día de lluvia, pero no conviene hacerlo en domingo, pues algunas cierran.

Datos

Inicio Galerie Véro Dodat; Ⓜ Palais Royal-Musée du Louvre

Final Passage Verdeau; Ⓜ Le Peletier

Distancia 3 km; 2 h

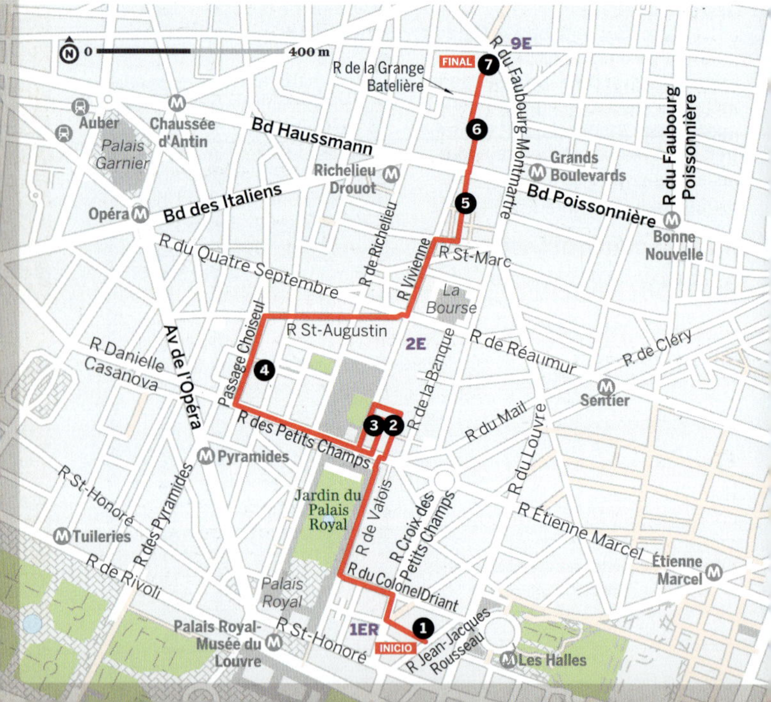

❶ Galerie Véro Dodat

En 19 rue Jean-Jacques Rousseau, **Galerie Véro Dodat** (entre rue Jean-Jacques-Rousseau y 2 rue du Bouloi; 7.00-22.00 lu-sa, horario tienda variable; M Louvre Rivoli, Palais Royal-Musée du Louvre) conserva muchos elementos del s. XIX: claraboyas, murales, columnas corintias, baldosas, lámparas de gas (hoy eléctricas) y fachadas de las tiendas, entre las que se incluyen restauradores de muebles.

❷ Galerie Vivienne

Se construyó en 1826 y está decorada con suelos de mosaico y bajorrelieves en las paredes. No hay que perderse la tienda de vinos **Legrand Filles & Fils** (01 42 60 07 12; www.caves-legrand.com; 1 rue de la Banque, 2e; 11.00-19.00 lu, 10.00-19.30 ma-sa; M Bourse), **Wolff et Descourtis,** que vende bufandas de seda, y **Emilio Robba,** una de las floristerías más bonitas de París.

❸ Galerie Colbert

Un pasaje construido en 1826, con una enorme cúpula de cristal y una rotonda. Se entra por rue Vivienne y se sale por rue des Petits Champs (con un fresco arriba).

❹ Passage Choiseul

Este pasaje de 45 m de largo, construido en 1824, tiene un montón de tiendas, muchas de ellas especializadas en abalorios, bisutería y ropa *vintage* y con descuento, así como restaurantes baratos. Se representan comedias en el **Théâtre des Bouffes Parisiens,** que da al extremo norte del pasaje.

❺ Passage des Panoramas

En 10 rue St-Marc, está la entrada de la galería cubierta más antigua de París (1800) y la primera que se iluminó con gas (1817). Fue ampliada en 1834 con cuatro pasajes interconectados –Feydeau, Montmartre, St-Marc y Variétés– y está llena de sitios para comer y tiendas curiosas, como **Arnaud Magistry,** que vende autógrafos. Salida por 11 bd Montmartre.

❻ Passage Jouffroy

Por 10-12 bd Montmartre se entra al pasaje Jouffroy, el último gran pasaje de París (1847). Hay un museo de cera, el **Musée Grévin** (01 47 70 85 05; www.grevin.com; 10 bd Montmartre, 9e; adultos/niños 22,50/17,50 €; 9.30-19.00, horario reducido invierno; M Grands Boulevards) y *boutiques* maravillosas, incluidas librerías, platerías y **M&G Segas,** donde Toulouse-Lautrec compraba bastones. Salida por 9 rue de la Grange Batelière.

❼ Passage Verdeau

Al otro lado de la calle, en 6 rue de la Grange Batelière, está la última galería del recorrido. Hay mucho que explorar: cómics antiguos, antigüedades, postales viejas, etc. La salida norte está en 31bis rue du Faubourg Montmartre.

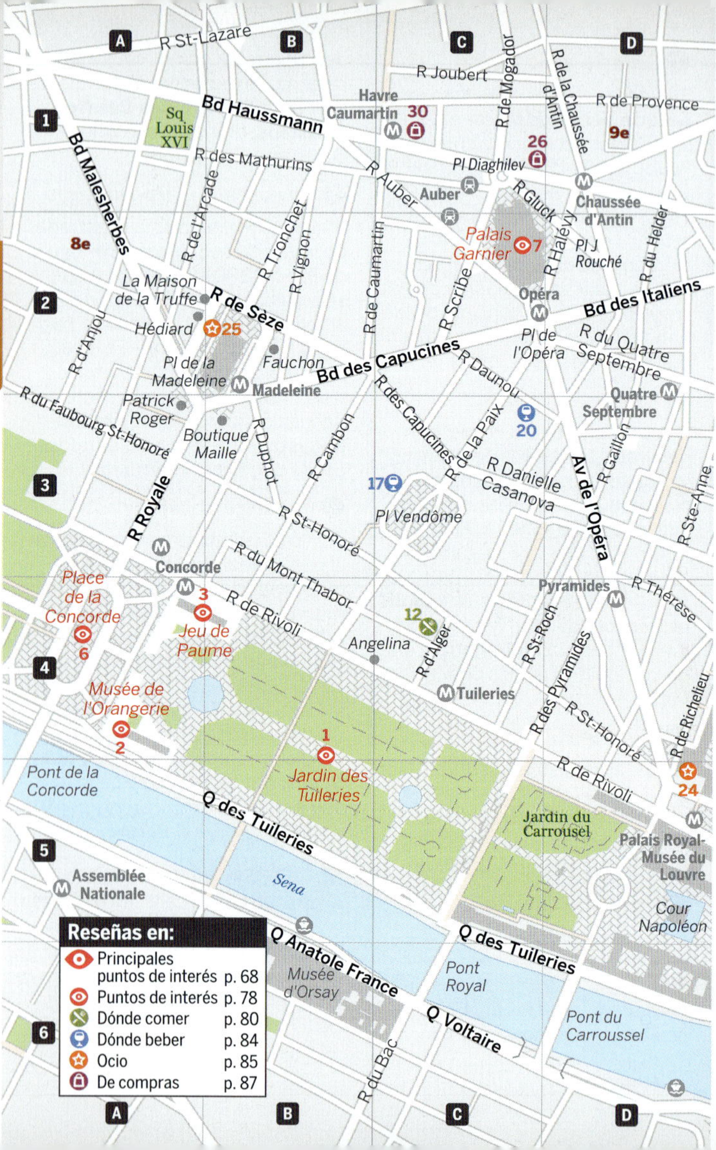
A
B
C
D
1
2
3
4
5
6
R St-Lazare
R Joubert
R de Mogador
R de la Chaussée d'Antin
R de Provence
9e
Bd Haussmann
Havre Caumartin
30
26
Sq Louis XVI
Bd Malesherbes
R des Mathurins
Pl Diaghilev
R Auber
Auber
R Gluck
Chaussée d'Antin
R de l'Arcade
R Tronchet
R Vignon
R de Caumartin
Palais Garnier
7
R Halévy
Pl J Rouché
R du Helder
8e
La Maison de la Truffe
R de Sèze
R Scribe
Opéra
Bd des Italiens
Hédiard
25
Pl de l'Opéra
R du Quatre Septembre
R d'Anjou
Pl de la Madeleine
Fauchon
Madeleine
Bd des Capucines
R Daunou
Quatre Septembre
R du Faubourg St-Honoré
Patrick Roger
Boutique Maille
R Duphot
R Cambon
R des Capucines
R de la Paix
20
R Danielle Casanova
Av de l'Opéra
R Gaillon
R Ste-Anne
17
Pl Vendôme
R Royale
R St-Honoré
Concorde
R du Mont Thabor
Place de la Concorde
6
3
Jeu de Paume
R de Rivoli
12
R d'Alger
Pyramides
R Thérèse
Angelina
R St-Roch
Tuileries
R des Pyramides
R St-Honoré
R de Richelieu
Musée de l'Orangerie
2
1
Jardin des Tuileries
R de Rivoli
24
Pont de la Concorde
Q des Tuileries
Jardin du Carrousel
Palais Royal-Musée du Louvre
Assemblée Nationale
Sena
Cour Napoléon
Reseñas en:
Principales puntos de interés p. 68
Puntos de interés p. 78
Dónde comer p. 80
Dónde beber p. 84
Ocio p. 85
De compras p. 87
Q Anatole France
Musée d'Orsay
Q des Tuileries
Pont Royal
Q Voltaire
Pont du Carroussel
R du Bac

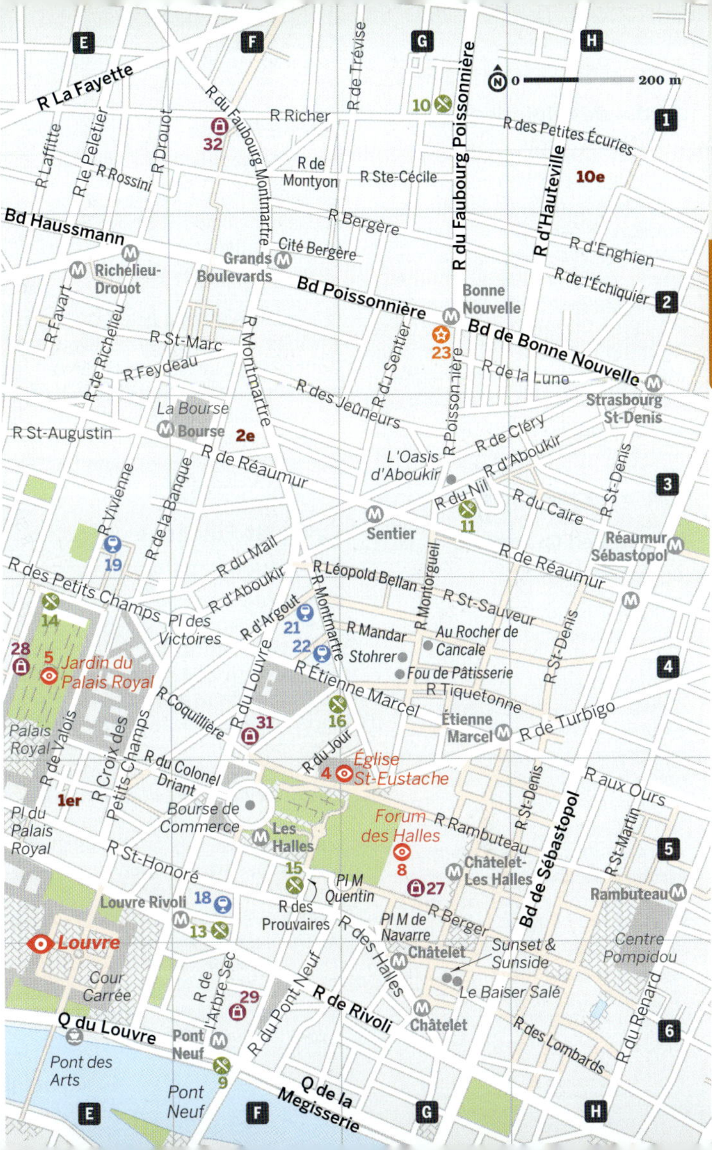
E
F
G
H
0 200 m
1
2
3
4
5
6
R La Fayette
R du Faubourg Montmartre
R de Trévise
R du Faubourg Poissonnière
R Richer
R des Petites Écuries
R d'Hauteville
10e
R Laffitte
R le Peletier
R Rossini
R Drouot
R de Montyon
R Ste-Cécile
R Bergère
Cité Bergère
Bd Haussmann
Richelieu-Drouot
Grands Boulevards
Bd Poissonnière
Bonne Nouvelle
Bd de Bonne Nouvelle
R d'Enghien
R de l'Échiquier
R Favart
R de Richelieu
R St-Marc
R Feydeau
R Montmartre
R du Sentier
R Poissonnière
R de la Lune
Strasbourg St-Denis
R des Jeûneurs
La Bourse
Bourse
2e
R St-Augustin
R de Réaumur
R de Cléry
R d'Aboukir
L'Oasis d'Aboukir
R Vivienne
R de la Banque
R du Nil
R du Caire
R St-Denis
Sentier
Réaumur Sébastopol
R du Mail
R Léopold Bellan
R Montorgueil
R de Réaumur
R des Petits Champs
R d'Aboukir
R St-Sauveur
Pl des Victoires
R d'Argout
R Mandar
Au Rocher de Cancale
Stohrer
Fou de Pâtisserie
R Étienne Marcel
R Tiquetonne
Jardin du Palais Royal
R Coquillière
R du Louvre
Étienne Marcel
R de Turbigo
Palais Royal
R de Valois
R Croix des Petits Champs
R du Colonel Driant
R du Jour
Église St-Eustache
R aux Ours
1er
Bourse de Commerce
Forum des Halles
R Rambuteau
Bd de Sébastopol
R St-Martin
Pl du Palais Royal
Les Halles
Châtelet-Les Halles
R St-Honoré
Pl M Quentin
R des Prouvaires
Rambuteau
Louvre Rivoli
Pl M de Navarre
R Berger
Centre Pompidou
R des Halles
Châtelet
Sunset & Sunside
Le Baiser Salé
Louvre
Cour Carrée
R de l'Arbre Sec
R du Pont Neuf
R de Rivoli
R du Renard
R des Lombards
Q du Louvre
Pont Neuf
Pont des Arts
Q de la Megisserie
10
32
23
11
19
14
28
5
21
22
16
31
4
8
27
15
18
13
29
9

Puntos de interés

Jardin des Tuileries PARQUE

1 PLANO P. 76, B4

Esta zona verde, con sus 28 Ha de fuentes, estanques y esculturas, empieza al oeste del Jardin du Carrousel y fue proyectada con su forma actual en 1664 por André Le Nôtre, arquitecto de los jardines de Versalles. Pronto se convirtió en el lugar más en boga de París donde pasearse vestido con las mejores galas. Forma parte de las orillas del Sena, declaradas Patrimonio Mundial por la Unesco. (rue de Rivoli, 1er; 7.00-21.00 abr-fin sep, 7.30-19.30 fin sep-mar; M Tuileries, Concorde)

Musée de l'Orangerie MUSEO

2 PLANO P. 76, A4

El extraordinario ciclo de ocho enormes *Decorations des Nymphéas* (Nenúfares) de Monet ocupa dos grandes salas ovales construidas especialmente en 1927 según instrucciones del pintor. El nivel inferior alberga más obras impresionistas de Monet y muchas de Sisley, Renoir, Cézanne, Gauguin, Picasso, Matisse y Modigliani, así como *Arlequin et Pierrot* de Derain. El *orangerie* (invernadero de naranjos), junto con la galería fotográfica del Jeu de Paume, es cuanto queda del Palais des Tuileries, arrasado durante la Comuna de París de 1871. Audioguías 5 €. (01 44 77 80 07; www.musee-orangerie.fr; place de la Concorde, 1er; adultos/niños 9 €/gratis; 9.00-18.00 mi-lu; M Concorde)

Jeu de Paume GALERÍA

3 PLANO P. 76, A4

La Galerie du Jeu de Paume, que acoge exposiciones innovadoras de fotografía, ocupa el antiguo *jeu de paume* (cancha de juego de pelota) del Palais des Tuileries, en la esquina noroeste del Jardin des Tuileries. También ofrece películas y conciertos; véase el programa en la página web. (01 47 03 12 50; www.jeudepaume.org; 1 place de la Concorde, 1er; adultos/niños 10 €/gratis; 11.00-21.00 ma, hasta 19.00 mi-do; M Concorde)

Église St-Eustache IGLESIA

4 PLANO P. 76, G5

Al norte de los jardines contiguos al antiguo mercado de la ciudad, en la actualidad el Forum des Halles (p. 80), se halla una de las iglesias más bonitas de París. Majestuosa, de arquitectura magnífica y con música excelente, fue construida entre 1532 y 1632 y es principalmente gótica. Hay una obra de Rubens, un colorido bajorrelieve de Raymond Mason que representa a vendedores de mercado (1969) y un tríptico de bronce de Keith Haring (1990) en las capillas laterales. (www.st-eustache.org; 2 impasse St-Eustache, 1er; 9.30-19.00 lu-vi, 9.00-19.15 sa y do; M Les Halles o RER Châtelet-Les Halles)

Jardin du Palais Royal

JARDINES

5 PLANO P. 76, E4

El Jardin du Palais Royal es un lugar tranquilo, perfecto para sentarse, contemplar y hacer un pícnic entre setos, o comprar en el trío de bellas galerías comerciales que enmarcan el jardín: la Galerie de Valois (este), la Galerie de Montpensier (oeste) y la Galerie Beaujolais (norte). Sin embargo, el rasgo más distintivo del jardín son las 260 columnas con rayas blancas y negras del escultor Daniel Buren repartidas en el extremo meridional del complejo. (www.domaine-palais-royal.fr; 2 place Colette, 1er; 8.00-22.30 abr-sep, hasta 20.30 oct-mar; M Palais Royal-Musée du Louvre)

Place de la Concorde

PLAZA

6 PLANO P. 76, A4

París se extiende en torno a su plaza más grande, con vistas a la Torre Eiffel, el Sena y los Campos Elíseos. Su obelisco de granito rosa de 3300 años de antigüedad fue un regalo de Egipto en 1831. La plaza se diseñó en 1755 y en origen se llamó como el rey Luis XV. Sus asociaciones con la realeza le brindaron gran protagonismo en la Revolución. Luis XVI fue el primer guillotinado aquí en 1793. (8e; M Concorde)

Palais Garnier

EDIFICIO HISTÓRICO

7 PLANO P. 76, C2

El legendario "fantasma de la ópera" acechaba esta opulenta ópera proyectada en 1860 por Charles

Place de la Concorde.

Collection Pinault Paris

El museo de arte más nuevo de París está alojado en la llamativa **Bourse de Commerce** (plano p. 76, F5; www.collectionpinaultparis.com; 2 rue de Viarmes, 1er; Ⓜ Les Halles o RER Châtelet-Les Halles), un edificio circular del s. XVIII que albergó el mercado de cereales y la Bolsa de la ciudad. El arquitecto japonés Tadao Ando diseñó el ambicioso interior nuevo, con tres plantas que exhibirán obras contemporáneas de la colección de 1400 millones de dólares de François Pinault, que también colaboró con Ando para abrir el Palazzo Grassi y Punta della Dogana, en Venecia. Se inaugurará a principios del 2019.

Garnier (entonces desconocido arquitecto de 35 años). Se puede reservar una visita guiada de 90 min en inglés o verla por cuenta propia (audioguías 5 €). No hay que perderse la Gran Escalera y el auditorio dorado con butacas de terciopelo rojo, una enorme araña y un mural de Chagall en el techo. También es interesante el museo, con carteles, trajes, telones de fondo, partituras y otros recuerdos. (☎08 92 89 90 90; www.operadeparis.fr; rue Scribe esq. rue Auber, 9e; circuito autoguiado adultos/niños 12/8 €, circuito guiado adultos/niños 15,50/8,50 €; ⏲circuito autoguiado 10.00-17.00, circuito guiado 11.00 y 14.30; Ⓜ Opéra)

Forum des Halles

EDIFICIO RELEVANTE

8 PLANO P. 76, G5

El principal mercado de alimentos de París se instaló allí durante casi 800 años, antes de que en 1971 lo sustituyera este centro comercial subterráneo. Considerado una monstruosidad por muchos parisinos, el exterior fue demolido en el 2011 para dar paso a la cubierta dorada translúcida inaugurada en el 2016. Debajo, cuatro pisos de tiendas (más de cien), una veintena de restaurantes, cines, una piscina y otros lugares de ocio se extienden hasta la estación de metro más concurrida de la ciudad. (www.forumdeshalles.com; 1 rue Pierre Lescot, 1er; ⏲tiendas 10.00-20.00 lu-sa, 11.00-19.00 do; Ⓜ Les Halles o RER Châtelet-Les Halles)

Dónde comer

Maison Maison

MEDITERRÁNEA **€€**

9 PLANO P. 76, F6

A mitad de las escaleras que hay junto al Pont Neuf, se esconde este maravilloso espacio bajo los *bouquinistes*. Se pueden ver los *bateaux-mouches* pasar mientras se degustan creaciones tan artísticas como remolacha y bonito marinado en pomelo rosa o ñoquis con espárragos y pesto de brócoli. Si hace bueno, hay que tomar un cóctel en la terraza ribereña. (☎09 67 82 07 32; www.facebook.com/maisonmaisonparis; enfrente de 16 quai du Louvre, 1er; comida menús 2/3 platos 20/25 €, tapas 7-16 €; 10.00-2.00 mi-do, 18.00-2.00 ma; M Pont Neuf)

Richer

BISTRÓ €

10 PLANO P. 76, G1

La sencilla decoración de ladrillo visto es un buen marco en el que probar las geniales creaciones, como ravioli de pechuga de pato ahumada con caldo de *miso*, y tarta de queso con lima y membrillo de postre. No acepta reservas, pero sirve tentempiés, té chino y tiene un bar completo (abierto hasta las 24.00). Precio excelente. (www.lericher.com; 2 rue Richer, 9e; platos principales 17-21 €; 12.00-14.30 y 19.30-22.30; M Poissonière, Bonne Nouvelle)

Frenchie

BISTRÓ €€€

11 PLANO P. 76, G3

Oculto en una discreta callejuela, este pequeño bistró con mesas de madera y paredes de piedra siempre está lleno, y con razón: los platos tienen excelente relación calidad-precio y son modernos, utilizan productos del mercado y los prepara con estilo y sin pretensiones el chef francés Gregory Marchand. Hay que reservar con mucha antelación o llegar temprano por si hubiera alguna cancelación (a veces pasa). Otra opción es ir al **Frenchie Bar à Vins** (platos 9-23 €; 18.30-23.00), al lado. (01 40 39 96 19; www.frenchie-restaurant.com; 5 rue du Nil, 2e; comida menú 4 platos 45 €, cena menú 5 platos 74 €, con vino 175 €;

Rue Montorgueil

Surgida del histórico Les Halles, rue Montorgueil fue antiguamente el mercado de ostras y la parada final de los comerciantes de marisco llegados de la costa. La calle fue inmortalizada por Balzac en *La comédie humaine* y los parisinos aún van a comer y a comprar en ella: está bordeada de *fromageries* (queserías), cafés y puestos de fruta, verdura y otros alimentos.

Destaca la pastelería **Stohrer** (plano p. 76; www.stohrer.fr; 51 rue Montorgueil, 2e; 7.30-20.30; M Étienne Marcel, Sentier), abierta en 1730 y con murales añadidos en 1864 por Paul-Jacques-Aimé Baudry, que también decoró el Grand Foyer del Palais Garnier; los excelentes pasteles de los mejores chefs reposteros de París en **Fou de Pâtisserie** (plano p. 76; 45 rue Montorgueil, 2e; 11.00-20.00 lu-vi, 10.00-20.00 sa, 10.00-18.00 do; M Les Halles, Sentier, o RER Châtelet-Les Halles); y **Au Rocher de Cancale** (plano p. 76; 01 42 33 50 29; 78 rue Montorgueil, 2e; 1 docena de ostras 20 €, ración de marisco 30 €; 8.00-2.00; M Sentier, Les Halles o RER Châtelet-Les Halles), que aún sirve ostras.

Muro viviente

En la esquina de rue des Petits Carreaux (prolongación norte de la calle gastronómica rue Montorgueil, p. 81), el *mur végétal* (jardín vertical) **L'Oasis d'Aboukir** (plano p. 76, G3; 83 rue d'Aboukir, 2e; M Sentier) fue instalado sobre una fachada vacía de 25 m de altura por el botánico francés Patrick Blanc, moderno innovador del género. Desde el 2013, ha florecido hasta cubrir de vegetación una superficie total de 250 m^2. Subtitulado Hymne à la Biodiversité (oda a la biodiversidad), el 'muro viviente' incorpora 7600 plantas de 237 especies.

18.30-23.00 lu-vi, 12.00-14.30 ju y vi verano; M Sentier)

Balagan

ISRAELÍ **€€**

12 PLANO P. 76, C4

Los azulejos en forma de rombo contrastan con el ambiente chic de este restaurante israelí. Sirve deliciosos platos pequeños: kebabs deconstruidos, queso *halloumi* crujiente con dátiles, hígado de pollo askenazí con cebolla confitada o, nuestro favorito, un picante y suculento tartar de atún con hinojo, cilantro, alcaparras y pistachos. Los platos principales, como el besugo con pasta negra, son igualmente loables. (01 40 20 72 14; www.balagan-paris.com; 9 rue d'Alger, 1er; comida menú desde 24 €, platos principales 23-28 €; 12.00-14.00 lu-sa, 19.00-22.00 diarios; M Tuileries)

Chez La Vieille

FRANCESA **€€**

13 PLANO P. 76, F5

Al rescatar este restaurante histórico situado en un edificio del s. XVI, el chef estrella Daniel Rose rinde homenaje a los antiguos mercados al por mayor, a la legendaria expropietaria Adrienne Biasin (muchos de sus atemporales platos han sido actualizados, desde las *terrines* y *rillettes* hasta la *blanquette* de ternera) y al alma de la cocina parisina de bistró. Se puede comer en el bar a pie de calle o en el comedor azul de arriba. (01 42 60 15 78; www.chezlavieille.fr; 1 rue Bailleul, 1er; platos principales 24-26 €; 12.00-14.30 vi y sa, 18.00-22.30 ma-sa; M Louvre-Rivoli)

Le Grand Véfour

DE AUTOR **€€€**

14 PLANO P. 76, E4

Con dos estrellas Michelin, esta joya del s. XVIII en el borde norte del Jardin du Palais Royal tiene éxito desde 1784; los nombres asignados a cada mesa van desde Napoleón y Victor Hugo hasta Colette (que vivía al lado). Un viaje de descubrimiento de la mano del chef Guy Martin en uno de los restaurantes más bellos del mundo. (01 42 96 56 27; www.grand-vefour.com; 17 rue de Beaujolais, 1er; comida/cena menú 115/315 €, platos principales 99-126 €; 12.00-14.30 y 19.30-22.30 lu-vi; M Pyramides)

La Tour de Montlhéry-Chez Denise

FRANCESA €€

15 PLANO P. 76, F5

El restaurante más tradicional en las cercanías del antiguo mercado de Les Halles es este bullicioso bistró con entramado de madera y manteles a cuadros rojos. Abre hasta el amanecer y lo regenta la misma familia desde 1966. Se recomienda a aquellos que tengan ganas de probar clásicos franceses: caracoles en salsa de ajo, hígado de ternera, bistec tártaro, estofado de carrillera de ternera y patés caseros. Es conveniente reservar. (01 42 36 21 82; 5 rue des Prouvaires, 1er; platos principales 23-28 €; 12.00-15.00 y 19.30-5.00 lu-vi med ago-med-jun; M Les Halles o RER Châtelet-Les Halles)

Le Cochon à l'Oreille

FRANCESA €€

16 PLANO P. 76, F4

Joya parisina y monumento protegido, este diminuto local conserva azulejos de 1890 que representan escenas de los antiguos *halles* (mercados). Una escalera de hierro sube a un segundo comedor. Los platos son estilo bistró y franceses tradicionales (excelente *steak tartare*) y se acompañan de vinos bien escogidos. Horario variable. Solo efectivo. (01 40 15 98 24; 15 rue Montmartre, 1er; comida/cena menús desde 16/19,50 €; 10.00-2.00 ma-sa; M Les Halles o RER Châtelet-Les Halles)

Forum des Halles (p. 80).

Dónde beber

Bar Hemingway

COCTELERÍA

17 PLANO P. 76, C3

Fotos en blanco y negro y recuerdos varios (trofeos de caza, máquinas de escribir y cartas manuscritas del gran escritor) decoran este bar del **Ritz.** El barman jefe, Colin Field, mezcla cócteles monumentales, incluidos tres Bloody Marys distintos hechos con zumo de tomate de temporada recién exprimido. Cuentan las leyendas populares que Hemingway en persona, armado con una ametralladora, ayudó a liberar el bar en la II Guerra Mundial. (www.ritzparis.com; Hôtel Ritz Paris, 15 place Vendôme, 1er; 18.00-2.00; ; M Opéra)

Le Garde Robe

BAR DE VINOS

18 PLANO P. 76, F5

Seguramente es el único bar del mundo que sirve alcohol con un menú de desintoxicación. A pesar de que quizá no sea el mejor lugar para purificarse, ofrece excelentes y asequibles vinos naturales, ambiente relajado y una buena selección de comidas que van de los platos de queso y charcutería a opciones atrevidas (*gravlax* de atún con quinoa negra y guacamole). (01 49 26 90 60; 41 rue de l'Arbre Sec, 1er; 12.30-14.30 y 18.30-24.00 ma-vi, 16.30-24.00 lu-sa; M Louvre Rivoli)

Danico

COCTELERÍA

19 PLANO P. 76, E3

No es ningún secreto, pero lo parece: hay que encontrar el salón trasero, oculto e iluminado con velas, de **Daroco** (01 42 21 93 71; www.daroco.fr; platos principales 14-40 €; 12.00-14.30 y 19.00-23.30;) para poder probar los extravagantes cócteles de Nico de Soto. Semillas de chía, té *kombucha,* pimientos picantes y champán de granada son algunos de los inusuales ingredientes de la lista. (www.facebook.com/danicoparis; 6 rue Vivienne, 2e; 18.00-2.00; M Bourse)

Harry's New York Bar

COCTELERÍA

20 PLANO P. 76, C3

En uno de los bares estilo americano más popular de la preguerra bebieron los escritores F. Scott Fitzgerald y Ernest Hemingway, los cuales sin duda probaron el cóctel único del bar: el Bloody Mary. El interior de caoba cubana data de mediados del s. XIX y se trajo de un bar de Manhattan en 1911. (01 42 61 71 14; 5 rue Daunou, 2e; 12.00-2.00 lu-sa, 16.00-1.00 do; M Opéra)

Matamata

CAFÉ

21 PLANO P. 76, F4

Los granos del tostadero parisino Café Lomi se transforman en café en este pequeño y experto local de dos niveles, con mesas y lámparas hechas de madera y metal reciclados y papel con estampado de helechos en la pared. Las tartas caseras (de zanahoria o plátano) acompañan al excepcional café, sándwiches, ensaladas y *muesli* tostado en casa. En verano, hay café helado para refrescarse. (☎01 71 39 44 58; www.matamatacoffee.com; 58 rue d'Argout, 2e; ⏰8.00-17.00 lu-vi, 9.00-17.30 sa y do; 📶; Ⓜ Sentier)

Le Tambour BAR

22 PLANO P. 76, F4

Los insomnes van a este local de referencia por su ambiente tumultuoso y amistoso, y su comida francesa sustanciosa y económica (con postres legendarios como la *tarte tatin*), que se sirve hasta las 3.30 o 4.00. Pero lo que hace mágico al bar es su decoración reutilizada, como un viejo plano del metro de Stalingrado y mobiliario callejero de París. (☎01 42 33 06 90; 41 rue Montmartre, 2e; ⏰8.30-6.00; Ⓜ Étienne Marcel, Sentier)

Le Rex Club CLUB

Anejo al cine *art déco* Grand Rex (véase 23 plano p. 76, G2), en el que algunos de los DJ más famosos del mundo pinchan su música en un equipo de sonido multidifusión con 70 altavoces, es el mejor local de París para escuchar música *house* y *techno*. (☎01 42 36 10 96; www.rexclub.com; 5 bd Poissonnière, 2e; ⏰24.00-7.00 mi-sa; Ⓜ Bonne Nouvelle)

Ocio

Palais Garnier ÓPERA, BALLET

El teatro de la ópera original de la ciudad (véase 7 plano p. 76, C2) es más pequeño que su homólogo en Bastille, pero su acústica es perfecta. Debido a su extraña distribución, algunos asientos tienen escasa o nula visibilidad. Conviene asegurarse al hacer la reserva. La **taquilla** (☎llamadas internacionales 01 71 25 24 23, desde Francia 08 92 89 90 90; www.operadeparis.fr; rue Scribe esq. rue Auber; ⏰10.00-18.30 lu-sa; Ⓜ Opéra) informa de los precios y condiciones de las entradas, incluidos los descuentos de última hora. Ventas flash los miércoles a partir de las 12.00. (place de l'Opéra, 9e; Ⓜ Opéra)

> **El mejor chocolate caliente de París**
>
> En **Angelina** (plano p. 76, C4; ☎01 42 60 82 00; www.angelina-paris.fr; 226 rue de Rivoli, 1er; ⏰7.30-19.00 lu-vi, 8.30-19.30 sa y do; Ⓜ Tuileries), una *grande dame* de los salones de té que data de 1903, se alterna con señoras que comen fuera, sus afectados caniches y la mitad de los estudiantes de la Universidad de Tokio. Sirve pasteles deliciosos, pero lo que provoca que haya colas es su espeso chocolate africano (8,20 €), servido con una jarra de nata y una jarra de agua.

Le Grand Rex CINE

23 PLANO P. 76, G2

Aparte de éxitos de taquilla y conciertos, este icono cinemato-

Rue des Lombards

Es la calle en que se oye *jazz* en directo. **Le Baiser Salé** (plano p. 76; ☎01 42 33 37 71; www.lebaisersale.com; 58 rue des Lombards, 1er; ⏰diario, horario variable; Ⓜ Châtelet), que significa "El beso salado", ofrece *jazz* latino y afro, conciertos de *jazz* fusión y grandes nombres combinados con artistas desconocidos. Hay un ambiente relajado y las actuaciones empiezan a las 19.30 o las 21.30.

El moderno y respetado **Sunset & Sunside** (plano p. 76; ☎01 40 26 46 60; www.sunset-sunside.com; 60 rue des Lombards, 1er; ⏰diario, horario variable; Ⓜ Châtelet) cuenta con dos salas: *electric jazz*, fusión y algo de salsa en el piso de abajo, y acústicos y conciertos en la sala del de arriba.

gráfico *art déco* de 1932 ofrece visitas de 50 min entre bastidores (audio en inglés disponible). Los visitantes, rastreados por un sensor colgado del cuello, suben en ascensor detrás de la pantalla gigante, visitan un estudio de sonido y experimentan en un estudio de grabación. Los efectos especiales del recorrido asombrarán a pequeños y mayores. (☎01 45 08 93 89; www.legrandrex.com; 1 bd Poissonnière, 2e; circuitos adultos/niños 11/ 9 €, cine entradas adultos/niños 11/ 4,50 €; ⏰circuitos 10.00-18.00 mi, sa y do, horario más extenso en vacaciones escolares; Ⓜ Bonne Nouvelle)

Forum des Images — CINE

Un cine de cinco pantallas que proyecta películas ambientadas en París es la atracción principal del archivo cinematográfico municipal (véase 8 plano p. 76, G5). Fundado en 1988 para crear un archivo audiovisual de la ciudad y renovado en llamativos tonos rosas, grises y negros, el recinto cuenta con una biblioteca y centro de investigación con noticiarios, documentales y anuncios. La página web informa del programa de ciclos temáticos, festivales y eventos. (☎01 44 76 63 00; www.forumdesimages.fr; Forum des Halles, 2 rue du Cinéma, Porte St-Eustache, 1er; cine entradas adultos/niños 6/4 €; ⏰12.30-21.00 ma-vi, 14.00-21.00 sa y do; Ⓜ Les Halles o RER Châtelet-Les Halles)

Comédie Française — TEATRO

24 ★ PLANO P. 76, D5

Teatro estatal fundado en 1680 durante el reinado de Luis XIV y con un repertorio de dramaturgia francesa clásica. El teatro hunde sus raíces en una primera compañía dirigida por el dramaturgo, actor y poeta Molière en el Palais Royal. (☎01 44 58 15 15; www.comedie-francaise.fr; place Colette, 1er; Ⓜ Palais Royal-Musée du Louvre)

Kiosque Théâtre Madeleine
RESERVAS

25 PLANO P. 76, B2

Este quiosco independiente vende entradas de *ballet*, ópera y conciertos para el mismo día a mitad de precio. (www.kiosqueculture.com; frente a 15 place de la Madeleine, 8e; 12.30-19.30 ma-sa, hasta 15.45 do; M Madeleine)

De compras

Galeries Lafayette
GRANDES ALMACENES

26 PLANO P. 76, C1

La *grande dame* de los almacenes abarca la tienda principal (su magnífica cúpula es una vidriera de más un siglo de antigüedad), la tienda para hombres y la tienda para el hogar, además de una sección *gourmet*. En la **galería** del 1er piso (01 42 82 81 98; www.galeriedesgaleries.com; gratis; 11.00-19.00 ma-do) exhibe arte moderno; se organizan **pases de moda** (reservas 01 42 82 81 98; 15.00 vi mar-jun y sep-dic con reserva), se puede subir a una terraza panorámica gratuita o hacer una pausa en alguno de sus 24 restaurantes y cafés. (01 42 82 34 56; http://haussmann.galerieslafayette.com; 40 bd Haussmann, 9e; 9.30-20.30 lu-sa, 11.00-19.00 do; ; M Chaussée d'Antin o RER Auber)

L'Exception
DISEÑO

27 PLANO P. 76, G5

Más de 400 diseñadores franceses se reúnen bajo el mismo techo

Galeries Lafayette.

en esta luminosa tienda conceptual, que presenta colecciones cambiantes de moda para hombre y mujer, además de complementos (incl. lencería y trajes de baño), zapatos, gafas, guantes, sombreros, bufandas, cinturones, bolsos, relojes y joyas. También vende libros de diseño, cosméticos, velas, jarrones y otros artículos para el hogar. Alberga un pequeño café. (01 40 39 92 34; www.lexception.com; 24 rue Berger, 1er; 10.00-20.00 lu-sa, 11.00-19.00 do; M Les Halles o RER Châtelet-Les Halles)

Didier Ludot MODA Y ACCESORIOS

28 PLANO P. 76, E4

En la industria de la confección desde 1975, el coleccionista Didier Ludot vende las creaciones de antaño más sutiles de la ciudad en sus exclusivas *boutiques,* organiza exposiciones y ha publicado un libro que retrata la evolución del vestido negro. (01 42 96 06 56; www.didierludot.fr; 24 Galerie de Montpensier, 1er; 10.30-19.00 lu-sa; M Palais Royal-Musée du Louvre)

La Samaritaine GRANDES ALMACENES

29 PLANO P. 76, F6

Uno de los cuatro grandes almacenes principales de París. Tiene 10 plantas y por fin está saliendo de una eterna y disputada reforma de 14 años. La firma japonesa Sanaa, ganadora del premio Pritzker, ha conservado gran parte del precioso exterior *art nouveau* y *art déco,* además del techo de cristal que corona el Hall Jourdain central. Abrirá en el 2019. (01 56 81 28 40; www.lasamaritaine.com; 19 rue de la Monnaie, 1er; M Pont Neuf)

Le Printemps GRANDES ALMACENES

30 PLANO P. 76, C1

Los famosos grandes almacenes Le Printemps contienen Le Printemps de la Mode (moda para mujer) y Le Printemps de l'Homme (moda para caballero), ambas con ropa de diseñadores consagrados y emergentes. Le Printemps de la Beauté et Maison (belleza y menaje) ofrece un extraordinario surtido de perfumes, cosméticos y accesorios. (01 42 82 50 00; www.printemps.com; 64 bd Haussmann, 9e; 9.35-20.00 lu-sa, hasta 20.45 ju, 11.00-19.00 do; ; M Havre Caumartin)

Cóctel de champán, Bar Hemingway (p. 84).

CHAMPAGNE/ALAMY ©

Place de la Madeleine

Las tiendas de comida *ultragourmet* rodean la **place de la Madeleine** (M Madeleine); en algunas se puede comer dentro. Algunos nombres destacados son los siguientes:

La Maison de la Truffe (plano p. 76, A2; ☎ 01 42 65 53 22; www.maison-de-la-truffe.com; 19 place de la Madeleine, 8e; ⏲10.00-22.00 lu-sa) Tienda de trufas.

Hédiard (plano p. 76, A2; ☎ 01 43 12 88 88; www.hediard.fr; 21 place de la Madeleine, 8e) Tienda de comida *gourmet* que reabre en el 2019 tras una extensa renovación.

Boutique Maille (plano p. 76, B3; www.maille.com; 6 place de la Madeleine, 8e; ⏲10.00-19.00 lu-sa) Especialista en mostaza.

Fauchon (plano p. 76, B2; ☎ 01 70 39 38 00; www.fauchon.fr; 26 y 30 place de la Madeleine, 8e; ⏲10.00-20.30 lu-sa) El proveedor de cáterin más famoso de París vende exquisiteces como fuagrás, mermelada, chocolate y pasteles.

Patrick Roger (plano p. 76, A3; ☎ 09 67 08 24 47; www.patrickroger.com; 3 place de la Madeleine, 8e; ⏲10.30-19.30) Extravagantes esculturas de chocolate.

E Dehillerin

ROPA DE CASA

31 PLANO P. 76, F4

Fundada en 1820, esta extraordinaria tienda de dos niveles –más bien un almacén anticuado que una *boutique* chic– contiene un increíble surtido de *matériel de cuisine* (utensilios de cocina) de calidad profesional, como tijeras para aves de corral, hervidores de rodaballo, baterías de cocina profesionales de cobre o moldes para tartas en forma de Torre Eiffel. (☎ 01 42 36 53 13; www.edehillerin.fr; 18-20 rue Coquillière, 1er; ⏲9.00-12.30 y 14.00-18.00 lu, 9.00-18.00 ma-sa; M Les Halles)

À la Mère de Famille

COMIDA Y BEBIDAS

32 PLANO P. 76, F1

El local original de la chocolatería más antigua de París, fundada en 1761. La hermosa fachada *belle époque* es tan cautivadora como el arcoíris de dulces, caramelos y bombones del interior. (☎ 01 47 70 83 69; www.lameredefamille.com; 35 rue du Faubourg Montmartre, 9e; ⏲9.30-20.00 lu-sa, 10.00-19.30 do; M Le Peletier)

Circuito a pie

Paseo romántico a orillas del Sena

En la ciudad más romántica del mundo no escasean los lugares con encanto, pero el Sena y sus alrededores son lo más seductor. Esta ruta pasa por jardines elegantes, palacios, parques íntimos, un mercado de flores y una librería cautivadora. Se recomienda bajar a los muelles para caminar por la orilla.

Datos

Inicio Place de la Concorde; M Concorde

Final Jardin des Plantes; M Gare d'Austerlitz

Distancia 7 km; 3 h

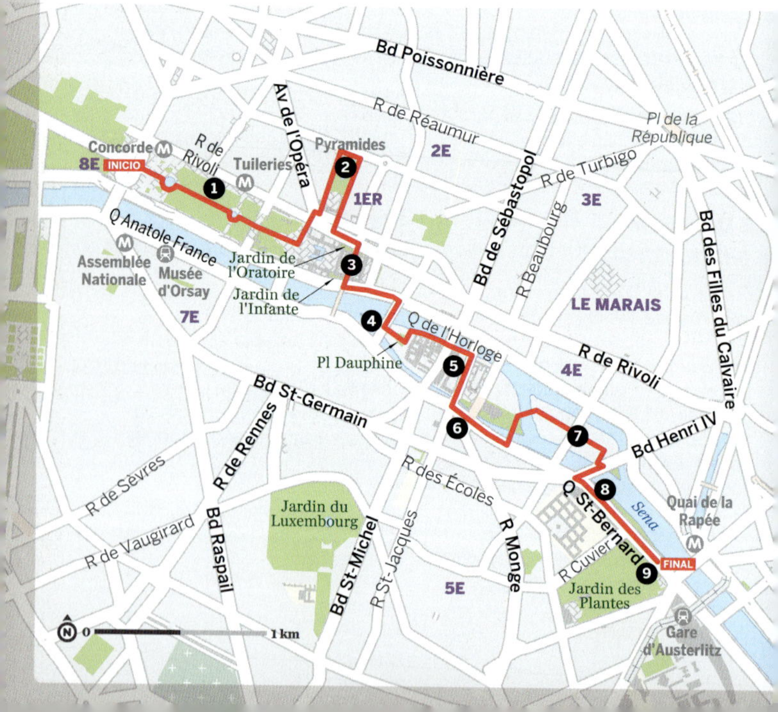

❶ Jardin des Tuileries

Tras contemplar el panorama desde place de la Concorde (p. 79), se da un paseo por el Jardin des Tuileries (p. 78).

❷ Jardin du Palais Royal

Se echa un vistazo a las galerías del Jardin du Palais Royal (p. 79), contiguo al palacio del s. XVII donde vivió Luis XIV.

❸ Cour Carrée

Se cruza el Jardin de l'Oratoire hasta el Cour Carrée, el patio del Louvre (p. 68), y se sale por el Jardin de l'Infante.

❹ Square du Vert Galant

Desde el Pont Neuf (p. 144), se bajan las escaleras hasta el parque de la punta de la Île de la Cité, Square du Vert Galant. Luego, se sube a place du Pont Neuf para cruzar place Dauphine.

❺ Marché aux Fleurs Reine Elizabeth II

Desde hace siglos, los parisinos compran ramos de flores en el Marché aux Fleurs Reine Elizabeth II (p. 150), rebautizado hace poco en honor a Isabel II del Reino Unido. Hay que elegir con cuidado: según la tradición, los crisantemos son solo para los cementerios, los claveles dan mala suerte y las rosas amarillas implican adulterio.

❻ Shakespeare & Company

Entre citas pintadas a mano, se puede pedir un deseo en el pozo, dejar un mensaje en el "espejo del amor" o acurrucarse con un libro de poemas en la sala de lectura de la mágica librería Shakespeare & Company (p. 169).

❼ Berthillon

Se cruza el Pont de l'Archevêché hasta la Île de la Cité y, luego, el Pont St-Louis hasta la Île St-Louis para compartir un helado del *glacier* (heladero) Berthillon (p. 145).

❽ Musée de la Sculpture en Plein Air

A lo largo de quai St-Bernard, hay más de 50 esculturas no valladas de finales del s. XX, de artistas como César y Brancusi, en el museo de esculturas al aire libre (p. 161).

❾ Jardin des Plantes

El romántico paseo termina en el apacible Jardin des Plantes (p. 159). Como punto final, se puede regresar por el Sena en Batobus (p. 209).

AU CLAIRON DES CHASSEURS
CREPERIE GLACES PIZZA
AU CLAIRON DES
CREPES GLACES PIZZA

Explorar

Sacré-Cœur y Montmartre

Las sinuosas calles de Montmartre, jalonadas de edificios cubiertos de hiedra, conservan un encanto de cuento de hadas. Coronado por la basílica del Sacré-Cœur, Montmartre es el barrio con más pendientes de la ciudad (mont significa monte; el mártir fue san Dionisio, decapitado aquí en torno al 250 d.C.). Las vistas, las vides y las plazuelas escondidas atraen a pintores desde el s. XIX.

Montmartre invita a pasear, sobre todo temprano, con pocos turistas. El Sacré-Cœur (p. 94) en la cima de la Butte de Montmartre, goza de vistas excepcionales, sobre todo desde dentro de su cúpula. Luego se puede visitar el Espace Dalí (p. 99). Es agradable pasear por el Cimetière de Montmartre (p. 100) antes de visitar uno de los pequeños museos más adorables de París, el Musée de la Vie Romantique (p. 99), dedicado a la escritora George Sand. Colina abajo se extiende Pigalle, un barrio rojo (tranquilo) que se está haciendo más conocido por su comida y sus cócteles.

Cómo llegar y salir

Ⓜ Anvers (línea 2) es la mejor opción para el Sacré-Cœur y su funicular.

Ⓜ Abbesses y Lamarck-Caulaincourt (línea 12) están en el centro de Montmartre.

Ⓜ Blanche y Pigalle (línea 2) son las más cercanas a los restaurantes y la vida nocturna de Pigalle.

Véase el plano en p. 98.

Place du Tertre (p. 97). TAKASHI IMAGES/SHUTTERSTOCK ©

Principales puntos de interés

Sacré-Cœur

La Basilique du Sacré-Cœur (basílica del Sagrado Corazón), con sus características cúpulas blancas, es más que un lugar de culto: constituye toda una experiencia. La parvis *(explanada delantera), a la que se asciende por 270 escalones, ofrece un fotogénico panorama de la ciudad. En las escaleras actúan músicos y artistas callejeros, y la gente hace pícnic en el parque de la ladera.*

PLANO P. 98, D2

01 53 41 89 00

www.sacre-coeur-montmartre.com

Parvis du Sacré-Cœur

entrada gratis

basílica 6.00-22.30

M Anvers, Abbesses

Historia

La basílica, de inspiración bizantina y romana, fue concebida en 1873 para expiar los pecados de la guerra franco-prusiana (1870-1871). Proyectada por el arquitecto Paul Abadie, sus obras empezaron en 1875 financiadas, sobre todo, con donativos privados. Se terminó en 1914 y fue consagrada en 1919, tras la I Guerra Mundial.

En 1944, los Aliados arrojaron 13 bombas sobre Montmartre. Aunque las vidrieras del Sacré-Cœur se hicieron añicos, milagrosamente no murió nadie y la basílica no sufrió más daños.

El Santísimo Sacramento

En cierto sentido, la expiación nunca ha terminado. El 'ciclo' de plegarias que comenzó en 1835 continúa día y noche con la adoración perpetua al Santísimo Sacramento que custodia el altar mayor.

Cúpula

En el exterior, al oeste de la entrada principal, una escalera de caracol de 300 escalones sube a la **cúpula** (adultos/niños 6/4 €, solo efectivo; ⏲8.30-20.00 may-sep, 9.00-17.00 oct-abr), que ofrece uno de los panoramas más espectaculares de París; se dice que los días despejados se alcanza a ver 30 km.

La mayor campana de Francia

Llamada *La Savoyarde*, se halla en el inmenso campanario cuadrado de la basílica y pesa 19 toneladas. Sus campanadas se oyen en todo el vecindario y más allá.

El mosaico de 'Cristo en Majestad'

Este mosaico del ábside es obra de Luc-Olivier Merson, data de 1922 y es uno de los más grandes del mundo en su género. Sus matices dorados iluminan el oscuro interior del Sacré-Cœur.

★ Consejos

- Evitar parte del ascenso a la basílica con el **funicular de Montmartre** (www.ratp.fr; place St-Pierre, 18e; ⏲6.00-12.45; Ⓜ Anvers, Abbesses); acepta billetes de metro.
- Para disfrutar de las vistas, hay que ir en un día despejado; no se aconseja subir si hace mal tiempo.
- En la página web se puede descargar una audioguía gratuita.

✕ Una pausa

Si hace buen tiempo se va a **L'Été en Pente Douce** (☎01 42 64 02 67; http://lete-en-pente-douce.business.site; 8 rue Paul Albert, 18e; platos principales 10,50-17 €; ⏲12.00-24.00; Ⓜ Château Rouge) para probar comida tradicional francesa en una terraza de ensueño.

Se puede tomar el *brunch* o un café bien preparado en **Hardware Société** (☎01 42 51 69 03; 10 rue Lamarck, 18e; ⏲9.00-16.00 lu-vi, 9.30-16.30 sa y do; 📶; Ⓜ Château Rouge).

Circuito a pie

Arte en Montmartre

Montmartre fue durante muchos siglos un bucólico pueblo lleno de moulins (molinos) que abastecían de harina a París. En 1860 la ciudad lo absorbió y su pintoresco –y asequible– encanto atrajo durante su apogeo a finales del s. XIX y comienzos del XX a pintores como Manet, Degas, Renoir, Van Gogh, Toulouse-Lautrec, Dufy, Picasso, Utrillo, Modigliani y Dalí. Aunque se llena de turistas, mantiene su ambiente de pueblo.

Datos

Inicio Café des Deux Moulins; Ⓜ Blanche

Final Ⓜ Abbesses

Distancia 1,65 km, 1,5 h

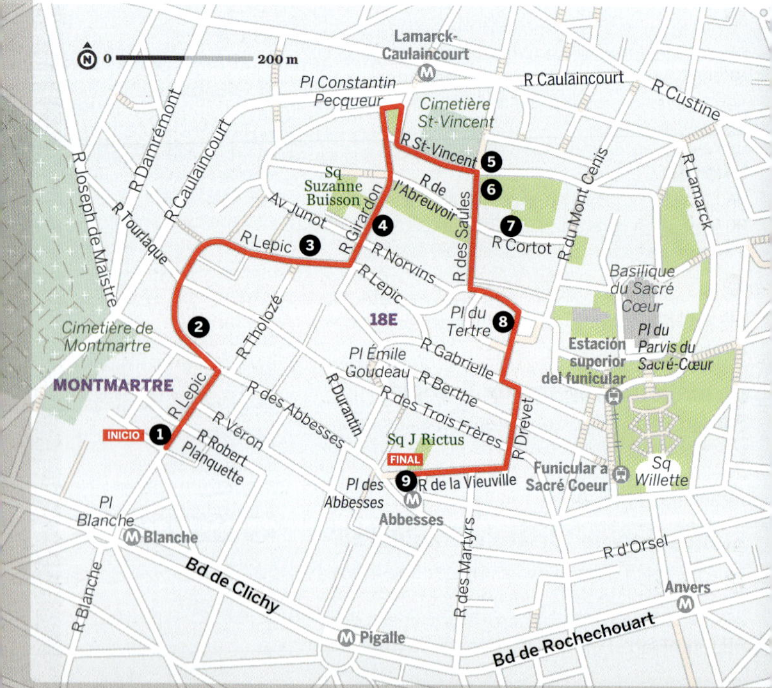

❶ La cafetería de Amélie

¿Qué tal empezar el día en la cafetería donde Amélie trabajaba de camarera? El **Café des Deux Moulins** (www.cafedesdeuxmoulins.fr; 15 rue Lepic, 18e; ⌚7.30-2.00 lu-vi, desde 8.00 sa y do; 📶; Ⓜ Blanche) conserva el color local.

❷ La casa de Van Gogh

Théo Van Gogh fue propietario de la casa de **54 rue Lepic;** su hermano, Vincent, vivió con él en la 3ª planta durante dos años desde 1886.

❸ El salón de baile de Renoir

En Montmartre quedan dos molinos: el **Moulin Blute-Fin** y, 100 m al este, el **Moulin Radet** (83 rue Lepic, 18e; Ⓜ Abbesses), hoy un restaurante. En el s. XIX, los molinos se transformaron en un salón de baile, inmortalizado por Renoir en su *Baile en el Moulin de la Galette* (Musée d'Orsay), de 1876.

❹ El hombre que atravesaba las paredes

Al otro lado de la place Marcel Aymé se ve a un hombre saliendo de un muro de piedra. La **estatua Passe-Muraille** representa a Dutilleul, el protagonista del relato de Marcel Aymé *Le Passe-Muraille (El hombre que atravesaba las paredes).* Aymé vivió en el edificio contiguo de 1902 a 1967.

❺ El conejo de Gill

En la fachada del veterano cabaré **Au Lapin** se ve un conejo saltando de una olla; es el mural *Le Lapin à Gill del caricaturista* André Gill.

❻ El viñedo de Montmartre

El único viñedo del centro de París, **Clos Montmartre** (18 rue des Saules, 18e; Ⓜ Lamarck-Caulaincourt), data de 1933. Sus 2000 vides producen un promedio de 800 botellas de vino cada octubre, cuando se celebra durante cinco días la Fête des Vendanges de Montmartre.

❼ Lecciones de historia local

La historia local cobra vida en el **Musée de Montmartre** (p. 99), en el edificio más antiguo de Montmartre, una mansión con jardín del s. XVII en la que vivieron Renoir, Utrillo y Dufy. También alberga el estudio restaurado de Suzanne Valadon, abierto al público.

❽ Artistas en acción

La plaza mayor del pueblo original, la **place du Tertre** (18e; Ⓜ Abbesses), siempre ha atraído a numerosos artistas. Pese a los visitantes, los artistas locales, a menudo talentosos, pintan, dibujan y venden sus creaciones aquí. Retratistas, músicos y gentío crean una atmósfera carnavalesca ineludible.

❾ El arte de viajar

Con su original marquesina y dos farolas de hierro forjado todavía intactas, Abbesses es el mejor ejemplo que queda de boca de metro *art nouveau* del arquitecto Hector Guimard.

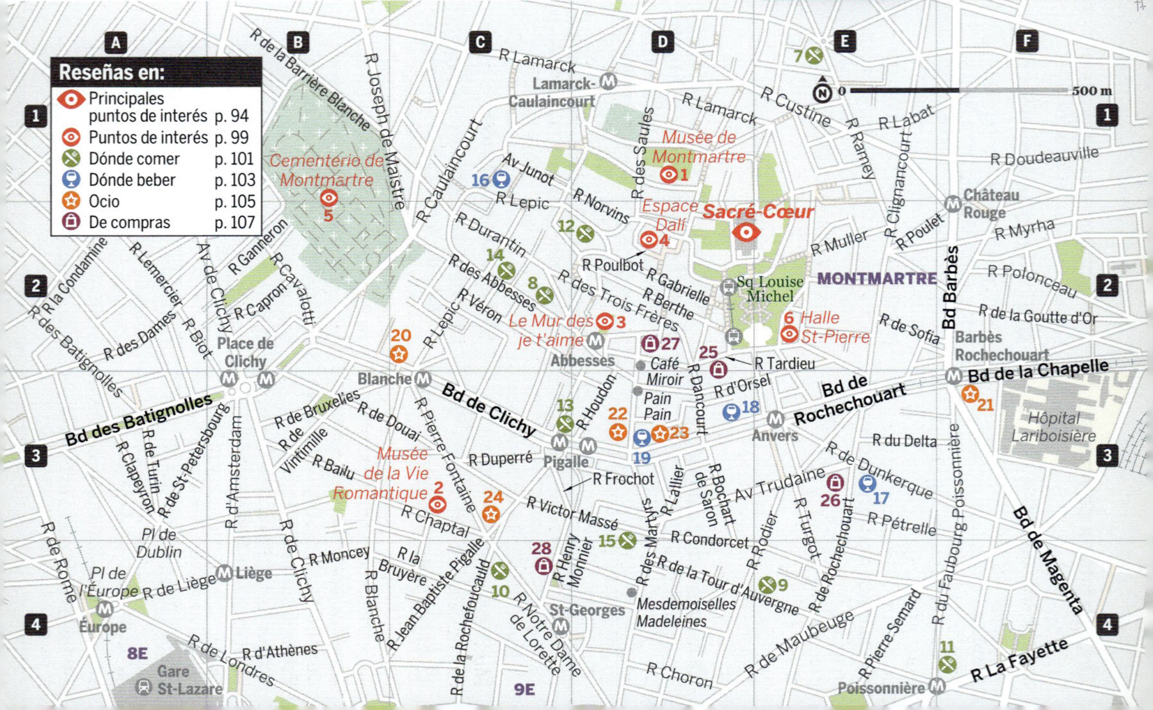
Reseñas en:
Principales puntos de interés p. 94
Puntos de interés p. 99
Dónde comer p. 101
Dónde beber p. 103
Ocio p. 105
De compras p. 107
A
B
C
D
E
F
1
2
3
4
0
500 m
MONTMARTRE
Sacré-Cœur
Musée de Montmartre 1
Espace Dalí 4
Le Mur des je t'aime 3
6 Halle St-Pierre
Musée de la Vie Romantique 2
Cementerio de Montmartre 5
Sq Louise Michel
Hôpital Lariboisière
Café Miroir
Pain Pain
Lamarck-Caulaincourt
Château Rouge
Barbès Rochechouart
Abbesses
Anvers
Pigalle
Blanche
Place de Clichy
St-Georges
Liège
Europe
Poissonnière
Gare St-Lazare
8E
9E
R Lamarck
R Custine
R Ramey
R Labat
R Clignancourt
R Doudeauville
R Myrha
R Poulet
R Muller
R Polonceau
R de la Goutte d'Or
R de Sofia
Bd Barbès
Bd de la Chapelle
Bd de Rochechouart
R du Delta
R de Dunkerque
R Pétrelle
R du Faubourg Poissonnière
Bd de Magenta
R La Fayette
R Pierre Semard
R de Maubeuge
R de Rochechouart
R Turgot
R Rodier
Av Trudaine
R de la Tour d'Auvergne
R Condorcet
R Bochart de Saron
R Lallier
R des Martyrs
Mesdemoiselles Madeleines
R Choron
R Henry Monnier
R Notre Dame de Lorette
R de la Rochefoucauld
R Jean Baptiste Pigalle
R la Bruyère
R Blanche
R Moncey
R de Clichy
R d'Athènes
R de Londres
R de Rome
Pl de l'Europe
R de Liège
Pl de Dublin
R d'Amsterdam
R de St-Pétersbourg
R de Turin
R Clapeyron
Bd des Batignolles
R des Batignolles
R la Condamine
R des Dames
R Lemercier
R Biot
Av de Clichy
R Ganneron
R Capron
R Cavalotti
R de la Barrière Blanche
R Joseph de Maistre
R Caulaincourt
Av Junot
R Lepic
R Norvins
R des Saules
R Durantin
R des Abbesses
R Véron
R des Trois Frères
R Poulbot
R Gabrielle
R Berthe
R Tardieu
R Dancourt
R d'Orsel
R Houdon
Bd de Clichy
R Duperré
R Frochot
R Victor Massé
R Pierre Fontaine
R Chaptal
R de Douai
R de Bruxelles
R de Vintimille
R Ballu

Puntos de interés

Musée de Montmartre MUSEO

1 PLANO P. 98, D1

Este encantador museo de 'pueblo' exhibe cuadros, litografías y documentos que ilustran el pasado bohemio, artístico y hedonista de Montmartre; hay una sala entera dedicada al cancán. Ocupa una mansión del s. XVII donde varios artistas, como Renoir y Raoul Dufy, tuvieron sus estudios en el s. XIX. También se puede visitar el estudio de la pintora Suzanne Valadon, que vivió y trabajó aquí con su hijo Maurice Utrillo y su pareja André Utter de 1912 a 1926. (☎01 49 25 89 39; www.museedemontmartre.fr; 12 rue Cortot, 18e; adultos/niños 9,50/5,50 €, jardín solo 4 €; ⏲10.00-19.00 abr-sep, hasta 18.00 oct-mar; M Lamarck-Caulaincourt)

Musée de la Vie Romantique MUSEO

2 PLANO P. 98, C3

Esta mansión de contraventanas verdes fue residencia de George Sand (Amantine Lucile Aurore Dupin) y del pintor Ary Scheffer. Está en un patio adoquinado al final de un callejón con árboles. Los objetos expuestos proporcionan un maravilloso *flashback* al París de la época romántica, cuando Chopin (amante de Sand), Delacroix y compañía acudían a las reuniones que se organizaban allí. La entrada es gratuita, excepto cuando hay alguna exposición temporal. La visita se remata con un té y un pastel en el café del museo, abierto de primavera a otoño, en el encantador jardín. (☎01 55 31 95 67; www.vie-romantique.paris.fr; 16 rue Chaptal, 9e; ⏲10.00-18.00 ma-do; M Blanche, St-Georges)

Le Mur des je t'aime ARTE CALLEJERO

3 PLANO P. 98, D2

Pocos visitantes se resisten a hacerse un selfie delante del muro de los "te quiero", una obra de arte público creada en un pequeño parque por los artistas Frédéric Baron y Claire Kito en el 2000. El llamativo mural se compone de 511 baldosas esmaltadas de color azul oscuro, en las que está escrita la inmortal frase "te quiero" en casi 250 idiomas (los fragmentos rojos, si se unieran, formarían un corazón). Hay que sentarse en un banco bajo un arce y aprender idiomas al estilo romántico parisino. (www.lesjetaime.com; Sq Jehan Rictus, place des Abbesses ,18e; ⏲8.00-21.30 lu-vi, desde 9.00 sa y do med may-ago, horario reducido sep-med may; M Abbesses)

Espace Dalí GALERÍA

4 PLANO P. 98, D2

Este museo de estilo surrealista en un sótano, al oeste de la place du Tertre, exhibe más de 300 obras de Salvador Dalí (1904-1989), el extravagante grabador, pintor, escultor y autopromotor surrealista. Su colección incluye esculturas, litografías, muchas ilustraciones y mobiliario diseñado por Dalí,

El París de la 'belle époque'

La *belle époque* encarnó la expresión de la creatividad con la llegada de la III República Francesa en 1870.

Surgió la arquitectura *art nouveau*, una serie de "ismos" artísticos desde el impresionismo en adelante, y el progreso de la ciencia y la ingeniería, incluida la primera línea de metro (1900). Se celebraron Exposiciones Universales en la capital en 1889 (con la Torre Eiffel) y de nuevo en 1900 (con el Grand Palais y el Petit Palais).

El París de los clubes nocturnos y los cafés artísticos apareció en esta época. Montmartre se convirtió en un imán para artistas, escritores, proxenetas y prostitutas, donde figuras como Toulouse-Lautrec crearon carteles de las bailarinas de cancán del Moulin Rouge.

Otros lugares glamurosos que siguen abiertos son el restaurante Maxim's, ahora con un museo *art nouveau* en la planta superior, y el recién restaurado Ritz Paris. El Musée d'Orsay alberga expresiones artísticas de la época, desde pintura a mobiliario.

Esta época duró hasta el estallido de la I Guerra Mundial en 1914. El nombre se le dio a posteriori, por la "época dorada" de la paz.

incluido el famoso sofá-labios de Mae West. (01 42 64 40 21; www.daliparis.com; 11 rue Poulbot, 18e; adultos/niños 12/9 €; 10.00-18.00 sep-jun, hasta 20.00 jul y ago; M Abbesses)

Cimetière de Montmartre CEMENTERIO

5 PLANO P. 98, B1

Este cementerio de 11 Ha se inauguró en 1825. Aloja las tumbas de los escritores Émile Zola (cuyas cenizas yacen hoy en el Panthéon), Alexandre Dumas (hijo) y Stendhal, los compositores Jacques Offenbach y Hector Berlioz, los artistas Edgar Degas y Gustave Moreau, el cineasta François Truffaut y el bailarín Vaslav Nijinsky, entre otros. Unas escaleras desde el puente de carretera, construido en 1888, de la rue Caulaincourt llevan a la entrada de la av Rachel, junto al bd de Clichy. (20 av Rachel, 18e; 8.00-18.00 lu-sa, desde 9.00 do may-sep, 8.00-17.30 lu-sa, 9.00-17.00 do oct-abr; M Place de Clichy)

Halle St-Pierre GALERÍA

6 PLANO P. 98, E2

Este museo-galería fundado en 1986 en un antiguo mercado cubierto, se centra en la escuela primitiva y del Art Brut. No tiene colección permanente, pero organiza varias temporales al año. Cuenta con auditorio, café y librería. (01 42 58 72 89; www.hallesaintpierre.org; 2 rue Ronsard, 18e; adultos/niños 9/6 €; 11.00-18.00 lu-vi, hasta 19.00 sa, 12.00-18.00 do; M Anvers)

Dónde comer

Abattoir Végétal
VEGANA €

7 PLANO P. 98, E1

Delante del "matadero vegetal" (ocupa una antigua carnicería), hay mesas y sillas de hierro de color verde menta en la acera. El luminoso interior tiene bombillas desnudas, paredes pintadas al temple y macetas colgantes. Cada día se ofrecen tres opciones ecológicas por plato, así como zumos prensados en frío y cervezas artesanas. (61 rue Ramey, 18e; comida menú 3 platos 18 €, platos principales 13-16 €, *brunch* do adultos/niños 25/5 €; 9.00-18.00 ma y mi, 9.00-23.45 ju y vi, 10.00-23.45 sa, 10.30-16.30 do; ; M Jules Joffrin)

Le Grenier à Pain
PANADERÍA €

8 PLANO P. 98, C2

Esta encantadora panadería, con una cocina semiabierta, ganó el premio anual a la "mejor baguete" de París y es ideal para comprar provisiones para un pícnic. Hay que hacer cola para hacerse con un bocadillo crujiente, un pan *fougasse* al estilo provenzal y minipanes con higos y queso de cabra o beicon y aceitunas. (www.legrenierapain.com; 38 rue des Abbesses, 18e; 7.30-20.00 ju-lu; M Abbesses)

Aspic
BISTRÓ €€€

9 PLANO P. 98, E4

El chef Quentin Giroud cambió las altas finanzas por los fogones y este pequeño espacio *vintage* con cocina semiabierta confirma que no se equivocó. Los menús degustación fijos, que cambian cada semana, incluyen creaciones tan inspiradas como panceta con pimienta y mantequilla de lima *kafir,* pulpo templado con puré de anacardos o apio-nabo con brotes de mostaza y coliflor cruda rallada. (09 82 49 30 98; 24 rue de la Tour d'Auvergne, 9e; menú degustación 7 platos 65 €, con vino 100 €; 19.30-21.30 ma-sa; M Anvers)

L'affineur Affiné
QUESO €

10 PLANO P. 98, C4

Con 120 quesos franceses, esta *fromagerie* es un sitio fabuloso para comprarlos y degustarlos en su *bar à fromages* (bar de quesos). Basta con indicarle al personal qué se prefiere. También hay embutidos y vinos. El *brunch* del fin de semana es un festín de varios platos. (09 66 94 22 15; www.laffineuraffine.com; 51 rue Notre Dame de Lorette, 9e; platos de queso 6,50-39 €, brunch fin de semana 20 €; cocina 12.00-14.30 lu, 12.00-14.30 y 17.30-21.00 mi-sa, 11.30-14.00 y 17.30-19.00 do, tienda 10.30-14.30 lu, hasta 21.00 mi-sa, hasta 19.00 do; M St-Georges)

Abri
BISTRÓ €€

11 PLANO P. 98, F4

No es mayor que una caja de zapatos y la decoración prácticamente no existe, pero es parte de su encanto. Katsuaki Okiyama es un chef con mucho talento y aptitudes artísticas y sus menús degustación sorpresa (tres platos en el almuerzo, seis en la cena) son excepcionales. Reservas con meses de antelación. (01 83 97 00 00; 92 rue du Faubourg Poissonnière, 9e; comida/cena menús 26/49 €; 12.30-14.00 lu, 12.30-14.00 y 19.30-22.00 ma-vi, 12.30-15.00 y 19.30-22.00 sa; M Poissonnière)

Le Bistrot de la Galette

BISTRÓ **€€**

12 PLANO P. 98, D2

A la sombra del Moulin de la Galette, este bistró con decoración *vintage* es creación del chef repostero Gilles Marchal, que emplea harina molida a mano para elaborar los *feuilletés* (hojaldres) que acompañan a la mayoría de los platos, como la *galette parisienne* (jamón asado, champiñones salteados y comté) y la *galette provençale* (cordero asado, berenjena, ajo y tomates). (01 46 06 19 65; www.bistrotdelagalette.fr; 102ter rue Lepic, 18e; platos principales 14-17 €; 11.00-22.00 ma-do; M Abbesses, Lamarck-Caulaincourt)

Bouillon Pigalle

BRASERÍA **€**

13 PLANO P. 98, C3

Los excelentes precios, el servicio durante todo el día y los platos tradicionales –caracoles con mantequilla de ajo y perejil, *bucinos* con mayonesa de acedera, *pot-au-feu* (puchero) y *tête de veau* (cabeza de ternera hervida)– son las claves del éxito de este *bouillon* (especie de comedor social para obreros) de nueva generación. No aceptan reservas, así que hay que llegar fuera de hora punta o hacer cola. (www.bouillonpigalle.com; 22 bd de Clichy, 18e; platos principales 8,50-11,50 €; 12.00-24.00; M Pigalle)

La Mascotte

PESCADO **€€**

14 PLANO P. 98, C2

Fundado en 1889, este cavernoso bar con toldos a rayas verdes y blancas es de lo más auténtico que se puede encontrar en Montmartre. Está especializado en marisco de calidad (langosta, langostinos, vieiras, etc.); uno puede sentarse en la barra a tomar un vaso de vino y un plato de ostras en temporada. Menú infantil 22 €. (01 46 06 28 15; www.la-mascotte-montmartre.com; 52 rue des Abbesses, 18e; comida menús 2 platos 32 €, cenas menús 3 platos 49 €, platos principales 26-36 €; 12.00-23.30; ; M Abbesses)

Bouillon Pigalle.

FRÉDÉRIC VIELCANET/ALAMY©

Rue des Martyrs

Rue des Martyrs, una calle inclinada que se extiende 960 m desde el 18e (metro Abbesses) hasta el 9e (metro Notre Dame de Lorette), es un paraíso gastronómico lleno de tiendas *gourmet*, galardonadas *boulangeries* (panaderías) como **Pain Pain** (plano p. 98, D3; www.pain-pain.fr; 88 rue des Martyrs, 18e; sándwiches y bollería 2,20-5,25 €; 7.00-20.00 ma-sa, 7.30-19.30 do; M Abbesses) y *patisseries* (pastelerías), algunas de ellas especializadas, como **Mesdemoiselles Madeleines** (plano p. 98, D4; www.mllesmadeleines.com; 37 rue des Martyrs, 9e; magdalena pequeña 0,70 €, grande 2,50-4,50 €; 10.30-19.00 ma-sa, 10.30-14.00 y 15.30-18.30 do; M St-Georges), dedicada exclusivamente a las magdalenas.

Entre ellas hay cafés y bistrós parisinos, como el **Café Miroir** (plano p. 98, D2; 01 46 06 50 73; www.cafemiroir.com; 94 rue des Martyrs, 18e; comida menú entre semana 3 platos 19,50 €, platos principales 23-37 €; 8.00-22.00 ma-sa; M Abbesses), frecuentado por los vecinos, y restaurantes regionales e internacionales (corsos, portugueses, españoles, griegos...). En el extremo sur, las fruterías, pescaderías y carnicerías instalan puestos en la acera. Desde finales del 2018, 300 m entre rue de Navarin y rue St-Lazare dan preferencia a los peatones.

Le Pantruche

FRANCESA €€

15 PLANO P. 98, D3

En la zona gastronómica del sur de Pigalle, está amueblado en roble y atrae a los amantes de la comida por su ambiente íntimo, precios razonables y platos de temporada. Hay creaciones atrevidas como ostras con espuma de lechuga, ravioli de cordero con *mimolette* y menta, liebre con jugo de remolacha o salmonete con polenta envuelta en beicon. Resérvese con mucha antelación. (01 48 78 55 60; 3 rue Victor Massé, 9e; comida menús 2/3 platos 19/36 €, platos principales 22 €; 12.30-14.30 y 19.30-22.30 lu-vi; M Pigalle)

Dónde beber

Le Très Particulier

COCTELERÍA

16 PLANO P. 98, C1

La coctelería clandestina del Hôtel Particulier Montmartre es un sitio fascinante para tomar un cóctel en verano. Se llama a la puerta negra sin cartel y después se va directamente al florido jardín vallado de una mansión de 1871 (o al interior, de estilo invernadero). DJ a partir de las 21.30 mi-sa y de las 19.00 do. (01 53 41 81 40; www.hotel-particulier-montmartre.com; Pavillon D, 23 av Junot, 18e; 18.00-2.00; M Lamarck-Caulaincourt)

Chez Bouboule

BAR DEPORTIVO

17 PLANO P. 98, E3

Cuenta con un *boulodrome* (pista de petanca) de arena compactada dentro del animado bar (prestan el material gratis). Sirven cerveza artesana, vino y sidra, además de cócteles como el Bouboule de la casa (ginebra, menta, canela, pimienta y bayas de enebro). También hay futbolín y deportes en pantalla grande. (www.chezbouboule.fr; 79 rue de Dunkerque, 9e; 17.00-2.00 ma-sa; ; M Anvers)

Le Petit Trianon

CAFÉ

18 PLANO P. 98, D3

Este café de la *belle époque* al pie de Montmartre, con grandes ventanas y algunas antigüedades bien elegidas, parece tan intemporal como la propia Butte. Data de 1894 y está junto al venerable teatro Le Trianon, por lo que es fácil imaginar a artistas como Toulouse-Lautrec y al público que lo llenaba por la noche. Sirve comida todo el día. (01 44 92 78 08; 80 bd de Rochechouart, 18e; 8.00-2.00; M Anvers)

La Fourmi

BAR

19 PLANO P. 98, D3

Toda una institución en Pigalle. El ambiente es sociable y acierta con su techo alto, larga barra de cinc, paredes revestidas de madera y ambiente sin pretensiones. Ideal para enterarse de conciertos y fiestas de discotecas o beber algo antes de ir a ver un espectáculo. Además, hay un futbolín. (74 rue des Martyrs, 18e; 8.00-2.00 lu-ju,

Moulin Rouge.

Cócteles en SoPi

En el sur de Pigalle (SoPi), un barrio rojo que se está aburguesando, algunos viejos bares se han transformado en interesantes coctelerías. Se puede empezar por rue Frochot (plano p. 98, C3), donde están **Lipstick** (www.lipstickparis.com; 5 rue Frochot, 9e; 18.00-5.00 ma-sa; M Pigalle), con decoración estilo burdel; **Lulu White** (www.luluwhite.bar; 12 rue Frochot, 9e; 19.00-2.00 lu, mi, ju y do, hasta 4.00 vi y sa; M Pigalle), al estilo de Nueva Orleáns en tiempos de la ley seca; **Glass** (www.quixotic-projects.com/venue/glass; 7 rue Frochot, 9e; 19.00-4.00 do-ju, hasta 5.00 vi y sa; M Pigalle), que sirve cervezas Paname fabricadas en París y cócteles espectaculares, como el Ticket de Metro; y el bar polinesio **Dirty Dick** (10 rue Frochot, 9e; 18.00-2.00; M Pigalle).

hasta 4.00 vi 9.00-4.00 sa, 10.00-2.00 do; M Pigalle)

La Machine du Moulin Rouge CLUB

Forma parte del Moulin Rouge original (véase 20 Plano P. 98, C2) –concretamente, del cuarto de calderas– y se abarrota los fines de semana gracias a la pista de baile, sala de conciertos, bar de champán y terraza. (www.lamachinedumoulinrouge.com; 90 bd de Clichy, 18e; entrada 9-16 €; 24.00-6.00 vi y sa, variable do-ju; M Blanche)

Ocio

Moulin Rouge CABARÉ

20 PLANO P. 98, C2

Inmortalizado en los carteles de Toulouse-Lautrec y en la película de Baz Luhrmann, el cabaré más legendario de París reluce bajo una réplica de 1925 del molino rojo original. Sí, está lleno de multitudes, pero desde los primeros compases hasta el último cancán, ofrece una vorágine de fantásticos vestidos, escenarios, coreografía y champán. Hay que reservar e ir bien vestido (nada de zapatillas deportivas). (01 53 09 82 82; www.moulinrouge.fr; 82 bd de Clichy, 18e; solo espectáculo desde 87 €, comida y espectáculo desde 165 €, cena y espectáculo desde 190 €; solo espectáculo 14.45, 21.00 y 23.00, comida y espectáculo 13.45, cena y espectáculo 19.00; M Blanche)

Le Louxor CINE

21 PLANO P. 98, F3

Este monumento histórico se construyó en estilo *art déco* neoegipcio en 1921 y, siete décadas después, una asociación vecinal lo salvó de la demolición. Es un sitio palaciego para ver estrenos, clásicos, festivales de cortos, talleres (p. ej., de canto) o música en directo. El bar da a una terraza elevada con vistas al Sacré-Cœur. (01 44 63 96 98; www.cinemalouxor.

Mercadillos

Con una superficie de 9 Ha, el vasto **Marché aux Puces de St-Ouen** (www.marcheauxpuces-saintouen.com; rue des Rosiers, St-Ouen; sa-lu; M Porte de Clignancourt) se fundó en 1870 y, según se dice, es el mercadillo más grande de Europa. Tiene más de 2000 puestos agrupados en 15 *marchés* (mercados) que venden todo tipo de artículos, desde muebles del s. XVII hasta ropa del s. XXI. Cada mercado tiene un horario diferente (véase la página web). Hay kilómetros de puestos 'independientes', por lo que conviene reservar con bastante tiempo. Un buen sitio para comer es el legendario **Chez Louisette** (01 40 12 10 14; Marché Vernaison, 130 av Michelet, St-Ouen, Marché aux Puces de St-Ouen; platos principales 14-17 €; 11.00-19.00 sa-lu; M Porte de Clignancourt), con cantantes que interpretan conmovedoras *chansons*.

Cerca, una estación abandonada de la Petite Ceinture (la línea de trenes de vapor que rodeaba París) se ha transformado en **La REcyclerie** (www.larecyclerie.com; 83 bd Ornano, 18e; 8.00-24.00 lu-ju, hasta 2.00 vi y sa, hasta 22.00 do ppios ene-med dic; M Porte de Clignancourt), un centro ecológico con una granja urbana a lo largo de la vieja vía de tren, que abarca huertos colectivos, un gallinero, un café-comedor principalmente vegetariano, talleres y eventos, incluido su propio mercadillo.

fr; 170 bd de Magenta, 10e; entradas adultos/niños 9,70/5 €; M Barbès-Rochechouart)

Le Divan du Monde — MÚSICA EN DIRECTO

22 PLANO P. 98, D3

Eventos cinematográficos, *nouvelles chansons françaises* (nuevas canciones francesas), fiestas soul/*funk*, concursos de *air guitar* y fiestas de *rock* tipo Arctic Monkeys/Killers/Libertines: estos son algunos ejemplos de la creatividad y amplitud de miras de este excelente local. (01 40 05 08 10; www.divandumonde.com; 75 rue des Martyrs, 18e; M Pigalle)

La Cigale — MÚSICA EN DIRECTO

23 PLANO P. 98, D3

Hoy monumento histórico, este auditorio data de 1887, aunque Philippe Starck lo redecoró un siglo después. Entre los artistas que han actuado aquí figuran, Ryan Adams, Ibrahim Maalouf y The Dandy Warhols. (01 49 25 89 99; www.lacigale.fr; 120 bd de Rochechouart, 18e; M Pigalle)

Bus Palladium

MÚSICA EN DIRECTO

24 PLANO P. 98, C3

Era el sitio de moda en la década de 1960 (Dalí, Hallyday y Jagger pasaron por aquí). Medio siglo después, ha reabierto y ofrece actuaciones variopintas de DJ y grupos pop e indie. (01 45 26 80 35; www.buspalladium.com; 6 rue Pierre Fontaine, 9e; ma-sa; M Pigalle, Blanche)

De compras

Belle du Jour

MODA Y ACCESORIOS

25 PLANO P. 98, D2

En esta tienda de Montmartre especializada en perfumeros se regresa a la elegancia del París de la *belle époque*. Los preciosos atomizadores del s. XIX, las sales aromáticas y las polveras de cristal grabado o esmaltado de Bohemia, Baccarat y Saint-Louis comparten espacio con diseños más contemporáneos. Si se busca *art déco* o *art nouveau*, se encontrará aquí. (www.belle-de-jour.fr; 7 rue Tardieu, 18e; 11.00-13.00 y 14.00-19.00 ma-vi, 11.00-13.00 y 14.00-18.00 sa; M Anvers, Abbesses)

Balades Sonores

MÚSICA

26 PLANO P. 98, E3

Es una de las mejores tiendas de vinilos de París y ocupa dos edificios contiguos. La planta baja de 1 av Trudaine tiene pop contemporáneo, *rock*, metal, garage y música francesa de todos los estilos. En el sótano hay discos de segunda mano de *blues*, *country*, *new wave* y punk. Al lado, el nº 3 tiene soul, *jazz*, *funk*, *hip-hop*, electrónica y músicas del mundo. (www.balades sonores.com; 1-3 av Trudaine, 9e; 12.00-20.00 lu-sa; M Anvers)

Spree

MODA Y ACCESORIOS

27 PLANO P. 98, D2

Hay que reservar mucho tiempo para curiosear en esta estilosa galería-*boutique*, con una colección de moda de marca cuidadosamente seleccionada por la estilista Roberta Oprandi y el artista Bruno Hadjadj. Lo divertido de comprar aquí es que todos los muebles –piezas *vintage* de los años cincuenta a ochenta de Eames y otros diseñadores– también están en venta. (01 42 23 41 40; www.spree.fr; 16 rue de la Vieuville, 18e; 11.00-19.30 ma-sa, 15.00-19.00 do y lu; M Abbesses)

Pigalle

MODA Y ACCESORIOS

28 PLANO P. 98, C4

Hay que hacerse con una sudadera con el logotipo Pigalle en blanco y negro. Puntera marca parisina de ropa para hombre, creada por el diseñador y jugador de baloncesto Stéphane Ashpool. (www.pigalle-paris.com; 7 rue Henry Monnier, 9e; 12.00-20.00 lu-sa, desde 14.00 do; M St-Georges)

Circuito a pie

Explorar el Canal St-Martin

Bordeado de caminos con sombra y cruzado por puentes de hierro, el Canal St-Martin (aprox. 4 km al norte de Notre Dame) atraviesa los quartiers *(barrios) del norte. Es posible recorrerlo en barca, pero pasear entre cafés, peculiares* boutiques*, bares y clubes de moda permite entender por qué es tan querido por los* bobos *(bohemios burgueses) de París.*

Datos

Ⓜ République (líneas 3, 5, 8, 9 y 11) es céntrica.

Ⓜ Château d'Eau, Jacques Bonsergent, Gare de l'Est y Parmentier son estaciones útiles.

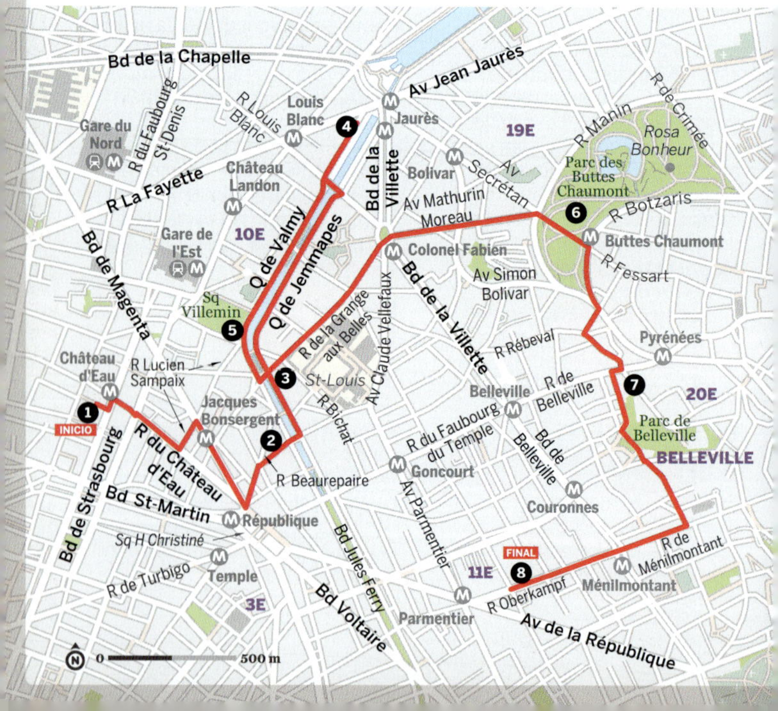

❶ Café con los locales

Se empieza con un café en **52 Faubourg St-Denis** (www.faubourgstdenis.com; 52 rue du Faubourg St-Denis, 10e; platos principales 17-20 €; cocina 12.00-14.30 y 19.00-23.00, bar 8.00-24.00, cerrado ago;), un café-restaurante contemporáneo de barrio.

❷ Tiendas de ropa 'retro'

Percheros con códigos de colores de ropa *vintage* usada en **Frivoli** (26 rue Beaurepaire, 10e; 13.00-19 lu, desde 11.00 ma-sa, desde 14.00 do).

❸ Pícnic con 'pizza'

Al pedir una *pizza* en **Pink Flamingo** (01 42 02 31 70; www.pinkflamingopizza.com; 67 rue Bichat, 10e; *pizzas* 11,50-17,50 €; 19.00-23.30 lu-ju, 12.00-14.30 y 19.00-23.30 vi y sa, 12.00-23.30 do), se recibe un globo rosa con el cual localizan el lugar de pícnic en el que hay que entregarla.

❹ Cultura a la última

En un almacén reconvertido, el centro cultural alternativo **Point Éphémère** (01 40 34 02 48; www.pointephemere.org; 200 quai de Valmy, 10e; 12.30-2.00 lu-sa, hasta 23.00 do;) tiene músicos y artistas residentes, exposiciones y un bar-restaurante.

❺ Cultura de café

Se pueden ver las barcas desde el animado **L'Atmosphère** (49 rue Lucien Sampaix, 10e; 9.00-14.00 lu-sa, hasta 24.00 do), visitar el café dirigido por baristas **Holybelly** (www.holybellycafe.com; 5 rue Lucien Sampaix, 10e; platos 6,50-16,50 €; 9.00-17.00;) o el local *bobo* original, **Chez Prune** (36 rue Beaurepaire, 10e, esq. quai de Valmy; 8.00-2.00 lu-sa, 10.00-2.00 do).

❻ Paraíso en la colina

A años luz de su antiguo papel como vertedero y cantera durante la reforma del barón Haussmann (s. XIX), el empinado **Parc des Buttes Chaumont** (rue Manin y rue Botzaris, 19e; 7.00-22.00 may-sep, hasta 20.00 oct-abr) oculta grutas, cascadas artificiales y una isla con un templo, además de la sala de baile/café **Rosa Bonheur** (www.rosabonheur.fr; 2 allée de la Cascade, Parc des Buttes Chaumont, 19e; 12.00-24.00 ju y vi, desde 10.00 sa y do).

❼ Comer en un bar de vinos

El animado bar de vinos **Le Baratin** (01 43 49 39 70; 3 rue Jouye-Rouve, 20e; comida menús 19 €, platos principales 22-34 €; 12.00-14.30 ma-vi, más 19.30-23.15 ma-sa) ofrece algunos de los mejores platos franceses del 20e, escritos en una pizarra que cambia constantemente.

❽ Vida nocturna

Para terminar, una copa en el **Café Charbon** (www.lecafecharbon.fr; 109 rue Oberkampf, 11e; 8.00-2.00 lu-mi, hasta 5.00 ju, hasta 6.00 vi y sa;) de la *belle époque*, o música en directo y DJ en **Nouveau Casino** (www.nouveaucasino.net).

Explorar

Centre Pompidou y Le Marais

El marais (pantano) de París fue despejado en el s. XII y la reforma de Haussmann dejó casi intacto el laberinto de callejuelas medievales. Bares y restaurantes de moda, boutiques de diseñadores emergentes, la colonia judía y la comunidad gay de la ciudad se apiñan en un barrio vibrante y en su vecino del este, el también animado Bastille.

El Marché Bastille (p. 121) bisemanal es uno de los mercados callejeros más grandes y animados de París; se aconseja verlo antes del Musée National Picasso (p. 118) y la Maison de Victor Hugo (p. 118), la casa del escritor en la elegante place des Vosges (p. 121). Se puede dar un paseo por la arbolada Promenade Plantée (p. 120), sobre un antiguo viaducto del ferrocarril, o pasar la tarde curioseando en las tiendas independientes de Le Marais. El Centre Pompidou (p. 112) cierra tarde, por lo que se puede ir a última hora para ver la colección de arte moderno y contemporáneo y la panorámica desde la azotea.

Cómo llegar y desplazarse

M Rambuteau (línea 11) es la estación más cercana al Centre Pompidou.

M Otras estaciones céntricas son Hôtel de Ville (líneas 1 y 11), St-Paul (línea 1) y Bastille (líneas 1, 5 y 8).

El Batobus para en el exterior del Hôtel de Ville.

Véase el plano en p. 116.

Promenade Plantée (p. 120). GUIZIOU FRANCK/HEMIS.FR/ALAMY ©

Principales puntos de interés

Centre Pompidou

Asombra y fascina a los visitantes desde su inauguración en 1977, no solo por su sobresaliente colección de arte moderno, sino también por su radical arquitectura. Es un centro de las artes dinámico y vibrante, que deleita con su irresistible cóctel de galerías, exposiciones, talleres, espectáculos de baile, librería, boutique de diseño, cines y biblioteca de investigación.

PLANO P. 116, A2

01 44 78 12 33

www.centrepompidou.fr

place Georges Pompidou, 4e

adultos/niños 14 €/gratis

11.00-21.00 mi-lu, exposiciones temporales hasta 23.00 ju

M Rambuteau

Arquitectura

El presidente Georges Pompidou quería un centro artístico ultracontemporáneo y lo consiguió: los arquitectos que ganaron el concurso, Renzo Piano y Richard Rogers, diseñaron un edificio 'del revés' en el que los elementos funcionales, como cañerías, conductos de ventilación y cables eléctricos, forman parte de la fachada exterior, lo que libera el interior para las exposiciones y eventos.

El centro, controvertido entonces y muy estimado hoy, abrió en 1977. Visto desde lejos (p. ej. desde el Sacré-Cœur), su forma de caja pintada de colores primarios entre un mar de tejados grises se asemeja a un mecano abandonado sobre la alfombra de un salón elegante.

Musée National d'Art Moderne

La mayor colección europea de arte moderno llena las espaciosas y luminosas galerías del Museo Nacional de Arte Moderno. Además de la colección permanente, dos salas albergan exposiciones temporales de gran éxito (en la planta baja/sótano y en la última planta). En la 1ª planta hay una galería infantil.

La colección permanente cambia cada dos años, pero incorpora a artistas como Picasso, Matisse, Chagall, Kandinsky, Kahlo, Warhol, Pollock y muchos otros. La 5ª planta está dedicada a artistas activos entre 1905 y 1970 (aprox.); la 4ª se centra en arte, arquitectura y diseño más contemporáneos.

Azotea

El Centre Pompidou solo tiene seis pisos, pero, como los edificios de París son bajos, se divisan vistas muy amplias desde la azotea (entrada panorámica 5 €/gratis). Se sube por unas escaleras mecánicas externas encerradas en tubos transparentes.

★ Consejos

- El Centre Pompidou abre hasta tarde (cerrado ma); se aconseja llegar hacia las 17.00 para evitar las muchedumbres.
- Comprando las entradas por internet, el acceso será más rápido, aunque habrá que hacer cola igualmente en el control de seguridad.
- La entrada a la azotea está incluida en el precio; también es posible comprar solo una entrada panorámica (5 €).

Una pausa

La terraza exterior de Georges, en la 6ª planta, es fabulosa para disfrutar de las vistas.

Para una comida o bebida informal, se puede ir al **Café La Fusée** (01 42 76 93 99; 168 rue St-Martin, 3e; 9.00-2.00 lu-vi, 10.00-2.00 sa y do; M Rambuteau, Étienne Marcel) o **Dame Tartine** (01 42 77 32 22; 2 rue Brisemiche, 4e; tartines 9,90-14 €; 9.00-23.30; ; M Hôtel de Ville).

Circuito a pie

El auge del Haut Marais

El Bajo Marais está de moda desde hace tiempo, pero hoy la verdadera animación se halla en el Haut Marais (Alto Marais, al norte). Su laberinto de callejuelas está repleto de diseñadores de moda prometedores, galerías de arte y boutiques *de ropa* vintage*, accesorios y menaje, junto con empresas veteranas que están renaciendo.*

Datos

Inicio Merci, M St-Sébastien Froissart

Final Le Mary Céleste, M Filles du Calvaire

Distancia 1,3 km, 1 h

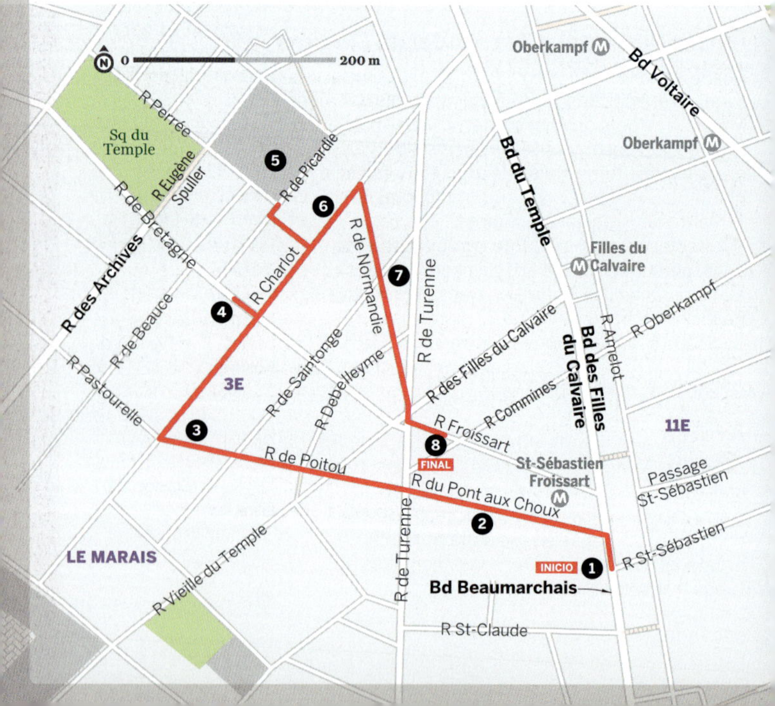

❶ Moda caritativa

La singular tienda conceptual Merci (p. 130), con un Fiat Cinquecento delante, dona a una ONG de ayuda a la infancia en Madagascar todos los beneficios obtenidos con su moda vanguardista, menaje, regalos, cafetería y comedor.

❷ Dosis de café

Nada mejor para reponer fuerzas que tomar un café tostado en París en Boot Café (p. 128). Ocupa un antiguo taller de zapatero que conserva la fachada azul original con el letrero "Cordonnerie".

❸ Moda con descuento

Los parisinos que están al tanto compran ropa de marca de la temporada anterior (para hombre y mujer) con descuentos de hasta el 70% en **L'Habilleur** (www.habilleur.fr; 44 rue de Poitou, 3e; 12.00-19.00 lu-sa; M St-Sébastien-Froissart).

❹ Almuerzo en el mercado

Oculto tras una verja de metal verde poco llamativa, el Marché des Enfants Rouges (p. 125) tiene puestos de alimentos frescos y platos preparados, desde cajas de *bento* hasta *crêpes*, que se pueden comer en mesas compartidas.

❺ Actividades culturales

El antiguo mercado cubierto del barrio, **Le Carreau du Temple** (01 83 81 93 30; www.carreaudutemple.eu; 2 rue Perrée, 3e; taquilla 10.00-21.00 lu-vi, hasta 19.00 sa; M Temple), con magnífico hierro forjado *art nouveau*, es hoy un amplio espacio de exposiciones, conciertos, clases deportivas y teatro.

❻ Moda de fibra

Se exponen y venden prendas y arte textil de fibras naturales y animales poco comunes en **La Boutique Extraordinaire** (www.laboutiqueextraordinaire.com; 67 rue Charlot, 3e; 11.00-20.00 ma-sa, 15.00-19.00 do; M Filles du Calvaire).

❼ Moda infantil

La marca de Le Marais **Finger in the Nose** (www.fingerinthenose.com; 60 rue de Saintonge, 3e; 11.00-19.00 ma-sa; M Filles du Calvaire) crea ropa urbana e innovadora para niños en un taller cercano y muestra sus colecciones aquí, en su *boutique* insignia. Hay ediciones limitadas, estampados de diseño propio y una buena selección de vaqueros.

❽ Hora del cóctel

Hay que hacerse con un taburete en la barra circular del **Le Mary Céleste** (www.quixotic-projects.com/venue/mary-celeste; 1 rue Commines, 3e; 18.00-2.00, cocina 19.00-23.30; M Filles du Calvaire) para tomar cócteles creativos y tapas.

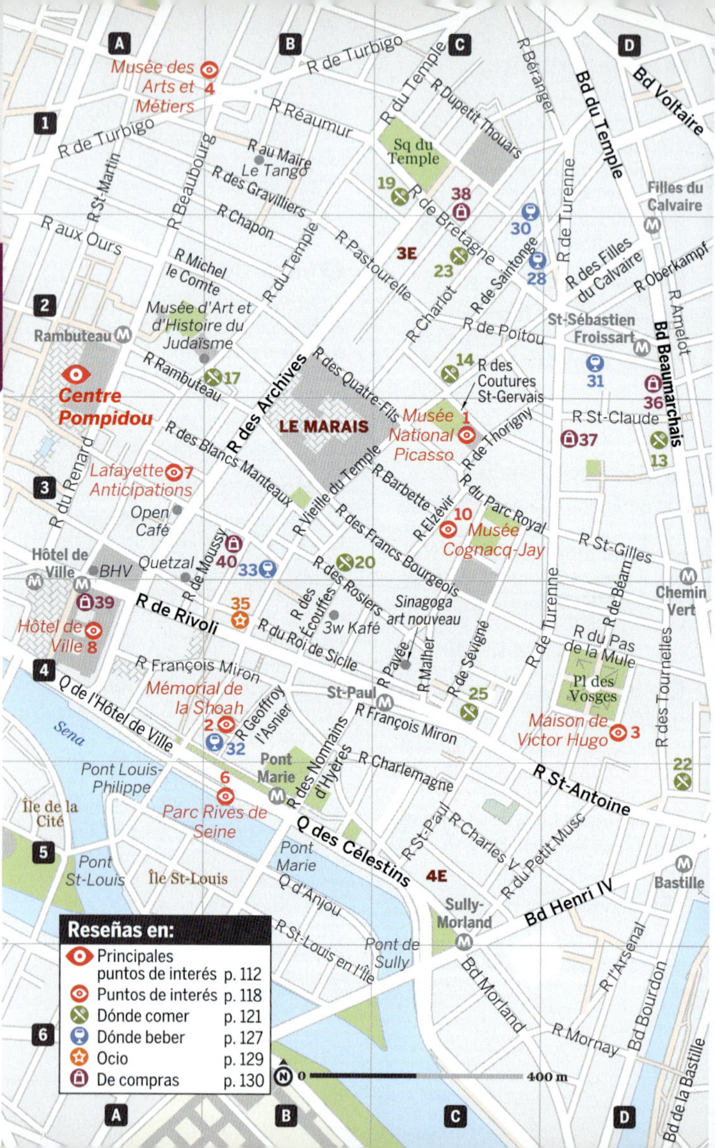
A
B
C
D
1
2
3
4
5
6
Musée des Arts et Métiers 4
R de Turbigo
R Réaumur
R du Temple
R Dupetit Thouars
R Béranger
Bd du Temple
Bd Voltaire
R St-Martin
R Beaubourg
R au Maire
Le Tango
R des Gravilliers
R Chapon
Sq du Temple
19
38
R de Bretagne
30
R de Turenne
Filles du Calvaire
R aux Ours
R Michel le Comte
R du Temple
R Pastourelle
3E
23
R de Saintonge
28
R des Filles du Calvaire
R Oberkampf
R Amelot
Musée d'Art et d'Histoire du Judaïsme
Rambuteau
R Charlot
R de Poitou
St-Sébastien Froissart
Bd Beaumarchais
R Rambuteau
17
R des Archives
R des Quatre-Fils
14
R des Coutures St-Gervais
31
36
Centre Pompidou
LE MARAIS
Musée National Picasso 1
R de Thorigny
R St-Claude
37
13
R des Blancs Manteaux
R du Renard
Lafayette Anticipations 7
R Vieille du Temple
R Barbette
R Elzévir
R du Parc Royal
Open Café
10 Musée Cognacq-Jay
R St-Gilles
Hôtel de Ville
BHV
Quetzal
R de Moussy
40
33
20
R des Francs Bourgeois
R des Rosiers
Chemin Vert
39
R de Rivoli
35
R des Écouffes
Sinagoga art nouveau
3w Kafé
R de Turenne
R de Béarn
Hôtel de Ville 8
R du Roi de Sicile
R Pavée
R Malher
R de Sévigné
R du Pas de la Mule
Pl des Vosges
R François Miron
Mémorial de la Shoah
St-Paul
25
R des Tournelles
Q de l'Hôtel de Ville
Sena
2
R Geoffroy l'Asnier
R François Miron
Maison de Victor Hugo 3
32
Pont Marie
R des Nonnains d'Hyères
R Charlemagne
22
Pont Louis-Philippe
6
R St-Antoine
Île de la Cité
Parc Rives de Seine
Q des Célestins
R St-Paul
R Charles V
R du Petit Musc
Pont Marie
Pont St-Louis
Île St-Louis
Q d'Anjou
4E
Bd Henri IV
Bastille
Sully-Morland
Pont de Sully
R St-Louis en l'Île
Bd Morland
R l'Arsenal
Bd Bourdon
R Mornay
Bd de la Bastille
0
400 m
Reseñas en:
Principales puntos de interés p. 112
Puntos de interés p. 118
Dónde comer p. 121
Dónde beber p. 127
Ocio p. 129
De compras p. 130

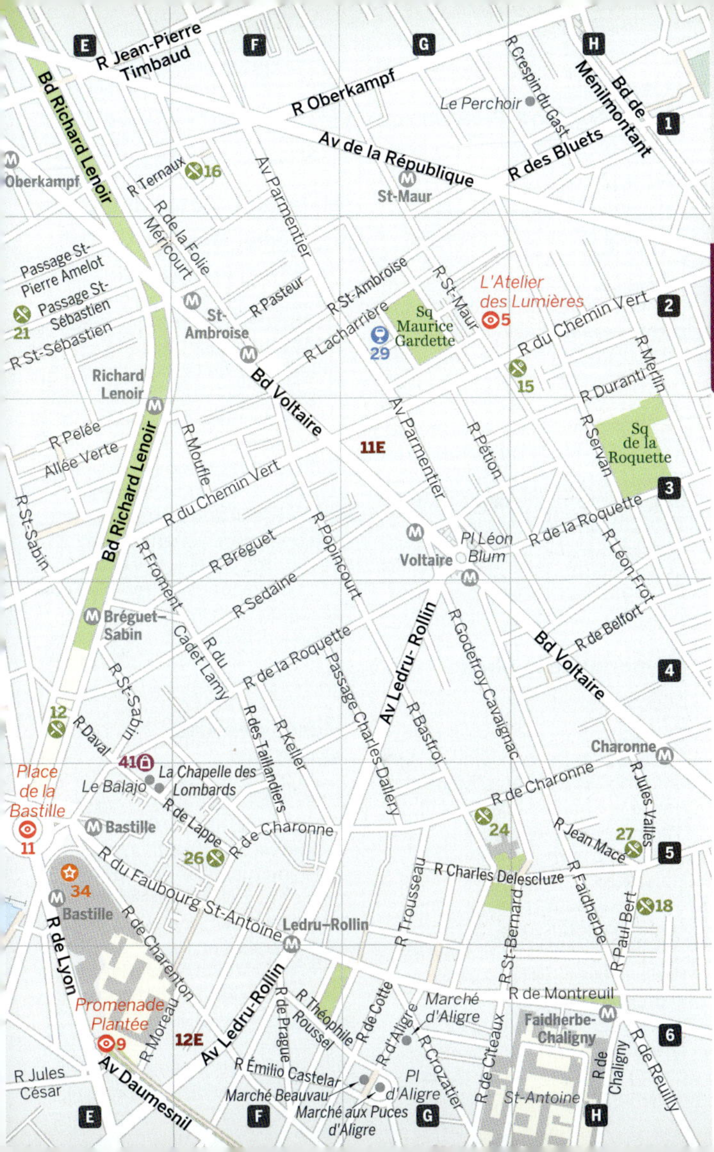
E
F
G
H
1
2
3
4
5
6
R Jean-Pierre Timbaud
R Oberkampf
Le Perchoir
R Crespin du Gast
Bd de Ménilmontant
R des Bluets
Av de la République
St-Maur
Oberkampf
Bd Richard Lenoir
R Ternaux
16
R de la Folie Méricourt
Av Parmentier
Passage St-Pierre Amelot
Passage St-Sébastien
21
R St-Sébastien
St-Ambroise
R Pasteur
R St-Ambroise
R Lacharrière
Sq Maurice Gardette
29
R St-Maur
L'Atelier des Lumières
5
R du Chemin Vert
R Merlin
15
R Duranti
Richard Lenoir
Bd Voltaire
11E
R Pétion
R Servan
Sq de la Roquette
R Pelée
Allée Verte
R Moufle
R du Chemin Vert
R St-Sabin
R Popincourt
R de la Roquette
R Léon Frot
Pl Léon Blum
Voltaire
R Bréguet
R Froment
R Sedaine
Av Ledru-Rollin
R Godefroy Cavaignac
R de Belfort
Bréguet-Sabin
R du Cadet Lamy
R de la Roquette
Passage Charles Dallery
R St-Sabin
12
R Daval
R des Taillandiers
R Keller
R Bastroi
Charonne
R Jules Vallès
41
Place de la Bastille
La Chapelle des Lombards
Le Balajo
R de Charonne
R de Lappe
Bastille
11
24
27
R Jean Macé
26
R de Charonne
R Charles Delescluze
R Faidherbe
34
R du Faubourg St-Antoine
R Trousseau
R St-Bernard
18
R Paul Bert
Bastille
R de Charenton
Ledru-Rollin
R de Lyon
R de Montreuil
Av Ledru-Rollin
R Théophile Roussel
R de Prague
R de Cotte
R d'Aligre
Marché d'Aligre
Faidherbe-Chaligny
Promenade Plantée
R Moreau
12E
9
R Crozatier
R de Cîteaux
R de Chaligny
R de Reuilly
R Émilio Castelar
Pl d'Aligre
R Jules César
Av Daumesnil
Marché Beauvau
Marché aux Puces d'Aligre
St-Antoine

Puntos de interés

Musée National Picasso MUSEO

1 PLANO P. 116, C3

Una de las colecciones de arte más valoradas de París es la que se exhibe en el Hôtel Salé, una exquisita mansión de mediados del s. XVII, de propiedad municipal desde 1964. El museo está dedicado al genial pintor español Pablo Picasso (1881-1973), que vivió y trabajó en París gran parte de su vida. La colección abarca más de 5000 dibujos, grabados, cuadros, cerámica y esculturas del *grand maître* (gran maestro), aunque no se exponen todos al mismo tiempo. (01 85 56 00 36; www.museepicassoparis.fr; 5 rue de Thorigny, 3e; adultos/niños 12,50 €/gratis; 10.30-18.00 ma-vi, desde 9.30 sa y do; M Chemin Vert, St-Paul)

Mémorial de la Shoah MUSEO

2 PLANO P. 116, B4

Creado en 1956, el Monumento al Mártir Judío Desconocido se ha metamorfoseado en el Mémorial de la Shoah (*shoah* significa "catástrofe" en hebreo y se usa en Francia como sinónimo del Holocausto). Las exposiciones del museo están relacionadas con el Holocausto y la ocupación alemana de parte de Francia y París en la II Guerra Mundial. El monumento a las víctimas propiamente dicho está en la entrada. En el muro figuran los nombres de 76 000 hombres, mujeres y niños deportados de Francia a campos de exterminio nazis. (www.memorialdelashoah.org; 17 rue Geoffroy l'Asnier, 4e; gratis; 10.00-18.00 do-mi y vi, hasta 22.00 ju; M Pont Marie, St-Paul)

Maison de Victor Hugo MUSEO

3 PLANO P. 116, D4

De 1832 a 1848, el célebre novelista y poeta Victor Hugo vivió en un piso del Hôtel de Rohan-Guéménée, una casa adosada con vistas a una de las plazas más elegantes de París. Se mudó aquí un año después de publicar *Notre Dame de Paris* (El jorobado de Notre Dame) y terminó *Ruy Blas* durante su estancia. Hoy es un museo dedicado a su vida y obra, con una impresionante colección de retratos y dibujos personales. Las exposiciones temporales son de pago. (01 42 72 10 16; www.maisonsvictorhugo.paris.fr; 6 place des Vosges, 4e; gratis; 10.00-18.00 ma-do; M Bastille)

Musée des Arts et Métiers MUSEO

4 PLANO P. 116, B1

El Museo de Artes y Oficios es el museo de ciencia y tecnología más antiguo de Europa (1794). Es de visita obligada para familias o para cualquier interesado en saber cómo funcionan las cosas. Situado en el priorato de St-Martin des Champs (s. XVIII), exhibe, en tres plantas, unos 2400 instrumentos, máquinas y maquetas del s. XVIII al XX. La iglesia del priorato alberga el péndulo de Foucault original, presentado al mundo en la Exposición Universal de París de 1855. (www.arts-et-metiers.net; 60 rue de Réaumur, 3e; adultos/niños 8 €/gratis, 18.00-21.30 ju y 1er do de mes gratis; ⏲10.00-18.00 ma, mi y vi-do, hasta 21.30 ju; M Arts et Métiers)

L'Atelier des Lumières MUSEO

5 PLANO P. 116, G2

Una antigua fundición de 1835, que suministraba hierro a los ferrocarriles y la Marina de Francia, alberga el primer museo de arte digital de París, inaugurado en el 2018. En La Halle, de 1500 m², se instalan proyecciones luminosas que ocupan por completo las paredes desnudas. Los programas largos (aprox. 30 min) se basan en obras de artistas históricos; hay un programa contemporáneo más corto. Las proyecciones son continuas. En el espacio Le Studio, pueden descubrirse artistas digitales emergentes y consolidados. (www.atelier-lumieres.com; 38-40 rue St-Maur, 11e; adultos/niños 14,50/9,50 €; ⏲10.00-18.00 do-ju, hasta 22.00 vi y sa; M Voltaire)

Parc Rives de Seine PARQUE

6 PLANO P. 116, B5

Tras el éxito de la autopista convertida en parque en la margen izquierda (p. 116), este tramo de 3,3 km de la margen derecha, protegido por la Unesco, también ha sido transformado en una zona de recreo sin coches. Abrió en el 2017 y cuenta con carriles para bicicletas y peatones, pistas de *pétanque* (petanca) y otros deportes, juegos infantiles y bares todo el año, ade-

Maison de Victor Hugo.

más de hamacas, tumbonas y mesas con sombrillas en verano. Los prismáticos timescope jalonados ofrecen lecciones audiovisuales de historia. (entre Bassin de l'Arsenal, 4e, y quai des Tuileries, 1er; M Quai de la Rapéé, Pont Marie o Pont Neuf)

Lafayette Anticipations MUSEO

7 PLANO P. 116, A3

En el 2018, la fundación empresarial de las Galeries Lafayette abrió este singular espacio multidisciplinar para producir, exponer y experimentar con obras nuevas de arte contemporáneo, diseño y moda. El edificio de 1891, transformado por el arquitecto holandés Rem Koolhaas, cuenta con 2500 m^2 de espacio de exposición y una llamativa torre de cristal de 18 m. Ofrece tres o cuatro exposiciones anuales, además de actuaciones y talleres. (Fondation d'entreprise Galeries Lafayette; 01 57 40 64 17; www.lafayetteanticipations.com; 9 rue du Plâtre, 4e; adultos/niños 8 €/gratis; 11.00-20.00 lu, mi y do, hasta 22.00 ju-sa; M Rambuteau)

Hôtel de Ville ARQUITECTURA

8 PLANO P. 116, A4

El bello ayuntamiento de la capital fue destruido durante la Comuna de París de 1871 y reconstruido en un lujoso estilo neorrenacentista de 1874 a 1882. La ornamentada fachada está decorada con 108 estatuas de parisinos ilustres. Hay excelentes exposiciones temporales de aspectos parisinos (gratis; entrada por 29 rue de Rivoli, 4e). (www.paris.fr; place de l'Hôtel de Ville, 4e; gratis; M Hôtel de Ville)

Promenade Plantée PARQUE

9 PLANO P. 116, E6

El viaducto abandonado del ferrocarril de Vincennes (s. XIX) fue convertido en el primer parque elevado del mundo, con una profusión de cerezos, arces, espalderas con rosas, corredores de bambú y lavanda. Al estar tres pisos por encima del suelo, ofrece una perspectiva aérea única sobre la ciudad. A lo largo de la primera sección (noroeste), sobre la avenida Daumesnil, varios talleres de galerías de arte forman el **Viaduc des Arts** (www.leviaducdesarts.com) bajo los arcos. Se baja por las escaleras (los ascensores nunca funcionan). (La Coulée Verte René-Dumont; rue de Lyon esq. av Daumesnil, 12e; 8.00-21.30 lu-vi, desde 9.00 sa y do mar-oct, 8.00-17.30 lu-vi, desde 9.00 sa y do nov-feb; M Bastille, Gare de Lyon, Daumesnil)

Musée Cognacq-Jay MUSEO

10 PLANO P. 116, C3

Dentro del Hôtel de Donon, exhibe óleos, pasteles, esculturas, *objets d'art,* joyas, porcelana y muebles del s. XVIII reunidos por Ernest Cognacq (1839-1928), fundador de los grandes almacenes La Samaritaine, y su esposa Louise Jay. Aunque Cognacq comprendía poco de su colección e incluso presumía de no haber visitado nunca el Louvre y de practicar el coleccionismo por puro estatus social, las obras de arte dan una buena idea de los gustos de la clase alta durante la Ilustración. (www.cognacq-jay.paris.fr; 8 rue Elzévir, 3e; gratis; 10.00-18.00 ma-do; M St-Paul, Chemin Vert)

Place de la Bastille PLAZA

11 PLANO P. 116, E5

La Bastilla, una fortaleza construida en el s. XIV para proteger las puertas de la ciudad, se convirtió en prisión en tiempos del cardenal Richelieu y fue asaltada el 14 de julio de 1789, dando inicio a la Revolución francesa. En el centro de la plaza se levanta la **Colonne de Juillet** (www.colonne-de-juillet.fr), una columna de bronce verde de 52 m coronada por una Libertad dorada y alada. Debajo están enterrados revolucionarios del alzamiento de 1830; la cripta abrirá al público tras una importante reforma que conectará la plaza con Bassin de l'Arsenal. (12e; M Bastille)

Place des Vosges

Inaugurada en 1612 con el nombre de place Royale y, por tanto, la plaza más antigua de París, **place des Vosges** (4e; M Bastille, Chemin Vert) es un llamativo y elegante conjunto de 36 casas simétricas con soportales, tejados de pizarra inclinados y grandes buhardillas alrededor de una plaza arbolada con cuatro fuentes simétricas y una copia de 1829 de una estatua ecuestre de Luis XIII. La plaza recibió su nombre actual en 1800 para premiar al *département* (división administrativa) de Vosges por ser el primero de Francia en pagar sus impuestos.

Dónde comer

Marché Bastille MERCADO €

12 PLANO P. 116, E4

Si el viajero solo visita un mercado al aire libre en París, este es uno de los mejores. Se extiende entre las estaciones de metro de Bastille y Richard Lenoir, y cuenta con más de 150 puestos de fruta y verdura, carne, pescado, marisco, quesos y especialidades de temporada, como trufas. También hay ropa, bolsos y carteras de cuero y algunas antigüedades. (bd Richard Lenoir, 11e; 7.00-14.30 ju, hasta 15.00 do; M Bastille, Bréguet-Sabin)

La Maison Plisson CAFÉ, DELICATESEN €

13 PLANO P. 116, D3

Enmarcado por una marquesina de cristal con vigas de hierro, este paraíso *gourmet* incorpora una zona tipo mercado con suelo de terrazo, repleta de productos exquisitos principalmente franceses: carne, verduras, queso, vino, chocolate, mermeladas, pan recién hecho, etc. La cafetería, que da a dos terrazas gemelas, sirve tablas de quesos, fuagrás y embutidos, ensaladas generosas y delicias como sardinas marinadas

Arquitectura prerrevolucionaria

Le Marais escapó en gran medida a las reformas del barón Haussmann y es uno de los pocos barrios que conservan intacta gran parte de su arquitectura prerrevolucionaria, como la casa de **3 rue Volta, 3e,** parte de la cual data de 1292; el edificio más antiguo de París que se conserva en pie (hoy un restaurante) en **51 rue de Montmorency, 3e,** construido en 1407 y antigua residencia del alquimista y escritor Flamel (1330-1417); y el edificio del s. XVI con entramado de madera de **11 y 13 rue François Miron, 4e.**

en aceite de oliva y flambeadas con Noilly Prat. (www.lamaisonplisson.com; 93 bd Beaumarchais, 3e; platos principales 8-15 €; 9.30-21.00 lu, desde 8.30 ma-sa, 9.30-20.00 do; M St-Sébastien-Froissart)

Breizh Café

CRÊPES €

14 PLANO P. 116, C2

Todo es completamente auténtico en el Breizh ("bretón" en bretón), incluidas las *crêpes* y las *galettes* de harina ecológica, que muchos parisinos consideran las mejores de la ciudad. Otras especialidades son las ostras de Cancale y 20 tipos de sidra. Las mesas son pocas y a menudo hay que esperar; conviene reservar o bien optar por su delicatesen, **L'Épicerie** (*crêpes* y *galettes* 6,80-18,80 €; 11.30-22.00), situada justo al lado. (01 42 72 13 77; www.breizhcafe.com; 109 rue Vieille du Temple, 3e; *crêpes* y *galettes* 6,80-18,80 €; 11.30-23.00 lu-sa, hasta 22.00 do; M St-Sébastien-Froissart)

Le Servan

BISTRÓ €€

15 PLANO P. 116, H2

Los techos ornamentados de color crema con cornisas de molduras y murales pastel, los ventanales y los suelos de madera de este neobistró de barrio, cerca de Père Lachaise, le dan un aire luminoso y alegre incluso el día más gris. La carta cambia a diario e incluye creaciones tan originales como *wontons* de mollejas, berberechos con chile y albahaca dulce y pichón asado con jugo de tamarindo. Se aconseja reservar. (01 55 28 51 82; http://leservan.com; 32 rue St-Maur, 11e; comidas menú 3 platos 27 €, platos principales 25-38 €; 19.30-22.30 lu, 12.00-14.30 y 19.30-22.30 ma-vi; M Voltaire, Rue St-Maur, Père Lachaise)

Chambelland

PANADERÍA €

16 PLANO P. 116, F1

Esta innovadora panadería 100% sin gluten emplea harina de arroz y de trigo sarraceno procedente de su propio molino, en el sur de Francia, para crear tartas y bollos, así como *brioches* y panes de masa madre con frutos secos, semillas, chocolate y fruta. Se puede almorzar en las mesas de formica del relajado espacio, entre sacos de harina y libros. (01 43 55 07 30;

www.chambelland.com; 14 rue Ternaux, 11e; comidas menús 10-12 €, bollería 2,50-5,50 €; ⌚9.00-20.00 ma-sa, hasta 18.00 do; Ⓜ Parmentier)

Pastelli

HELADOS **€**

17 PLANO P. 116, B2

La heladera artesana Mary Quarta, la ganadora más joven del prestigioso Cone d'Oro (cucurucho de oro) de Milán, tiene más de cien sabores en su repertorio, todos completamente naturales. Cada día sirve unos 12 diferentes en tandas pequeñas recién hechas en su tienda blanca del Haut Marais. Destacan los puros y cremosos helados de aguacate, sésamo blanco, *bellini* de champán y melocotón, y el de tiramisú de café. (Mary; 60 rue du Temple, 3e; helado 1/2/3/4 bolas 3,50/5/6,50/7,50 €; ⌚11.00-22.00; Ⓜ Rambuteau)

Le Bistrot Paul Bert

BISTRÓ **€€**

18 PLANO P. 116, H5

Cuando los escritores gastronómicos enumeran los mejores bistrós de París, el nombre de Paul Bert aparece constantemente. La decoración *vintage* atemporal y los platos clásicos, como *steak-frites* y pastel Paris-Brest de crema de avellana, recompensan a quienes reservan con antelación. En la misma calle se encontrarán los establecimientos asociados **L'Écailler du Bistrot** (☎01 43 72 76 77; 22 rue Paul Bert, 11e; ½ docena ostras 9-20 €, platos principales 32-46 €, platos marisco desde 40 €/persona; ⌚12.00-14.30 y 19.30-23.00 ma-sa), de pescado y marisco; **La Cave Paul Bert** (☎01 58 53 50 92; 16 rue Paul Bert, 11e; ⌚12.00-24.00,

Marché Bastille (p. 121).

La comunidad judía de Pletzl

Tiendas *cacher (kosher)* de alimentación, carnicerías, restaurantes, charcuterías y locales de falafel para llevar llenan las callejuelas de Pletzl ("plazuela" en yidis), donde reside desde hace tiempo la colonia judía de Le Marais. Comienza en rue des Rosiers y continúa por rue Ste-Croix de la Bretonnerie hasta rue du Temple. No hay que perderse la **sinagoga 'art nouveau'** (Agoudas Hakehilos Synagogue; plano p. 116, C4; 10 rue Pavée, 4e; M St-Paul) diseñada en 1913 por Hector Guimard, responsable de las famosas bocas de metro de París.

Para echar un vistazo en profundidad a la historia judía, se puede visitar el **Musée d'Art et d'Histoire du Judaïsme** (plano p. 116, B2; ☎ 01 53 01 86 62; www.mahj.org; 71 rue du Temple, 3e; adultos/niños 9 €/gratis; ⏲ 11.00-18.00 ma-vi, desde 10.00 sa y do; M Rambuteau), en el suntuoso Hôtel de St-Aignan (1650).

cocina 12.00-14.00 y 19.30-23.30), un bar de vinos y tapas; y **Le 6 Paul Bert** (☎ 01 43 79 14 32; www.le6paulbert.com; 6 rue Paul Bert, 12e; menú 6 platos 60 €, platos principales 24-35 €; ⏲ 12.00-14.00 y 19.30-23.00 ma-sa), de cocina moderna. (☎ 01 43 72 24 01; 18 rue Paul Bert, 11e; comidas/cenas menú 2/3 platos 19/41 €; ⏲ 12.00-14.00 y 19.30-23.00 ma-sa, cerrado ago; M Faidherbe-Chaligny)

Bontemps Pâtisserie — PASTELERÍA €

19 PLANO P. 116, C1

Esta *pâtisserie* (pastelería) de la gastronómica rue de Bretagne ofrece exquisiteces como *sablés* (galletas de mantequilla), fondant de chocolate y *tarte au citron* (tarta de limón). Si alguien se impacienta por comerlos, hay un puñado de sillas y mesas metálicas delante de la tienda. (☎ 01 42 74 10 68; 57 rue de Bretagne, 3e; pasteles desde 4 €; ⏲ 11.00-14.00 y 15.00-19.30 mi-vi, 10.00-14.00 y 14.30-19.30 sa, 10.00-14.00 y 15.00-18.00 do; M Temple)

L'As du Fallafel — FALAFEL €

20 PLANO P. 116, B3

A la hora del almuerzo, la cola sale de este local y ocupa media calle. Es favorito de los parisinos y merece la inevitable espera. Sirve *falafel* (croquetas de garbanzos) *kosher* y perfectamente frito, así como sándwiches de *shawarma* de pavo o cordero. Hay que hacer como todos los parisinos: comprar para llevar. (34 rue des Rosiers, 4e; comida para llevar 5,50-8,50 €, platos principales 12-18 €; ⏲ 12.00-24.00 do-ju, hasta 16.00 vi; ✎; M St-Paul)

Au Passage — BISTRÓ €€

21 PLANO P. 116, E2

Muchos cocineros emergentes labran su reputación en este *petit bar de quartier* (pequeño bar de barrio). Ofrece una selección, con buena relación calidad-precio y pocas complicaciones, de *petites assiettes* (tapas) de embutidos, pescado crudo o cocinado, verduras, etc., así como platos de carne tipo lomo de cordero asado a fuego lento o *côte de bœuf* (chuletón de ternera) para compartir. Es fundamental reservar. (☎ 01 43 55 07 52; www.restaurant-aupassage.fr; 1bis passage St-Sébastien, 11e; tapas 9-18 €, raciones 25-70 €; ⏲19.00-22.30 ma-sa; Ⓜ St-Sébastien-Froissart)

Brasserie Bofinger
BRASERÍA **€€**

22 PLANO P. 116, D5

Fundada en 1864, es supuestamente la *brasserie* más antigua de París, aunque los espejos, cristales y latón pulido *art nouveau* indican que fue redecorada unas décadas más tarde. Entre las especialidades de inspiración alsaciana se cuentan seis tipos de *choucroute* (chucrut), ostras (½ docena 11-35 €) y fuentes de marisco (30-140 €). Se aconseja sentarse abajo, debajo de la *coupole* (cúpula de cristal de colores). (☎ 01 42 72 87 82; www.bofingerparis.com; 5-7 rue de la Bastille, 4e; menús 2/3 platos 26/32 €, platos principales 19,50-29,50 €; ⏲12.00-15.00 y 18.30-24.00 lu-vi, 12.00-15.30 y 18.30-24.00 sa, 12.00-23.00 do; ; Ⓜ Bastille)

Marché des Enfants Rouges
MERCADO **€**

23 PLANO P. 116, C2

El mercado cubierto más antiguo de París (1615) está oculto detrás de una verja de metal verde poco llamativa. Es un laberinto con una veintena de puestos de platos preparados internacionales (cuscús marroquí, cajas de bento japonesas, etc.) y vendedores de productos agrícolas, queso y flores. Ideal para pasear y comer con los vecinos en las mesas comunes. (39 rue de Bretagne y 33bis rue Charlot, 3e; ⏲8.30-13.00 y 16.00-19.30 ma-sa, 8.30-14.00 do, horarios variables según cada puesto; Ⓜ Filles du Calvaire)

Septime
DE AUTOR **€€€**

24 PLANO P. 116, G5

Los alquimistas de la cocina con estrella Michelin de Bertrand Gré-

Marché d'Aligre

Frecuentado por chefs y vecinos, el **Marché d'Aligre** (plano p. 116, G6; rue d'Aligre, 12e; ⏲8.00-13.00 ma-do; Ⓜ Ledru-Rollin) tiene puestos de mercado cargados de fruta, verdura y delicias de temporada, como trufas. Tras ellos, hay tiendas especializadas en queso, café, chocolate, carne, pescado y vino. Se encontrarán aún más en el mercado cubierto contiguo, el **Marché Beauvau** (plano p. 116, G6; place d'Aligre, 12e; ⏲9.00-14.00 y 16.00-19.30 ma-sa, 9.00-14.00 do). El **Marché aux Puces d'Aligre** (plano p. 116, G6; place d'Aligre, 12e; ⏲8.00-13.00 ma-do), un mercadillo pequeño pero lleno de gangas, se instala en la plaza.

baut producen bellas creaciones, servidas por camareros con delantales azules, que se aseguran de que las sorpresas culinarias sean agradables. La carta es como una enigmática lista de la compra: para cada plato se enumeran tres ingredientes, y el misterioso menú *carte blanche* de la cena pone al cliente completamente en manos del innovador chef. Las reservas requieren planificación y perseverancia; deben hacerse con al menos tres semanas de antelación. (☎01 43 67 38 29; www.septime-charonne.fr; 80 rue de Charonne, 11e; comidas 4 platos menú con/sin vino 70/42 €, cenas menú 7 platos con/sin vino 135/80 €; ⏲19.30-22.00 lu, 12.15-14.00 y 19.30-22.00 ma-vi; Ⓜ Charonne)

Rainettes

FRANCESA **€€**

25 PLANO P. 116, C4

Este *bar à grenouilles* (bar de ancas de rana) sirve cinco tipos de platos de ancas de rana, originales y finamente ejecutados, p. ej.: Normandes (con manzana, calvados y *crème fraîche*), Alsaciennes (*riesling*, chalotas y perejil) y Provençales (ajo y berenjena), así como un plato del día de carne y vegetariano. El comedor a pie de calle cuenta con un *mur végétal* (jardín vertical); hay otras 30 mesas en el sótano. (☎09 70 38 61 61; www.rainettes.com; 5 rue Caron, 4e; comidas menús 2/3 platos 16/20 €, platos principales 17-25 €; ⏲19.00-23.45 ma y mi, desde 18.00 ju, desde 12.00 vi-do; Ⓜ St-Paul)

Chez Paul.

Chez Paul

BISTRÓ €€

26 PLANO P. 116, F5

Este es el París de la abuela: servilletas a cuadros rojos y blancos, fotos descoloridas en la pared, viejos bancos rojos y platos franceses tradicionales, como manitas de cerdo, *andouillette* (fuerte embutido de tripas) y *tête de veau et cervelle* (cabeza de ternera y sesos). Si no gustan las asaduras, hay alternativas, como cuencos humeantes de *pot au feu* (guiso de ternera) y otras delicias similares. (01 47 00 34 57; www.chezpaul.com; 13 rue de Charonne, 11e; comidas menú entre semana 2/3 platos 18/21 €, platos principales 17-27 €; 12.00-0.30; M Ledru-Rollin)

Le Chardenoux

BISTRÓ €€€

27 PLANO P. 116, H5

Un fotogénico y bien conservado bistró de 1908 declarado monumento protegido, con fachada de madera pulida, suelos de baldosa, mesas de mármol, paredes con espejos, biombos de cristal esmerilado y barra de cinc. El chef estrella Cyril Lignac recrea platos franceses clásicos, en las que la combinación de tradición y modernidad ocupa un lugar destacado: tartar de ternera Aubrac con *frites*, pollo al vino blanco y tostada de *brioche* con peras hervidas y caramelo de avellana. (01 43 71 49 52; www.restaurantlechardenoux.com; 1 rue Jules Vallès, 11e; comidas menús 2/3 platos 25/30 €, cenas menú 3 platos 41 €; 12.00-14.30 y 19.00-23.00; M Charonne)

Cócteles en la azotea

Un patio poco llamativo conduce al ascensor que sube hasta **Le Perchoir** (plano p. 116, H1; 01 48 06 18 48; www.leperchoir.tv; 14 rue Crespin du Gast, 11e; 18.00-2.00 ma-vi, desde 16.00 sa; ; M Ménilmontant), en un 7º piso con vistas a los tejados de París. Los grandes almacenes **BHV** (plano p. 116, A3; www.bhv.fr; 52 rue de Rivoli, 4e; 9.30-20.00 lu-sa, 11.00-19.30 do; M Hôtel de Ville) también tienen un bar en la azotea.

Dónde beber

Candelaria

COCTELERÍA

28 PLANO P. 116, C2

Una oculta taquería de color verde lima que sirve tacos, quesadillas y tostadas caseras oculta una de las coctelerías más *cool* de París, a la que se accede por una puerta interior sin rótulo. Hay cócteles fantásticos hechos con licores de agave (como mezcal) e inspirados en Latinoamérica, como El Sombrerón guatemalteco (tequila, vermú, bíter, jarabe de hibisco, tónica a la pimienta rosa y lima). Los fines de semana hay DJ por la noche. (www.quixotic-projects.com; 52 rue de Saintonge, 3e; bar 18.00-2.00, taquería 12.00-22.30 do-mi, hasta 23.30 ju-sa; M Filles du Calvaire)

Beans on Fire

CAFÉ

29 PLANO P. 116, G2

Este espacio innovador garantiza un café excelente. Además de ser una acogedora cafetería de barrio, este establecimiento es un tostadero colaborativo donde los principales representantes del renacido panorama cafetero de París vienen a tostar sus granos (también se ofrecen talleres de tueste de 2 h, disponibles en inglés). La terraza, con vistas a un parque, es punto de encuentro del barrio los días soleados. (www.thebeansonfire.com; 7 rue du Général Blaise, 11e; 8.30-17.00 lu-vi, 9.30-18.00 sa y do; ; M St-Ambroise)

Little Red Door

COCTELERÍA

30 PLANO P. 116, C1

Detrás de una discreta fachada de madera, una pequeña puerta roja lleva a un local de ladrillo visto e iluminación tenue, lleno de velas parpadeantes. Clasificado entre los 50 mejores bares del mundo, es de visita obligada para los amantes de los cócteles. Su colección anual de 11 cócteles, con temas tan sugerentes como "arte" y "arquitectura", se elabora de forma intrincada con ingredientes como hielo de glaciar y sirope de papel. (01 42 71 19 32; www.lrdparis.com; 60 rue Charlot, 3e; 18.00-2.00 do-ju, hasta 3.00 vi y sa; M Filles du Calvaires)

Boot Café

CAFÉ

31 PLANO P. 116, D2

El encanto de esta cafetería de tres mesas radica en su fachada. Es un antiguo taller de zapatero que conserva su exterior azul original con la palabra "Cordonnerie" y un fantástico cartel en forma de bota roja encima. El excelente café se tuesta en París. (19 rue du Pont aux Choux, 3e; 10.00-18.00; ; M St-Sébastien-Froissart)

Le Marais para gais y lesbianas

Algunos locales favoritos de los chicos en Le Marais son **Open Café** (plano p. 116, A3; www.opencafe.fr; 17 rue des Archives, 4e; 11.00-2.00 do-ju, hasta 3.00 vi y sa; M Hôtel de Ville) y **Quetzal** (plano p. 116, A3; 10 rue de la Verrerie, 4e; 17.00-4.00; M Hôtel de Ville).

Las chicas van al **3w Kafé** (plano p. 116, B4; www.facebook.com/3wkafe; 8 rue des Écouffes, 4e; 19.00-3.00 mi y do, hasta 4.00 ju, hasta 6.30 vi y sa; M St-Paul), cuyo nombre significa "women with women" (mujeres con mujeres).

Tanto a los gais como a las lesbianas les gusta **Le Tango** (plano p. 116, B1; www.boite-a-frissons.fr; 13 rue au Maire, 3e; entrada vi y sa 9 €, do 6 €; 22.00-5.00 vi y sa, 18.00-23.00 do; M Arts et Métiers), sobre todo durante el legendario té-baile gay del domingo.

La Caféothèque

CAFÉ

32 PLANO P. 116, B4

Con un molinillo industrial y exhaustivas notas de cata, esta cafetería y tostadero se toma las cosas en serio. Hay que sentarse y elegir el grano, el método de filtración (Aeropress, filtro V60, pistón o goteo) y el estilo de preparación. Tienen una escuela de café con degustaciones de diferentes *crus* y varios cursos, como iniciaciones a la cata de 2 h los sábados por la mañana (cinco *terroirs,* cinco métodos de extracción) por 60 € (también en inglés). (☎01 53 01 83 84; www.lacafeotheque.com; 52 rue de l'Hôtel de Ville, 4e; 8.30-19.30 lu-vi, desde 12.00 sa y do; ; M Pont Marie, St-Paul)

La Belle Hortense

BAR

33 PLANO P. 116, B3

Tras una fachada azul, este creativo bar de vinos llamado como una novela de Jacques Roubaud combina estantes llenos de novelas con una excelente lista de vinos, variedades raras de armañac, coñac, calvados y pastís, y un programa semanal de recitales, firmas y eventos artísticos. (www.cafeine.com/belle-hortense; 31 rue Vieille du Temple, 4e; 17.00-2.00; M Hôtel de Ville)

Ocio

Opéra Bastille

ÓPERA

34 PLANO P. 116, E5

Es la ópera principal de París. En el gran auditorio, con 2745 localidades, también se ofrece *ballet* y conciertos de música clásica. Las entradas se ponen a la venta por internet hasta tres semanas antes que por teléfono o en taquilla (a partir de las 12.00 mi; las ventas flash en línea ofrecen descuentos considerables). Las localidades de a pie (*places débouts;* 5 €) se ponen a la venta 90 min antes de la función. Hay **visitas guiadas** entre bastidores de 90 min en francés. (☎llamadas internacionales 01 71 25 24 23, desde Francia 08 92 89 90 90; www.operadeparis.fr; 2-6 place de la Bastille, 12e; taquilla 11.30-18.30 lu-sa, 1 h antes actuaciones do; M Bastille)

Rue de Lappe

La pequeña rue de Lappe está tranquila de día, pero de noche sus bares se animan. Se puede escuchar música en la sala de baile de 1936 **Le Balajo** (plano p. 116, E5; ☎01 47 00 07 87; www.balajo.fr; 9 rue de Lappe, 11e; variable; M Bastille), que ofrece desde salsa hasta R&B, además de tés-baile a la antigua usanza durante los *musettes* (conciertos de acordeón) de 14.00 a 19.00 los domingos y lunes. En **La Chapelle des Lombards** (plano p. 116, E5; ☎01 43 57 24 24; www.la-chapelle-des-lombards.com; 19 rue de Lappe, 11e; 23.00-5.00 mi, ju y do, hasta 6.00 vi y sa; M Bastille) hay conciertos periódicamente.

Cave du 38 Riv' JAZZ

35 PLANO P. 116, B4

En el corazón de Le Marais, en la concurrida rue de Rivoli, una diminuta fachada da paso a un sótano abovedado de piedra con un ambiente fantástico y conciertos de *jazz* casi todas las noches (programa en internet). Los lunes, jueves y viernes suele haber *jam sessions* con entrada gratuita. (01 48 87 56 30; www.38riv.com; 38 rue de Rivoli, 4e; conciertos 15-30 €; conciertos desde 20.30 lu-sa, desde 17.00 do; M Hôtel de Ville)

De compras

Merci REGALOS Y RECUERDOS

36 PLANO P. 116, D2

Un Fiat Cinquecento señala la entrada a esta singular tienda conceptual, que dona sus beneficios a una ONG de ayuda a la infancia en Madagascar. Vende moda, complementos, ropa de casa, lámparas y fantásticos diseños para el hogar. También se puede tomar un café en la cafetería-librería de viejo, un zumo en el **Cinéma Café** (11.00-14.00 lu-sa) o un almuerzo en la **La Cantine de Merci** (platos principales 16-21 €; 10.00-19.30). (01 42 77 00 33; www.merci-merci.com; 111 bd Beaumarchais, 3e; 10.00-19.30; M St-Sébastien-Froissart)

Le Marais.

PAGE LIGHT STUDIOS/SHUTTERSTOCK ©

Kerzon

ROPA DE CASA, COSMÉTICOS

37 PLANO P. 116, D3

Las velas de cera natural biodegradable, con aromas parisinos como Jardin du Luxembourg (lila y miel), Place des Vosges (rosa y jazmín) y Parc des Buttes-Chaumont (cedro y sándalo), constituyen recuerdos aromáticos de París. La bonita *boutique* blanca y verde también vende ambientadores, detergentes perfumados, perfumes, jabones, aceites de baño y otros artículos de tocador. (www.kerzon.paris; 68 rue de Turenne, 3e; 11.30-20.00 ma-sa; M St-Sébastien-Froissart)

Empreintes

DISEÑO

3 PLANO P. 116, C1

Con más de 600 m² repartidos en cuatro plantas, este emporio del diseño ofrece en cualquier momento dado más de mil artículos de más de 6000 artistas y diseñadores franceses, tanto emergentes como consolidados. Hay joyas artesanales, moda y arte, junto a menaje llamativo (cerámica, cojines, muebles, iluminación, etc.). Arriba hay un café y una biblioteca de consulta. (www.empreintes-paris.com; 5 rue de Picardie, 3e; 11.00-19.00 lu-sa; M Temple)

Pari Rendez-Vous

REGALOS Y RECUERDOS

39 PLANO P. 116, A4

Esta ciudad tan chic cuenta con su propia línea de *souvenirs* de diseño, a la venta en una tienda conceptual situada dentro del *Hôtel de Ville* (ayuntamiento). Hay de todo, desde ropa y menaje hasta libros sobre París, barcos de juguete de madera y sillas Jardin du Luxembourg de Fermob. *Quel style!* (www.rendezvous.paris.fr; 29 rue de Rivoli, 4e; 10.00-19.00 lu-sa; M Hôtel de Ville)

Mariage Frères

BEBIDAS

40 PLANO P. 116, B3

Fundada en 1854, la primera y posiblemente mejor tienda de té de París ofrece más de 500 variedades procedentes de 35 países. En la misma calle hay un **salón de té** (cocina 12.00-19.00) donde se pueden degustar sus tés acompañados de platos ligeros, y un diminuto **museo del té** (gratis, 10.30-12.00 y 15.00-17.00 ju-sa). (www.mariagefreres.com; 30, 32 y 35 rue du Bourg Tibourg, 4e; 10.00-20.00; M Hôtel de Ville)

La Manufacture de Chocolat

COMIDA

41 PLANO P. 116, E5

El chocolate que se sirve en los restaurantes del chef estrella Alain Ducasse se elabora aquí, en la fábrica que creó el propio Ducasse (la primera de París en producir chocolate *bean to bar*) en colaboración con su antiguo chef repostero, Nicolas Berger. Hay *ganaches*, pralinés, trufas y no menos de 44 tipos de tabletas. (www.lechocolat-alainducasse.com; 40 rue de la Roquette, 11e; 9.30-18.00 lu-vi; M Bastille)

Merece la pena

Père Lachaise

El cementerio más visitado del mundo se inauguró en 1804. En sus 44 Ha hay más de 70 000 tumbas y dar un paseo por él es como explorar un exuberante jardín de esculturas. Se construyó como respuesta a la superpoblación de los cementerios de los barrios; en aquel tiempo, era innovador en París enterrar a la gente fuera del barrio en que había vivido.

☎ 01 55 25 82 10

www.pere-lachaise.com

16 rue du Repos y 8 bd de Ménilmontant, 20e

🕗 8.00-18.00 lu-vi, desde 8.30 sa, desde 9.00 do med mar-oct, horario reducido nov-med mar

M Père Lachaise, Gambetta

Un paseo perfecto por la ciudad

Para los que visiten París para sentir su excepcional arte y arquitectura, este extenso cementerio –el mayor de la ciudad– es un buen punto de partida. Es uno de los espacios verdes más grandes del centro de París, con 5300 árboles y arbustos, y una magnífica colección de esculturas del s. XIX de artistas como David d'Angers, Hector Guimard, Visconti y Chapu. Puede hacerse el circuito a pie que se detalla en el fotogénico *Meet Me At Père Lachaise,* de Anna Erikssön y Mason Bendewald, o empezar en la capilla neoclásica y portal de la entrada principal del arquitecto Étienne-Hippolyte Godde.

Ocupantes famosos

Vivir en París era el único requisito para ser enterrado en Père Lachaise, de ahí su cosmopolita ocupación. Entre las 800 000 personas están el compositor Chopin; el dramaturgo Molière; el poeta Apollinaire; los escritores Balzac, Proust, Gertrude Stein y Colette; los actores Simone Signoret, Sarah Bernhardt e Yves Montand; los pintores Pissarro, Seurat, Modigliani y Delacroix; la *chanteuse* Édith Piaf junto a su hija de 2 años; y la bailarina Isadora Duncan.

La tumba del dramaturgo irlandés Oscar Wilde (1854-1900), división 89, es una de las más visitadas (como demuestra la barrera de cristal que hay alrededor de la tumba para evitar que sus admiradores besaran la piedra con los labios pintados de rojo). La otra atracción, igualmente protegida, es la tumba de la estrella de *rock* de la década de 1960 Jim Morrison (1943-1971), división 6.

Los monumentos conmemorativos a las víctimas de casi todas las guerras de la historia moderna forman una emotiva avenida junto al Mur des Fédérés, un muro de ladrillo contra el que se colocó a los insurgentes comuneros para fusilarlos y enterrarlos después en una fosa común en 1871.

Cómo llegar

Línea de metro 3 o 3bis a Gambetta; línea 2 o 3 a Père Lachaise; línea 2 a Philippe Auguste o Alexandre Dumas.

★ Consejos

- El centro de conservación (16 rue du Repos, 20e), en la esquina suroeste del cementerio, proporciona mapas gratuitos de las tumbas.
- Desde la parada de metro Gambetta, hay que caminar cuesta abajo para cruzar el cementerio.

Una pausa

Entre semana, se puede reservar mesa en el excelente neobistró Le Servan (p. 122), cerca del cementerio.

Hay sándwiches, ensaladas, tartas y café (para tomar y llevar) en **Broken Biscuits** (10 Passage Rochebrune, 11e; bollería 2-5,50 €, sándwiches 6,50-7,50 €; 8.30-18.00 mi-vi, desde 10.00 sa y do; M Rue St-Maur, St-Ambroise).

Explorar

Notre Dame y las islas

El corazón geográfico y espiritual de París es el Sena. La Île de la Cité es la mayor de sus dos islas interiores. El Pont St-Louis la conecta con la serena Île St-Louis, al este, que alberga apartamentos exclusivos, un puñado de hoteles íntimos y encantadores cafés, restaurantes y boutiques.

La icónica catedral, Notre Dame (p. 136), domina la Île de la Cité, y es el mejor punto de salida de la ruta (llegando pronto se evitan las aglomeraciones). Aparte de ver la vidriera interior, conviene emplear una hora en subir a la cima y otra hora en explorar la cripta arqueológica (p. 141). Otra bella vidriera es la de la vecina Sainte-Chapelle (p. 144). A solo unos pasos de esta, se halla la prisión de la Revolución francesa, la Conciergerie (p. 144). Hay que cruzar el Pont St-Louis –donde probablemente se vean músicos y artistas callejeros– para visitar las boutiques de la Île St Louis y comprar un helado en Berthillon (p. 145).

Cómo llegar y desplazarse

M Cité (línea 4), en la Île de la Cité, es la única estación de las islas y la más práctica para ir a Notre Dame.

M Pont Marie (línea 7), en la orilla derecha, es la estación más cercana a Île St-Louis.

El Batobus, de subida y bajada libre, para enfrente de Notre Dame, en la orilla izquierda.

Véase el plano en p. 142.

Notre Dame (p. 136) desde el Sena.

Principales puntos de interés

Notre Dame

El monumento gratuito más popular de París, con más de 14 millones de visitantes al año, es una obra maestra de la arquitectura gótica francesa. Destacan los tres espectaculares rosetones, el tesoro y los campanarios, a los que se puede subir. Desde la torre norte, unos 400 escalones ascienden en espiral a lo alto de la fachada occidental, donde se verán siniestras gárgolas y un espectacular panorama de París.

PLANO P. 142, E4

01 42 34 56 10

www.notredamedeparis.fr

6 Parvis Notre Dame-place Jean-Paul-II, 4e

catedral gratis

7.45-18.45 lu-vi, hasta 19.15 sa y do

M Cité

Arquitectura

Notre Dame, construida en un solar ocupado anteriormente por otras iglesias y mil años antes por un templo galorromano, se comenzó en 1163 y se terminó a comienzos del s. XIV. Resultó seriamente dañada durante la Revolución, por lo que el arquitecto Eugène Emmanuel Viollet-le-Duc tuvo que realizar una amplia restauración entre 1845 y 1864. Cuenta con un magnífico 'bosque' de **arbotantes** que rodean el coro y el presbiterio, y sujetan las paredes y el techo.

Notre Dame es famosa por su sublime equilibrio, aunque, si se mira de cerca, se descubren elementos secundarios asimétricos, añadidos para evitar la monotonía, algo habitual en el estilo gótico. Algunos de ellos son la diferente forma de los tres **portales** principales, cuyas estatuas en tiempos eran de brillantes colores para ser más efectivas como *Biblia pauperum*, la "Biblia de los pobres" que ayudaba a los creyentes analfabetos a entender el Antiguo Testamento, la Pasión de Cristo y la vida de los santos.

Rosetones

Los tres rosetones que dan color al vasto interior, de 127 m de largo por 48 m de ancho, son el elemento más espectacular de la catedral. Es de admirar el de 10 m de ancho, en la fachada occidental sobre el órgano –uno de los mayores del mundo, con 7800 tubos, 111 tiradores, 5 manuales de 56 notas y un pedalero de 32 notas– y el de la parte norte del crucero (prácticamente igual que en el s. XIII).

Torres

Una cola señala la entrada a las **torres de Notre Dame** (☎01 53 10 07 00; www.tours-notre-dame-de-paris.fr; adultos/niños torres 10 €/gratis; ⌚10.00-18.30 do-ju, 10.00-23.00 vi y sa jul y ago, 10.00-18.30 abr-jun y sep, 10.00-17.30 oct-mar), los campanarios de la catedral. Una escalera de

★ Consejos

- Como suele haber colas que crecen a lo largo del día, especialmente en los meses de verano, conviene llegar lo más temprano posible.
- El mostrador de información de Notre Dame, en la entrada, alquila audioguías (5 €, incl. entrada al tesoro).
- Hay visitas guiadas gratuitas de 45 min en inglés a las 14.00 mi-vi y a las 14.30 lu, ma y sa.

Una pausa

En la contigua Île St-Louis, se puede tomar una bebida, tentempié o comida en el Café Saint Régis (p. 146).

Se puede comprar un bocadillo creativo y un pastel en Huré (p. 146) y comérselos en un banco a la sombra de los árboles en la plaza Jean XXIII, con vistas a los arbotantes.

caracol de 400 escalones sube a lo alto de la fachada occidental de la torre norte, donde las gárgolas hacen muecas en la **Galerie des Chimères** (galería de las quimeras). Esas grotescas estatuas desvían el agua de lluvia del tejado para evitar daños en la mampostería y supuestamente conjurar los malos espíritus. Aunque parecen medievales, las instaló Eugène Viollet-le-Duc en el s. XIX. La azotea ofrece una espectacular vista de París.

En la torre sur cuelga *Emmanuel*, la original campana mayor de 13 toneladas de la catedral (todas las campanas tienen nombre). Su tañido anunció la inminente liberación de París la noche del 24 de agosto de 1944, cuando las tropas francesas, aliadas y de la Resistencia retomaban la Île de la Cité. La pureza de su repique proviene de las gemas y joyas preciosas que las mujeres parisinas aportaron a su refundición en cobre y bronce en 1631.

En el 2013, como parte de las celebraciones del 850 aniversario del comienzo de la construcción de Notre Dame, se instalaron nueve nuevas campanas que reproducen los repiques medievales.

Tesoro

Por un módico precio, se puede entrar al **'trésor'** (tesoro; 5/3 €; 9.45-17.30), un deslumbrante tesoro de joyas y gemas sagradas escondido en el transepto sureste. La **Ste-Couronne** (Santa Corona), supuestamente la corona de espinas que llevó Jesús antes de ser crucificado, se exhibe solo de 15.00 a 16.00 el primer viernes de mes,

Una pieza del *trésor*.

PHOTOGOLFER/SHUTTERSTOCK©

Cronología de Notre Dame

1160 El obispo de París, Maurice de Sully, ordena la demolición de la catedral original del s. IV, Saint-Étienne (San Esteban).

1163 Se coloca la primera piedra de Notre Dame y empieza su construcción.

1182 Concluyen las obras del ábside y el coro.

Principios de los años 1200 Se inician las obras de la fachada occidental.

1225 Se termina la fachada occidental.

1250 Finalización de las torres occidentales y el rosetón norte.

Mediados de los años 1200 Para 'modernizar' la catedral, se remodelan los cruceros al estilo *rayonnant* (gótico radiante).

1345 Finaliza la construcción de la catedral.

1548 Los hugonotes asaltan y dañan la catedral tras el Concilio de Trento.

1793 Durante la fase más radical de la Revolución francesa son saqueados o destruidos muchos tesoros de Notre Dame.

1845-1864 Tras las peticiones de librar de su demolición la entonces degradada catedral, el arquitecto Eugène Viollet-le-Duc realiza importantes reparaciones y añadidos arquitectónicos.

1991 Se inicia un largo programa de mantenimiento y restauración.

2013 Notre Dame celebra 850 años desde el inicio de su construcción.

de 15.00 a 16.00 cada viernes en Cuaresma y de 10.00 a 17.00 en Viernes Santo.

La maravillosa colección del tesoro, **Les Camées des Papes** (camafeos de los papas), es más fácil de visitar. Esta recopilación de 268 piezas, talladas con una increíble delicadeza en concha y enmarcadas en plata, muestra a todos los papas en miniatura, desde san Pedro hasta nuestros días, y el último es el papa Benedicto XVI.

Los mayos

Pasado el **coro,** con su sillería de madera tallada y estatuas que representan la Pasión de Cristo, está la magnífica colección de pinturas de las capillas laterales de la nave de la catedral. A partir de 1449, el 1 de mayo los orfebres de la ciudad ofrecían a la catedral un árbol del que colgaban cintas votivas y estandartes en honor a la Virgen María, a la que está dedicada Notre Dame (Nuestra Señora). Cincuenta años

Catedral Notre Dame de París

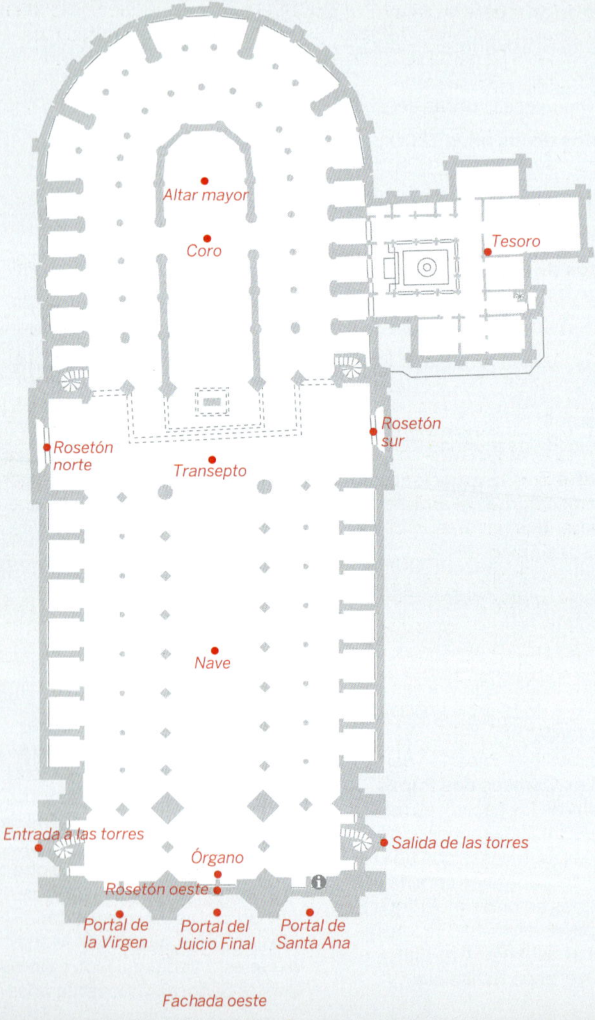

después, el regalo anual de los orfebres, conocido como "mayo", se convirtió en un tabernáculo decorado con escenas del Antiguo Testamento y, a partir de 1630, en un gran cuadro –3 m de altura– que conmemoraba uno de los actos de los apóstoles, acompañado de un poema o una explicación literaria. A comienzos del s. XVIII, cuando se disolvió la hermandad de orfebres, la catedral había recibido 76 de esos monumentales cuadros. En la actualidad solo se pueden ver 13.

Música en Notre Dame

La música ha formado parte del alma de Notre Dame desde que se construyó. La mejor forma de apreciar su herencia musical es en la misa gregoriana o polifónica de los domingos (10.00 y 18.30 respectivamente) o en un concierto gratuito de órgano (16.30).

De octubre a junio la catedral organiza conciertos vespertinos (entradas 15 y 25 €); la programación se encuentra en www.musique-sacree-notredamedeparis.fr.

Si no se puede ir, Radio Notre Dame 1 (100.7 FM) emite la misa de las 18.30 del domingo y la web de la catedral la retransmite en directo.

Momentos relevantes

Algunos de los hitos históricos que tuvieron lugar en Notre Dame son la coronación como rey de Francia de Enrique VI de Inglaterra en 1431; la boda de María Estuardo, reina de Escocia, con el delfín Francisco (Francisco II de Francia) en 1558; la coronación de Napoleón I por el papa Pío VII en 1804; y la beatificación en 1909 y la canonización en 1920 de Juana de Arco.

El corazón de París

Notre Dame es el verdadero corazón de París, tanto que las distancias desde la capital a cualquier lugar de Francia están medidas desde la Parvis Notre Dame (place Jean Paul II), la amplia plaza que hay frente a la catedral de Nuestra Señora de París, donde se arremolinan multitudes para admirar la fachada. Una estrella de bronce al otro lado de la calle marca el lugar exacto del **Point Zéro des Routes de France.**

Cripta

Debajo de la plaza que hay delante de Notre Dame, se encuentra la **Cripta Arqueológica** (☎01 55 42 50 10; www.crypte.paris.fr; 7 Parvis Notre Dame-place Jean-Paul II, 4e; adultos/niños 8 €/gratis; ⏰10.00-18.00 ma-do; Ⓜ Cité). La bóveda de 117 m de largo y 28 m de ancho expone los restos de las estructuras construidas allí durante el período galorromano, un cercado del s. IV, los cimientos de una inclusa medieval y algunas de las cloacas originales. La audioguía de 30 min (5 €) merece la pena.

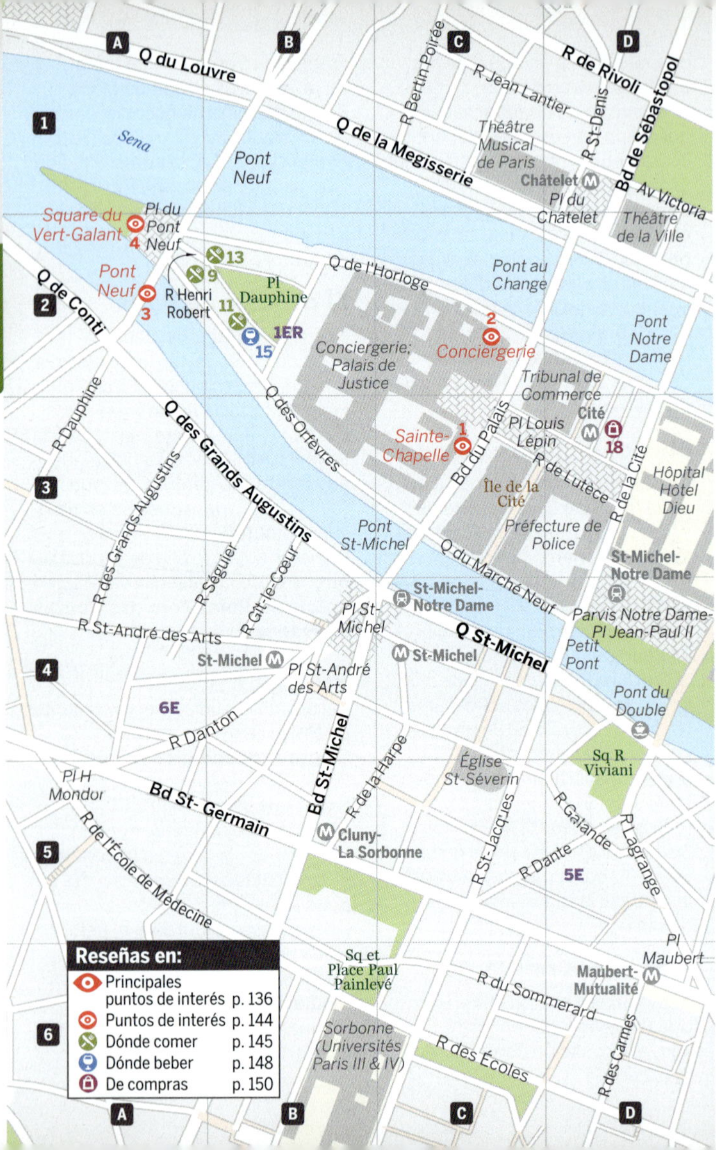
A
B
C
D
1
2
3
4
5
6
Q du Louvre
R de Rivoli
Bd de Sébastopol
R Bertin Poirée
R Jean Lantier
R St-Denis
Q de la Megisserie
Théâtre Musical de Paris
Châtelet
Pl du Châtelet
Av Victoria
Théâtre de la Ville
Sena
Pont Neuf
Square du Vert-Galant
4
Pl du Pont Neuf
Pont Neuf
3
R Henri Robert
13
9
11
15
Pl Dauphine
1ER
Q de Conti
Q de l'Horloge
Pont au Change
Pont Notre Dame
2
Conciergerie
Conciergerie; Palais de Justice
Tribunal de Commerce
Cité
18
Pl Louis Lépin
1
Sainte-Chapelle
Bd du Palais
R de Lutèce
R de la Cité
Hôpital Hôtel Dieu
Île de la Cité
Préfecture de Police
R Dauphine
Q des Orfèvres
Q des Grands Augustins
R des Grands Augustins
R Séguier
R Gît-le-Cœur
Pont St-Michel
Q du Marché Neuf
St-Michel-Notre Dame
St-Michel-Notre Dame
Parvis Notre Dame-Pl Jean-Paul II
Pl St-Michel
R St-André des Arts
St-Michel
St-Michel
Pl St-André des Arts
Q St-Michel
Petit Pont
Pont du Double
6E
R Danton
Bd St-Michel
R de la Harpe
Église St-Séverin
Sq R Viviani
Pl H Mondor
Bd St-Germain
Cluny-La Sorbonne
R St-Jacques
R Galande
R Lagrange
R de l'École de Médecine
R Dante
5E
Sq et Place Paul Painlevé
Pl Maubert
Maubert-Mutualité
R du Sommerard
Sorbonne (Universités Paris III & IV)
R des Écoles
R des Carmes
Reseñas en:
Principales puntos de interés p. 136
Puntos de interés p. 144
Dónde comer p. 145
Dónde beber p. 148
De compras p. 150

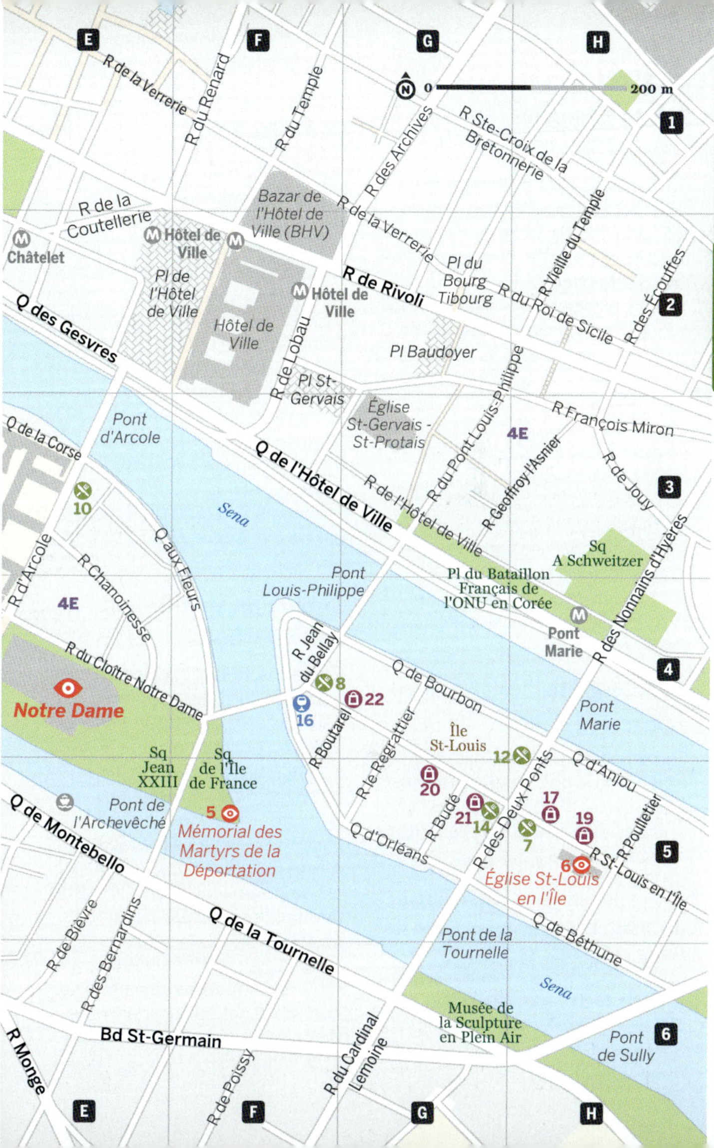

E
F
G
H
0
200 m
1
2
3
4
5
6
R de la Verrerie
R du Renard
R du Temple
R des Archives
R Ste-Croix de la Bretonnerie
Bazar de l'Hôtel de Ville (BHV)
R de la Verrerie
R de la Coutellerie
Châtelet
Hôtel de Ville
Pl de l'Hôtel de Ville
Hôtel de Ville
Hôtel de Ville
R de Rivoli
Pl du Bourg Tibourg
R Vieille du Temple
R du Roi de Sicile
R des Écouffes
Q des Gesvres
R de Lobau
Pl Baudoyer
Pl St-Gervais
Église St-Gervais - St-Protais
R du Pont Louis-Philippe
R François Miron
4E
Pont d'Arcole
Q de la Corse
Q de l'Hôtel de Ville
R Geoffroy l'Asnier
R de Jouy
R de l'Hôtel de Ville
10
Sena
Q aux Fleurs
R d'Arcole
R Chanoinesse
4E
Pont Louis-Philippe
Pl du Bataillon Français de l'ONU en Corée
Sq A Schweitzer
R des Nonnains d'Hyères
Pont Marie
R Jean du Bellay
R du Cloître Notre Dame
Notre Dame
8
22
16
Q de Bourbon
Pont Marie
R Boutarel
R le Regrattier
Île St-Louis
12
Q d'Anjou
Sq Jean XXIII
Sq de l'Île de France
20
Pont de l'Archevêché
5
Mémorial des Martyrs de la Déportation
21
14
R Budé
R des Deux Ponts
17
19
7
R Poulletier
Q d'Orléans
6
R St-Louis en l'Île
Église St-Louis en l'Île
Q de Montebello
Q de Béthune
Pont de la Tournelle
R de Bièvre
R des Bernardins
Q de la Tournelle
Sena
Musée de la Sculpture en Plein Air
Pont de Sully
Bd St-Germain
R Monge
R de Poissy
R du Cardinal Lemoine

Puntos de interés

Sainte-Chapelle

CAPILLA

1 PLANO P. 142, C3

Se aconseja visitarla en un día soleado, cuando la vidriera más refinada y antigua de París luce en todo su esplendor. Dentro del **Palais de Justice** (Palacio de Justicia), es el monumento gótico más exquisito de la ciudad. Se terminó en 1248, solo seis años después de la colocación de la primera piedra, y fue concebida por Luis IX para albergar su colección personal de reliquias sagradas, que incluía la famosa Santa Corona (hoy en Notre Dame). (01 53 40 60 80, conciertos 01 42 77 65 65; www.sainte-chapelle.fr; 8 bd du Palais, 1er; adultos/niños 10 €/gratis, entrada conjunta con Conciergerie 15 €; 9.00-19.00 abr-sep, hasta 17.00 oct-mar; M Cité)

Conciergerie

MONUMENTO

2 PLANO P. 142, C2

Fue un palacio real en el s. XIV y más tarde, una cárcel. Durante el reinado del Terror (1793-1794), se encarcelaba aquí a los presuntos enemigos de la Revolución antes de llevarlos ante el Tribunal Revolucionario en el contiguo **Palais de Justice.** La hermosa **Salle des Gens d'Armes,** de estilo gótico *rayonnant* y la sala medieval más grande de Europa, alberga exposiciones de primera. (01 53 40 60 80; www.paris-conciergerie.fr; 2 bd du Palais, 1er; adultos/niños 9 €/gratis, entrada conjunta con Sainte-Chapelle 15 €; 9.30-18.00; M Cité)

Pont Neuf

PUENTE

3 PLANO P. 142, A2

El puente más antiguo de París, que erróneamente se llama "Puente Nuevo", ha conectado el extremo occidental de la Île de la Cité con ambas márgenes del río desde 1607, cuando el rey Enrique IV lo inauguró cruzándolo a lomos de un semental blanco. Sus arcos (siete en la parte norte y cinco en la sur) están decorados con 381 *mascarons* (figuras grotescas) que representan barberos, dentistas, carteristas, vagabundos, etc., que se ven desde algún punto a lo largo del río o desde el agua. (M Pont Neuf)

Square du Vert-Galant

PARQUE

4 PLANO P. 142, A2

Castaños, tejos, nogales negros y sauces llorones pueblan este pintoresco parque en el extremo occidental de la Île de la Cité junto a aves migratorias como cisnes blancos, porrones, porrones moñudos, gaviotas reidoras y motacillas. A este parque ribereño, a la altura original de la isla, 7 m por debajo de su actual elevación, se llega por unas escaleras que bajan desde el Pont Neuf. Es muy romántico, especialmente cuando el sol se pone sobre el río. (place du Pont Neuf, 1er; 24 h; M Pont Neuf)

Mémorial des Martyrs de la Déportation MONUMENTO

5 PLANO P. 142, F5

El sobrecogedor Monumento a las Víctimas de la Deportación, erigido en 1962, recuerda a los 200 000 residentes de Francia (incluidos 76 000 judíos, de los cuales 11 000 eran niños) deportados y asesinados en campos de concentración nazis durante la II Guerra Mundial. Una 'ventana' enrejada separa el sombrío patio de cemento de las aguas del Sena. Dentro se halla la **Tumba al Deportado Desconocido.** (01 46 33 87 56; square de l'Île de France, 1er; gratis; 10.00-19.00 abr-sep, hasta 17.00 ma-do oct-mar; M Cité, RER St-Michel-Notre Dame)

Église St-Louis en l'Île IGLESIA

6 PLANO P. 142, H5

Esta iglesia barroca construida entre 1664 y 1726 acoge conciertos de música clásica y órgano algunos domingos (véase el programa en internet). (01 46 24 11 69; www.saintlouisenlile.catholique.fr; 19 rue St-Louis en l'Île, 4e; 9.30-13.00 y 14.00-19.30 lu-sa, 9.00-13.00 y 14.00-19.00 do; M Pont Marie)

Dónde comer

Berthillon HELADERÍA €

7 PLANO P. 142, H5

Esta *glacier* (heladería), fundada en 1954, sigue regentada por la misma familia. Sus más de 70 sabores naturales incluyen

Conciergerie.

'Nuestra señora de París'

Notre Dame quedó destruida durante la Revolución francesa y estaba previsto demolerla. Se salvó gracias a la gran popularidad de la novela de 1831 de Victor Hugo, *Nuestra Señora de París,* que propició que se solicitara su rehabilitación.

La novela se inicia en la Epifanía (6 de enero) de 1482, el día de la Fiesta de los Locos, cuando Quasimodo, el campanero sordo y jorobado de Notre Dame, es coronado Rey de los Locos. Gran parte de la acción posterior (como la escena en que la bailarina Esmeralda es conducida al patíbulo y Quasimodo la rescata agarrado a una cuerda) transcurre en y alrededor de la catedral, que llega a convertirse en un 'personaje' más de la novela. Posteriormente, en 1845, el arquitecto Eugène Emmanuel Viollet-le-Duc comenzó la restauración a gran escala de la catedral.

sorbetes de frutas y helados más cremosos elaborados con leche y huevos (caramelo salado, castañas de Ardèche caramelizadas, armañac y ciruelas). Cada temporada hay sabores nuevos muy tentadores. (www.berthillon.fr; 29-31 rue St-Louis en l'Île, 4e; 1/2/3/4 bolas 3/4,50/6/7,50 €; 10.00-20.00 mi-do, cerrado med feb-ppios mar y ago; M Pont Marie)

Café Saint Régis CAFÉ €

8 PLANO P. 142, F4

Los camareros con largos delantales blancos, su interior con azulejos y su decoración retro convierten al enrollado Le Saint Régis en un delicioso refugio parisino a cualquier hora del día, para comer o beber. Bollos, huevos camperos y muesli con fruta para desayunar, tortitas o gofres a media mañana, ensaladas y hamburguesas para almorzar, ostras al atardecer y cócteles de noche. Es el sitio con más ambiente social en las islas. (01 43 54 59 41; www.cafesaintregisparis.com; 6 rue Jean du Bellay, 4e; desayuno y tentempiés 3,50-15,50 €, platos principales 18-32 €; 6.30-2.00, cocina 8.00-24.00; ; M Pont Marie)

Sequana FRANCESA MODERNA €€€

9 PLANO P. 142, A2

Ocupa un comedor chic de color gris acero con bancos estilo años cincuenta en la punta suroeste de la Île de la Cité y lleva el nombre de la diosa galorromana del río Sena. En la cocina trabajan los viajados Philippe y Eugénie, cuya infancia en Senegal se refleja en combinaciones como rodaballo con espinacas, pato con calabaza o chirivía con té negro de China. (01 43 29 78 81; http://sequana.paris; 72 quai des Orfèvres, 1er; comida menús 2/3/4 platos 24/32/50 €, cena menús 4/6 platos 50/70 €; ⌚12.00-14.30 y 19.30-23.00 ma-vi, 19.30-23.00 sa; M Pont Neuf)

Huré

PANADERÍA €

10 PLANO P. 142, E3

Createur de plaisir (creador de placer) es el tentador lema de esta *boulangerie* (panadería) contemporánea, cuyas vitrinas están repletas de sabrosas tartas y quiches, copiosas ensaladas de verduras frescas, galletas gigantes y tartas de todos los colores. Para llevarse un almuerzo ligero a un parque, hay pocos sitios con mejor precio cerca de Notre Dame. (www.facebook.com/HureCreateurDePlaisir/; 1 rue d'Arcole, 4e; sándwiches 4,40 €; ⌚6.30-20.00 lu-sa; M St-Michel Notre Dame, Châtelet)

Le Caveau du Palais

FRANCESA MODERNA €€

11 PLANO P. 142, B2

Cuando la Île de la Cité muestra pocos signos de vida, los comedores con entramado de madera y (si lo permite el tiempo) terraza del Caveau están llenos de clientes que toman copiosas comidas: vieiras salteadas con alcachofas, bacalao a la plancha con crema de pescado ahumado y coliflor con cilantro, risotto vegetal, bistec tártaro con huevo de codorniz o rodaballo con boniato y puré con sal marina. Está ubicado en el corazón del París real, en uno de los rincones más encantadores de la ciudad. (☎01 43 26 04 28; www.caveaudupalais.fr; 19 place Dauphine, 1er; platos principales 20-27 €; ⌚12.00-14.30 y 19.00-22.00; M Pont Neuf)

Café Saint Régis.

Les Fous de l'Île

FRANCESA €€

12 PLANO P. 142, H4

A las familias les gusta esta *brasserie* dedicada al tema del gallo (símbolo de Francia), con la chef Anaïs Dutilleul en la cocina. Prepara platos franceses reconfortantes, como *parmentier de boeuf confit* (gratinado de patata y carne), pescado ahumado con puerros cremosos o caracoles fritos con espuma de queso de cabra y *blinis*. Los vegetarianos tienen un *belle assiette vegetarienne du moment* (plato vegetariano de temporada). (01 43 25 76 67; www.lesfousdelile.com; 33 rue des Deux Ponts, 4e; comida menús 2/3 platos 21/26 €, cena 27/33 €, platos principales 17-20 €; 12.00-23.00; ; M Pont Marie)

Ma Salle à Manger

BISTRÓ €€

13 PLANO P. 142, B2

Enmarcado por un bonito toldo de rayas azules, el agradable bistró-bar de vinos "Mi comedor" apunta a diario su menú en una pizarra. Hay platos sin complicaciones pero bien ejecutados, como sopa de cebolla francesa, camembert horneado al vino, confit de pato con manzana asada, *risotto* de cangrejo y una *crème brûlée* muy ligera. La terraza, que da a la encantadora place Dauphine, es idílica en verano y tiene mantas de color morado y crema para abrigarse cuando hace frío. (01 43 29 52 34; 26 place Dauphine, 1er; platos principales 20 €; 9.00-22.30; ; M Pont Neuf)

L'Îlot Vache

FRANCESA €€

14 PLANO P. 142, G5

Esta antigua carnicería lleva el nombre de una de las dos islas que antaño conformaban la Île St-Louis, está decorada con figuritas de vacas y la luz de las velas en sus paredes de piedra vista y vigas de madera oscura le aporta un ambiente romántico. Sirven clásicos franceses tradicionales, como caracoles de Borgoña con mantequilla al perejil, *bœuf bourguignon* al estilo de la abuela, pechuga de pato con *jus* de frambuesa y frutas asadas de temporada con sorbete de grosella. (01 46 33 55 16; www.lilotvache.fr, en español; 35 rue St-Louis en l'Île, 4e; menú 39 €, platos principales 24,50-35 €; 19.00-23.00; ; M Pont Marie)

Dónde beber

Le Bar du Caveau

BAR DE VINOS

15 PLANO P. 142, B2

El bar de vinos del restaurante Le Caveau du Palais (p. 147) no solo es ideal para tomar una copa de vino de las principales regiones francesas, sino también platos pequeños y económicos, como ensaladas, *tartines* (tostas) y *croques madame* y *monsieur* (sándwiches tostados de jamón y queso, el primero con un huevo frito encima). (17 place Dauphine, 1er; bar 8.00-18.30 lu-vi, cocina 12.00-16.00 lu-vi; M Pont Neuf)

Comprender la Revolución francesa

Inicio

Hacia finales de la década de 1780, el despilfarro de Luis XVI y la reina María Antonieta había marginado prácticamente a todos los segmentos de la sociedad. El rey quedó cada vez más aislado a medida que el malestar y la insatisfacción alcanzaban su punto álgido. Cuando trató de neutralizar el poder de los delegados más reformistas en una reunión de los États-Généraux (Estados Generales), las masas tomaron las calles. El 14 de julio de 1789 una turba asaltó el Hôtel des Invalides en busca de rifles, se incautó de 32 000 mosquetes y tomó la prisión de la Bastilla. La Revolución francesa había empezado.

Girondinos contra jacobinos

Al principio, la Revolución estuvo en manos de los republicanos moderados, los girondinos. Francia fue declarada una monarquía constitucional y se introdujeron reformas como la adopción de la Déclaration des Droits de l'Homme et du Citoyen (Declaración de los Derechos del Hombre y del Ciudadano). No obstante, mientras las masas se armaban contra la amenaza externa de Austria, Prusia y los nobles exiliados franceses, el patriotismo y el nacionalismo se aliaron con el fervor extremo por popularizar y radicalizar la Revolución. Los girondinos no tardaron en perder ante los jacobinos extremistas, que abolieron la monarquía y declararon la I República en 1792. La Assemblée Nationale (Asamblea Nacional) fue sustituida por una Convención Revolucionaria electa.

Fin de la monarquía

Luis XVI, que no logró escapar del país, fue acusado de "conspirar contra la libertad de la nación" y guillotinado en la actual place de la Concorde en enero de 1793. María Antonieta fue ejecutada en octubre de 1793.

Los jacobinos crearon el Comité de Seguridad Pública para hacerse cargo de la defensa nacional y capturar y juzgar a los 'traidores'. Este órgano ejerció un control dictatorial sobre la ciudad y el país durante el Reinado del Terror (sep 1793-jul 1794), cuando miles de personas fueron decapitadas; gran parte de las libertades religiosas, revocadas y las iglesias, cerradas y profanadas.

Tras el final del Reinado del Terror, los republicanos moderados asumieron el gobierno de la República. Un grupo de monárquicos intentó derrocarlos encabezado por Napoleón, cuyas victorias lo convirtieron pronto en una fuerza política independiente.

Île St-Louis: dos islas en una

A principios del s. XVII la actual Île St-Louis era en realidad dos islotes deshabitados llamados Île Notre Dame (isla de Nuestra Señora) e Île aux Vaches (isla de las Vacas), hasta que el contratista Christophe Marie y dos inversores cerraron un trato con Luis XIII para crear una isla y construir dos puentes de piedra. A cambio, pudieron dividir y vender el nuevo solar y en 1664 toda la isla se llenó de las bonitas casas con vistas al muelle y el río que se ven en la actualidad.

Le Flore en l'Île

CAFÉ

16 PLANO P. 142, F4

Los turistas llenan este establecimiento a la antigua usanza con toldos verdes y dorados, ideal para observar gente y ver a los músicos callejeros del Pont St-Louis. Tiene una extensa carta de platos, desde ensaladas hasta filetes. Nótese que el helado Berthillon es más caro aquí que en otros sitios de la isla, incluida la propia heladería, que está cerca (p. 145). (01 43 29 88 27; www.lefloreenlile.fr; 42 quai d'Orléans, 4e; 8.00-2.00; M Pont Marie)

De compras

38 Saint Louis

COMIDA Y BEBIDAS

17 PLANO P. 142, H5

Esta *fromagerie* contemporánea no solo vende una extraordinaria selección de *fromages* (quesos) franceses de primera, sino que ofrece catas de vino, zumos artesanos de frutas, platos para llevar como ensalada de queso de oveja con aceite de trufa y quesos envasados al vacío. (38 rue St-Louis en l'Île, 4e; 8.30-22.00 ma-sa, 9.30-16.00 do; M Pont Marie)

Marché aux Fleurs Reine Elizabeth II

MERCADO

18 PLANO P. 142, D3

Este mercado, abierto desde 1808, es el más antiguo de todo París. Los domingos, de 8.00 a 19.00, se transforma en un mercado de aves, el **Marché aux Oiseaux.** (place Louis Lépin, 4e; 8.00-19.30 lu-sa; M Cité)

Librairie Ulysse

LIBROS

19 PLANO P. 142, H5

Esta tiendecita está llena de guías de viaje nuevas y antiguas, mapas y ediciones pasadas de la *National Geographic*. Fue la primera librería de viajes del mundo cuando la intrépida Catherine Domaine la abrió en 1971. El horario es variable, pero se puede llamar al timbre y Catherine abre si anda por ahí. (01 43 25 17 35; www.ulysse.fr; 26 rue St-Louis en l'Île, 4e; 14.00-20.00 ma-vi, mañanas y sa con reserva; M Pont Marie)

L'Îles aux Images

ARTE

20 PLANO P. 142, G5

Esta galería de arte-*boutique* vende llamativos y antiguos carteles,

SOMA/ALAMY©

El Marché aux Fleurs Reine Elizabeth II.

fotografías y litografías de 1850 en adelante de artistas como Man Ray, Salvador Dalí, Paul Gauguin y Picasso. Muchos muestran escenas parisinas, perfectas como evocadora decoración. (☎01 56 24 15 22; www.vintage-photos-lithos-paris.com; 51 rue Saint-Louis en l'Île, 4e; ⏰14.00-19.00 lu-sa y con reserva; Ⓜ Pont Marie)

Clair de Rêve

JUGUETES

21 PLANO P. 142, G5

Marionetas de papel maché, cuero y porcelana cuelgan del techo de esta atractiva tienda. También vende juguetes de cuerda y cajas de música. (☎01 43 29 81 06; www.clairdereve.com; 35 rue St-Louis en l'Île, 4e; ⏰11.00-13.00 y 13.30-19.15 lu-sa; Ⓜ Pont Marie)

Il Campiello

ARTESANÍA

22 PLANO P. 142, G4

Las máscaras carnavalescas venecianas –elaboradas con papel maché, cerámica y cuero– son la especialidad de esta tienda, que también vende joyas de cristal de Murano. Su fundador es de Venecia, ciudad con la que la Île St-Louis guarda cierta similitud. (☎01 44 27 00 22; www.ilcampiello.com; 88 rue St-Louis en l'Île, 4e; ⏰12.00-19.00; Ⓜ Pont Marie)

Explorar

Barrio Latino

Su nombre se debe a que los estudiantes de distintos países se comunicaban en latín aquí hasta la Revolución francesa, y sigue siendo el núcleo de la vida académica en París. Centrado en torno al campus principal de La Sorbona y engalanado con fuentes y tilos, el animado barrio también alberga museos e iglesias, la mezquita art déco de París y el jardín botánico.

El Batobus para en el jardín botánico, llamado Jardin des Plantes (p. 159); quizá valga la pena ir allí primero y visitar sus museos de historia natural (p. 160) y el pequeño zoo. Luego se puede ir a la Mosquée de Paris (p. 158) y tomar un té de menta en el patio. Hay que ver el arte y la arquitectura árabes del Institut du Monde Arabe (p. 158) y presentar respetos a algunos de los pensadores e innovadores más ilustres de Francia en el Panthéon (p. 158). Se pueden visitar librerías que cierran tarde, como la Shakespeare & Company (p. 169), y escuchar jazz en Caveau de la Huchette (p. 169).

Cómo llegar y desplazarse

M St-Michel (línea 4) y la conectada St-Michel-Notre Dame (RER B y C) son la puerta de acceso al barrio.

M Cluny-La Sorbonne (línea 10) y Place Monge (línea 7) son otras estaciones útiles.

El Batobus para en el Barrio Latino, enfrente de Notre Dame y cerca del Jardin des Plantes.

Véase el plano en p. 156.

Jardin des Plantes (p. 159). PETER FORSBERG/ALAMY ©

Circuito a pie

Un paseo por rue Mouffetard

Rue Mouffetard adquirió su nombre en el s. XVIII, cuando el río Bievre (hoy subterráneo) se convirtió en depósito de los desechos de los curtidores y fabricantes de pulpa de madera del barrio. El hedor dio origen al nombre Mouffettes ("mofetas"), que derivó en Mouffetard. Hoy los aromas de "La Mouffe", como se la llama, son infinitamente más tentadores, sobre todo en el mercado.

Datos

Inicio Marché Mouffetard; M Censier Daubenton

Final Chez Nicos; M Place Monge

Distancia 500 m, 30 min

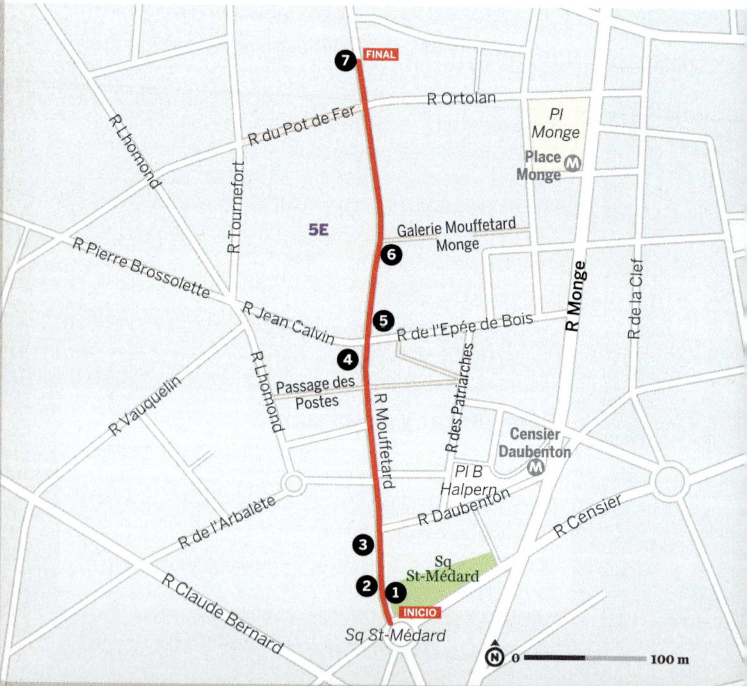

❶ De compras en el mercado

Fruteros, carniceros, pescaderos y otros vendedores instalan puestos en esta calle empinada durante el **Marché Mouffetard** (rue Mouffetard, 5e; 8.00-19.30 ma-sa, hasta 12.00 do; M Censier Daubenton).

❷ Buenos quesos

El viajero no debe preocuparse por el olor si se lleva a casa alguna delicia de la *fromagerie* (quesería) **Androuet** (01 45 87 85 05; www.androuet.com; 134 rue Mouffetard, 5e; 9.30-13.00 y 16.00-19.30 ma-ju, 9.30-19.30 vi y sa, 9.30-13.30 do; M Censier Daubenton), ya que envasan al vacío todos sus quesos gratuitamente. No hay que perderse los bonitos murales de la fachada.

❸ Exquisiteces

Aceitunas rellenas, pimientos y berenjena en adobo son algunos de los ingredientes para un pícnic que se pueden comprar en la delicatesen italiana **Delizius** (01 42 17 00 23; 134 rue Mouffetard, 5e; 9.30-20.00 ma-sa, 9.00-14.00 do; M Censier Daubenton), que también vende comidas calientes, así como pasta fresca y seca.

❹ Al cine

Incluso a los vecinos les cuesta encontrar la pequeña puerta que lleva al cine **L'Epée de Bois** (08 92 68 75 35; www.cine-epeedebois.fr; 100 rue Mouffetard, 5e; adultos/niños 7,90/5 €; M Censier Daubenton). Ofrece tanto películas de autor como comerciales.

❺ Delicias dulces

Macarons ligeros de sabores como jazmín, frambuesa y grosella, además de un tentador surtido de chocolates, se exhiben como joyas en **Mococha** (01 47 07 13 66; www.chocolatsmococha.com; 89 rue Mouffetard, 5e; 11.00-20.00 ma-do; M Censier Daubenton). Son creación de tres *maîtres chocolatiers* (maestros chocolateros): Fabrice Gillotte, Jacques Bellanger y Patrice Chapoare.

❻ Dosis de cafeína

El mundo del café artesano está floreciendo en París y un ejemplo es **Dose** (www.dosedealerdecafe.fr; 73 rue Mouffetard, 5e; 8.00-18.00 lu-vi, 9.00-19.00 sa y do; ; M Place Monge), una cafetería y bar de zumos ecológicos de nueva generación. La materia prima la suministra el tostadero bretón Caffè Cataldi. Se puede pasar el rato en los bancos con cojines del callejón climatizado de fuera o en compañía de creativos digitales enchufados a sus dispositivos en el interior forrado de libros.

❼ Crepes en Chez Nicos

El cartel del exterior de la modesta tiendecita del artista de las crepes Nicos, **Chez Nicos** (01 45 87 28 13; 44 rue Mouffetard, 5e; crepes 1,50-5,50 €; 10.00-2.00; ; M Place Monge), enumera docenas de rellenos. Su obra maestra es "La Crêpe du Chef", rellena de berenjena, feta, mozarela, lechuga, tomate y cebolla. Hay un puñado de mesas o se puede ir a algún parque cercano.

A
B
C
D
E
F
1
2
3
4
6E
4E
5E
Pont St-Michel
St-Michel-Notre Dame
Île de la Cité
R d'Arcole
Q aux Fleurs
Pont Louis-Philippe
Q de l'Hôtel de Ville
Pont Marie
R Charlemagne
R St-Antoine
Pl St-Michel
St-Michel
R de la Huchette
R de la Bûcherie
R du Cloître Notre Dame
Pont du Double
Sq Jean XXIII
Pont St-Louis
Q de Bourbon
R St-Louis en l'Île
Pont Marie
Q des Célestins
R St-Paul
R Beautreillis
R Danton
Cluny-La Sorbonne
R de la Parcheminerie
R St-Jacques
Square René Viviani
Q de Montebello
Pont de l'Archevêché
Q d'Orléans
Q d'Anjou
Île St-Louis
Bd Henri IV
Sully-Morland
Bd St-Germain
R Dante
R Lagrange
Sena
Q de Béthune
Musée National du Moyen Âge
Maubert-Mutualité
Pl Maubert
Q de la Tournelle
Pont de la Tournelle
Bd Morland
R du Sommerard
R des Bernardins
Pont de Sully
Sq Barve
Sq et Place Paul Painlevé
Sorbonne
R des Écoles
R Monge
Bd St-Germain
Pl Mohammed V
Institut du Monde Arabe
Musée de la Sculpture en Plein Air
Bd St-Michel
R de la Sorbonne
R St-Jacques
R de Lanneau
R de la Montagne Ste-Geneviève
R de Poissy
R du Cardinal Lemoine
R des Fossés St-Bernard
Q Henri IV
Sq Paul Langevin
Universités Paris VI & VII
R Valette
R de l'École Polytechnique
R Soufflot
R Cujas
Luxembourg
Panthéon
Pl Ste-Geneviève
Jardin Carré
Cardinal Lemoine
Pl Jussieu
Jussieu
R Royer-Collard
R des Fossés St-Jacques
Pl du Panthéon
R Clovis
R des Boulangers
Q St-Bernard
R Clotilde
R Jussieu
R Cuvier
Arènes de Lutèce
Place Monge
R des Arènes
R Linné
R Pierre et Marie Curie
R de l'Estrapade
R Thouin
R Rollin
1
2
3
5
8
9
10
11
12
14
15
16
17
19
21
22
24
25
26
29
31
33
34
35
36
37
38
39
40
41
42
43

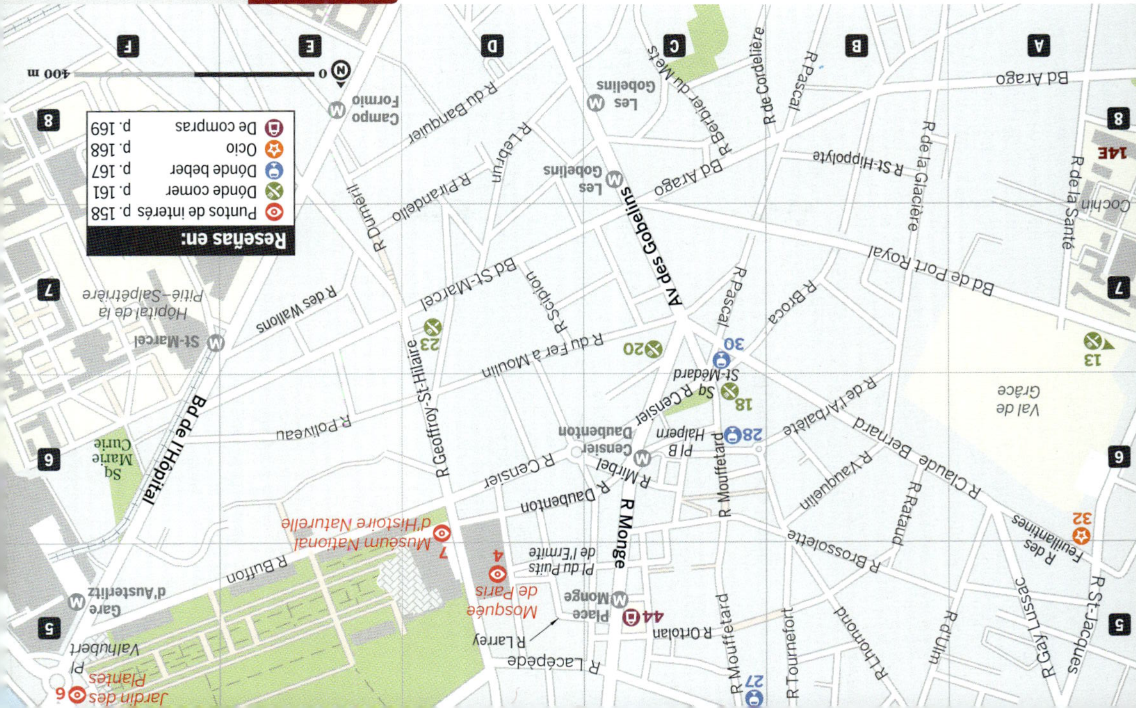
Reseñas en:
Puntos de interés p. 158
Dónde comer p. 161
Dónde beber p. 167
Ocio p. 168
De compras p. 169
Jardin des Plantes 6
Museum National d'Histoire Naturelle 7
Mosquée de Paris 4
Bd de l'Hôpital
Gare d'Austerlitz
St-Marcel
Hôpital de la Pitié–Salpêtrière
Sq Marie Curie
R Buffon
R Poliveau
R des Wallons
R Geoffroy-St-Hilaire
Bd St-Marcel
R Duméril
Campo Formio
R du Banquier
R Pirandello
R Lebrun
R Scipion
R du Fer à Moulin
R Censier
R Daubenton
R Monge
Place Monge
Pl du Puits de l'Ermite
R Lacépède
R Larrey
R Ortolan
R Mouffetard
R Mirbel
Censier Daubenton
Pl B Halpern
Sq R Censier
St-Médard
Av des Gobelins
Les Gobelins
Bd Arago
R Berbier du Mets
R de Cordelière
R Pascal
R Broca
R de l'Arbalète
R Vauquelin
R Rataud
R Brossolette
R Tournefort
R Lhomond
R d'Ulm
R Claude Bernard
R Gay Lussac
R St-Jacques
R des Feuillantines
Val de Grâce
Bd de Port Royal
R de la Glacière
R St-Hippolyte
R de la Santé
Cochin
14E
Pl Valhubert
400 m

Puntos de interés

Panthéon

MAUSOLEO

1 PLANO P. 156, A4

La majestuosa cúpula neoclásica del Panteón es un icono del perfil urbano de París. Su vasto interior es una obra maestra de la arquitectura: primero fue una iglesia abacial dedicada a santa Genoveva; hoy es un mausoleo y desde 1791 alberga las tumbas de algunos de los mayores pensadores de Francia, como Voltaire, Rousseau, Braille y Hugo. El puesto de honor lo ocupa una copia del péndulo de Foucault que se colgó de la cúpula en 1851 para demostrar la rotación de la Tierra. (01 44 32 18 00; www.paris-pantheon.fr; place du Panthéon, 5e; adultos/niños 9 €/gratis; 10.00-18.30 abr-sep, hasta 18.00 oct-mar; M Maubert-Mutualité o RER Luxembourg)

Institut du Monde Arabe

MUSEO

2 PLANO P. 156, D3

El Instituto del Mundo Árabe fue fundado conjuntamente por Francia y 18 naciones de Oriente Próximo y norte de África en 1980, con el objetivo de fomentar el diálogo intercultural. Alberga exposiciones temporales y un museo de cultura e historia árabes (plantas 4 a 7). El impresionante edificio, del arquitecto francés Jean Nouvel, se inspira en las celosías de madera *(mashrabiya)* tradicionales de la arquitectura árabe: miles de modernas aperturas con sensibilidad fotoeléctrica cubren la reluciente fachada de cristal. (01 40 51 38 38; www.imarabe.org; 1 place Mohammed V, 5e; adultos/niños 8/4 €; 10.00-18.00 ma-vi, hasta 19.00 sa y do; M Jussieu)

Musée National du Moyen Âge

MUSEO

3 PLANO P. 156, A2

En obras hasta finales del 2020, el Museo Nacional de la Edad Media está considerado uno de los mejores museos pequeños de París. Contiene tesoros sublimes, desde estatuas, vidrieras y objetos artísticos medievales hasta la célebre serie de tapices de *La dama del unicornio* (1500). También destaca la ornamentada mansión Hôtel de Cluny (s. XV) y el *frigidarium* (sala fría) de unas enormes termas romanas. (01 53 73 78 16; www.musee-moyenage.fr; 6 place Paul Painlevé, 5e; adultos/niños 8 €/gratis; 9.15-17.45 mi-lu; M Cluny-La Sorbonne)

Mosquée de Paris

MEZQUITA

4 PLANO P. 156, D5

La mezquita central de París, con un minarete de 26 m, se completó en 1926 en un ornamentado estilo morisco *art déco*. Se puede visitar el interior para admirar los intrincados azulejos y caligrafías. Una entrada separada conduce al maravilloso **'hammam'** (01 43 31 14 32; entrada 18 €, spa desde 43 €; 10.00-21.00 mi-lu), al **restaurante** (01 43 31 14 32; platos principales 10-28 €; cocina 12.00-24.00 al

salon de té (☎ 01 43 31 38 20; ⌚12.00-24.00) de estilo norteafricano y a un pequeño *souk* (zoco; más bien tienda de regalos). Los visitantes deben ir vestidos de forma recatada. (☎ 01 45 35 97 33; www.mosqueedeparis.net; 2bis place du Puits de l'Ermite, 5e; adultos/niños 3/2 €; ⌚9.00-12.00 y 14.00-19.00 sa-ju abr-sep, 9.00-12.00 y 14.00-18.00 sa-ju oct-mar; Ⓜ Place Monge)

Square René Viviani PARQUE

5 PLANO P. 156, B1

Este pintoresco parquecillo abrió en 1928 en el lugar antes ocupado por el cementerio de la contigua Église St-Julien le Pauvre (p. 169). Alberga el árbol más viejo de París, una falsa acacia *(Robinia pseudoacacia)* plantada en 1602 por el jardinero real, Jean Robin, y sustentada hoy por pilares de hormigón que simulan ramas y troncos. Una fuente instalada por Georges Jeanclos en 1995 muestra la leyenda de san Julián. En primavera y verano florecen rosas. (quai de Montebello, 5e; ⌚24 h; Ⓜ St-Michel)

Jardin des Plantes PARQUE

6 PLANO P. 156, F5

El jardín botánico de París, de 24 Ha, se fundó en 1626 como jardín de hierbas medicinales para Luis XIII. Se define visualmente por el doble paseo de plátanos que discurre por toda su longitud y es idílico para pasear, hacer pícnic (¡cuidado con los aspersores automáticos!) y escapar del cemento. Tres museos del Muséum National d'Histoire Naturelle y un pequeño

Péndulo de Foucault en el Panthéon.

Un año crucial: 1968

El año 1968 fue un punto de inflexión. En marzo, una gran manifestación celebrada en París contra la Guerra de Vietnam dio ímpetu a las protestas de los estudiantes de la Universidad de París. En mayo, la policía dispersó otra manifestación, empujando a los enfurecidos estudiantes a ocupar La Sorbona y levantar barricadas en el Barrio Latino. Los obreros se unieron y 6 millones de personas participaron en una huelga general que paralizó el país.

Sin embargo, en tanto que los trabajadores deseaban beneficiarse más de la economía de consumo, los estudiantes supuestamente querían destruirla. De Gaulle aprovechó esta división y apeló al temor de la anarquía. Una multitud de 100 000 gaulistas marchó en apoyo del Gobierno, sofocando cualquier idea de revolución.

Restaurada la estabilidad, el Gobierno reelegido descentralizó el sistema de educación superior y puso en marcha una serie de reformas a lo largo de los años setenta (como rebajar la edad de voto a los 18 años y promulgar una ley del aborto) para crear la sociedad moderna que es la Francia de hoy.

zoo, **La Ménagerie** (Le Zoo du Jardin des Plantes; www.zoodujardindesplantes.fr; 57 rue Cuvier, 5e; adultos/niños 13/10 €; 9.00-18.00 lu-sa, hasta 18.30 do mar-oct, hasta 17.00 o 17.30 nov-feb), añaden atractivo. (www.jardindesplantes.net; place Valhubert y 36 rue Geoffroy-St-Hilaire, 5e; 7.30-20.00 ppios abr-med sep, horario reducido resto del año; M Gare d'Austerlitz, Censier Daubenton, Jussieu)

Muséum National d'Histoire Naturelle MUSEO

7 PLANO P. 156, D6

Pese a su nombre, el Museo Nacional de Historia Natural no es un único edificio, sino una colección de sitios repartidos por Francia. La sede histórica está en el Jardin des Plantes y es allí donde se encontrará el mayor número de secciones: la excelente **Grande Galerie de l'Évolution** (01 40 79 54 79; www.grandegaleriedelevolution.fr; adultos/niños 9 €/gratis, con Galeries des Enfants 11/9 €; 10.00-18.00 mi-lu), con animales disecados; las **Galeries d'Anatomie Comparée et de Paléontologie** (01 40 79 56 01; adultos/niños 7 €/gratis; 10.00-18.00 mi-lu abr-sep, hasta 17.00 mi-lu oct-mar), con fósiles y esqueletos de dinosaurio; y la **Galerie de Minéralogie et de Géologie** (01 40 79 56 01; www.galeriedemineralogieetgeologie.fr; adultos/niños 7/5 €; 10.00-18.00 mi-lu abr-sep, hasta 17.00 mi-lu oct-mar) con meteoritos y cristales. (www.mnhn.fr; place Valhubert y 36 rue Geoffroy-St-Hilaire, 5e; M Gare d'Austerlitz, Censier Daubenton, Jussieu)

Arènes de Lutèce RUINAS

8 PLANO P. 156, C4

Este anfiteatro romano del s. II tenía capacidad para 10 000 espectadores y ofrecía combates de gladiadores y otros espectáculos. Fue descubierto por casualidad en 1869 al hacer obras en rue Monge y hoy lo utilizan los parisinos para jugar al fútbol y, sobre todo, a los *boules* (especie de bolos). Horario variable. (49 rue Monge, 5e; gratis; 8.00-21.30 may-ago, hasta 20.30 abr y sep, horario reducido resto del año; M Place Monge)

Musée de la Sculpture en Plein Air MUSEO

9 PLANO P. 156, E3

A lo largo de quai St-Bernard, este museo al aire libre (también llamado Jardin Tino Rossi), con más de 50 esculturas de finales del s. XX, es ideal para un pícnic. Una ensalada bajo un César o un bocadillo junto a un Brancusi es una forma elegante de ver el Sena. (quai St-Bernard, 5e; gratis; M Gare d'Austerlitz)

Sorbonne UNIVERSIDAD

10 PLANO P. 156, A3

La *crème de la crème* del mundo académico se reúne en esta universidad, una de las más famosas del mundo. Hoy, La Sorbona abarca la mayoría de las 13 universidades autónomas (aprox. 45 215 alumnos en total) creadas cuando la Universidad de París se reorganizó tras las protestas estudiantiles de 1968. No está abierta a visitantes. (www.sorbonne.fr; 12 rue de la Sorbonne, 5e; M Cluny-La Sorbonne o RER Luxembourg)

Dónde comer

Restaurant AT DE AUTOR €€€

11 PLANO P. 156, D2

El chef Atsushi Tanaka, que se formó con grandes de la gastronomía (como Pierre Gagnaire), crea obras maestras que parecen arte abstracto e incorporan ingredientes raros (bambú asado, colinabo, bayas de enebro en polvo, hinojo silvestre morado, pimienta nepalí de Timut) sobre grandes platos en un comedor estilo "lienzo en blanco". Los menús de la cena se pueden maridar con vino (70 €) o zumo (45 €). Fundamental reservar. (01 56 81 94 08; www.atsushitanaka.com; 4 rue du Cardinal Lemoine, 5e; comidas menú 6 platos 55 €, cenas menú degustación 12 platos 105 €; 12.15-14.00 y 20.00-21.30 lu-sa; M Cardinal Lemoine)

Café de la Nouvelle Mairie CAFÉ €

12 PLANO P. 156, B4

Muy cerca del Panthéon (p. 158), pero escondido en una placita con fuente, este híbrido de café-restaurante y bar de vinos es un secreto del barrio. Sirve vinos naturales por copas y deliciosa comida de bistró de temporada, desde ostras y costillas *(à la française)* hasta salchicha de cordero a la brasa con lentejas. Acepta reservas para la cena, pero no para el almuerzo, así que conviene llegar pronto. (01 44 07 04 41; 19 rue des Fossés St-Jacques, 5e; platos principales 10-20 €; 8.00-24.00 lu-vi, cocina 12.00-14.30 y 20.00-22.30 lu-ju, 20.00-22.00 vi; M Cardinal Lemoine)

La Bête Noire MEDITERRÁNEA €

13 PLANO P. 156, A7

La música marchosa y el pequeño interior minimalista con cocina abierta dan alma a esta desconocida *cantine gastronomique,* donde la apasionada chef y propietaria, Maria, presenta su sensacional cocina casera. Inspirada por su ascendencia ruso-maltesa, cocina tan solo un plato de carne y otro vegetariano usando productos de temporada de agricultores y pequeños productores locales, regados con vino italiano. (06 15 22 73 61; www.facebook.com/labetenoireparis; 58 rue Henri Barbusse, 5e; platos principales comidas 12-15 €, cenas 20 €, *brunch* 25 €; 8.00-17.00 ma, 8.00-23.00 mi-vi, 9.00-18.00 sa y do; ; M RER Port Royal)

Croq' Fac SÁNDWICHES €

14 PLANO P. 156, A3

Los estudiantes del Barrio Latino abarrotan esta *sandwicherie* a mediodía. Los deliciosos sándwiches hechos a medida abarcan decenas de tipos de pan (*wraps,* chapatas, *panini, bagels, pan bagnat,* etc.) y rellenos. Hay que llegar antes de las 12.00 para conseguir mesa (dentro o en la terraza), o bien comprar para llevar. (160 rue St-Jacques, 5e; sándwich menú 5,50 €; 8.00-19.00 lu-sa; M Cardinal Lemoine)

Restaurante en rue Mouffetard (p. 154).

STEVE TULLEY/ALAMY©

Les Papilles

BISTRÓ €€

15 PLANO P. 156, A4

Este híbrido de bistró, bodega de vinos y *épicerie* (tienda de comestibles), con fachada amarilla, es una de esas experiencias culinarias fabulosas de París. Las comidas se sirven en mesas sencillas entre paredes forradas de botellas, y dependen del mercado: cada día de entre semana, se prepara una *marmite du marché* (olla del mercado) diferente. Pero destaca sobre todo por la excepcional carta de vinos. (☎01 43 25 20 79; www.lespapillesparis.fr; 30 rue Gay Lussac, 5e; menús 2/4 platos 28/35 €; 🕒12.00-14.00 y 19.00-22.30 ma-sa; Ⓜ Raspail o RER Luxembourg)

Le Coupe-Chou

FRANCESA €€

16 PLANO P. 156, B3

Este laberinto de salones con velas, en una casa del s. XVII con enredaderas, resulta abrumadoramente romántico. Hay vigas, muebles antiguos, chimeneas y música clásica de fondo que se mezcla con el parloteo íntimo de los comensales. Como en los tiempos en que Marlene Dietrich cenaba aquí, es fundamental reservar. Se ofrecen platos franceses atemporales, como caracoles de Borgoña, *steak tartare* y *bœuf bourguignon*. (☎01 46 33 68 69; www.lecoupechou.com; 9 y 11 rue de Lanneau, 5e; menú comidas 15 €, cenas 2/3 platos 27/33 €, platos principales 17,50-29,50 €; 🕒12.00-13.30 y 19.00-22.30 lu-sa, 19.00-22.30 do sep-jun, 19.00-22.30 jul y ago; Ⓜ Maubert-Mutualité)

Le Comptoir du Panthéon

CAFÉ €

17 PLANO P. 156, A4

Las enormes y creativas ensaladas, del tamaño de una comida completa, son la razón para comer en este café. La terraza, enfrente del Panthéon (p. 158) y en el lado con sombra de la calle, es grande, concurrida y típicamente parisina: si se aparta la mirada del lugar donde está enterrado Voltaire, se ve la Torre Eiffel. El bar abre hasta la 1.45 todos los días. (☎01 43 54 75 36; 5 rue Soufflot, 5e; ensaladas 12,10-13,90 €, platos principales 15-18 €; 🕒cocina 7.00-23.00 lu-sa, 8.00-23.00 do; 📶; Ⓜ Cardinal Lemoine o RER Luxembourg)

La Salle à Manger

FRANCESA €

18 PLANO P. 156, C6

"El Comedor" posee una terraza soleada bajo los árboles, con una ubicación envidiable al pie de la gastronómica rue Mouffetard. La panorámica de 360° (puestos de mercado, fuente, iglesia y jardín con juegos infantiles) no podría ser más bonita, y las ensaladas, *tartines* (bocadillos abiertos), tartas y pasteles abarrotan las mesas en el desayuno, el almuerzo y el *brunch* del fin de semana. (☎01 55 43 91 99; 138 rue Mouffetard, 5e; platos principales 10-18 €, *brunch* fin de semana 18-34 €; 🕒9.00-17.00 mi-do; 📶; Ⓜ Censier Daubenton)

Odette
PASTELERÍA €

19 PLANO P. 156, B1

En la planta baja se venden *choux* (petisúes) rellenos de crema de diferentes sabores según la temporada (nueve en un momento dado), p. ej.: de café, limón, té verde, caramelo a la sal, pistacho y frutas del bosque. Arriba, hay un salón de té *art déco* con música de los años veinte donde se sirven *choux* junto con té, café y champán. La fachada de madera negra, con mesas delante, y la jardinera con geranios en la ventana del 1º son encantadores. (01 43 26 13 06; www.odette-paris.com; 77 rue Galande, 5e; 1/6/12 hojaldres 1,90/10,90/19,80 €; 12.00-20.00 lu-vi, 10.00-20.00 sa y do; M St-Michel)

Dans Les Landes
VASCO, TAPAS €€

20 PLANO P. 156, C7

Un viaje al País Vasco francés: el chef gascón Julien Duboué presenta sus ingeniosas versiones de la cocina suroccidental en tamaño tapa, con platos para compartir tan fantasiosos como corazones de pato con perejil y chistorra picante o camembert frito con manzana verde, confit de cuello de pato y tarros de fuagrás. Uno de los mejores sitios de París para tomar vinos del suroeste francés. (01 45 87 06 00; http://dansles-landes.fr; 119bis rue Monge, 5e; tapas 9-17 €; 12.00-14.30 y 19.00-23.00 lu-vi, 12.00-23.00 sa y do; M Censier Daubenton)

Le Buisson Ardent
FRANCESA MODERNA €€

21 PLANO P. 156, D4

Alojado en una antigua cochera, este bistró desgastado por el tiempo (los murales del salón delantero son de la década de 1920) sirve comida francesa interesante y con clase. La carta cambia cada semana e incluye platos variados, como atún a la plancha con alcaparras y aceitunas negras, chuletas de ternera con salsa de jengibre caramelizado y carne de vacuno al oporto. Para rematar, profiteroles caseros de chocolate, pistacho y vainilla. (01 43 54 93 02; www.lebuissonardent.fr; 25 rue Jussieu, 5e; comidas menús 2/3 platos 19/24 €, principales 22-38 €; 12.00-14.30 y 19.30-22.30; M Jussieu)

Les Pipos
FRANCESA €€

22 PLANO P. 156, B3

La especialidad de este *bar à vins* son los vinos naturales, que se almacenan en una bodega abovedada de piedra. Durante todo el día sirve comida de primera clase, como pescado del día, ostras de Bretaña, confit de pato y una suculenta tabla de quesos con todos los clásicos franceses (comté, bleu d'auvergne, brie de meaux, rocamadour y st-marcellin). (01 43 54 11 40; www.facebook.com/lespiposbaravins; 2 rue de l'École Polytechnique, 5e; menú entre semana 2 platos 14,50 €, platos principales 11,90-19,90 €; 9.30-2.00 lu-vi, 12.00-2.00 cocina 11.30-23.00; M Maubert-Mutualité)

Vivir en París

Intramuros

París se define por sus murallas (es decir, la Périphérique o carretera de circunvalación). Intramuros, viven 2,2 millones de personas en 105 km²; el área metropolitana (la región de Île de France, cercada por ríos) tiene aprox. 12 millones de habitantes, alrededor del 19% de la población total de Francia. Esto hace que París, capital tanto de la región como del centralizado país, sea de hecho una "isla dentro de una isla" (o una burbuja, como dirían los habitantes de las provincias).

Vida en común

Sin embargo, París no es solo un sitio donde la gente va a trabajar: la densa población del centro define la vida en la ciudad. Las tiendas, mercados, parques y otras facetas de la vida cotidiana evocan el ambiente de un pueblo, y la casi total ausencia de rascacielos da a la capital unas dimensiones humanas. Alrededor de la mitad de los hogares del centro son viviendas de un solo ocupante y, debido a la escasez de espacio, con frecuencia los pisos son minúsculos. En consecuencia, las zonas comunes de la ciudad son el salón, comedor y jardín de muchos parisinos, y las tiendas de barrio son pilares de la vida vecinal. La alta densidad de población explica la escasez de discotecas o cafés y bares que abren hasta tarde en el centro: se debe a la normativa contra el ruido. También es el motivo de que vivan tantos perros en París. Gracias a las multas que acarrea no retirar los excrementos caninos, las aceras estén más limpias que nunca.

Extramuros

El proyecto de remodelación del Grand Paris (área metropolitana de París) conecta la periferia con la ciudad propiamente dicha, lo que supone una importante ruptura de la barrera física y mental que impuso la Périphérique. El punto crucial es la ampliación descentralizada del metro, con cuatro líneas nuevas, la ampliación de varias líneas existentes y un total de 68 estaciones nuevas, cuya finalización está prevista para el 2030. El objetivo principal es conectar los barrios periféricos entre sí, en lugar de depender de una estación central de la que parten todas las líneas hacia afuera (modelo actual). En última instancia, los municipios de la periferia –Vincennes, Neuilly, Issy, St-Denis, etc.– perderán su autonomía y quedarán incorporados a un Grand Paris mucho mayor, gobernado por el Hôtel de Ville.

L'Agrume

BISTRÓ €€

23 PLANO P. 156, D7

Hay que reservar mesa (por internet o teléfono) para comer en este bistró chic, donde se ve a los cocineros trabajar con productos de temporada en la cocina abierta desde las mesas o el *comptoir* (barra). El almuerzo es una experiencia *gourmet* con magnífica relación calidad-precio. La cena es una exquisita *dégustation* de cinco platos (no se puede elegir) que cambian cada día. (☎01 43 31 86 48; http://restaurant-lagrume.fr; 15 rue des Fossés St-Marcel, 5e; comidas menú 2/3 platos 23/26 €, cenas menú 48 €; ⌚12.15-14.30 y 19.30-22.30 ma-sa; Ⓜ Censier Daubenton)

Le Petit Pontoise

BISTRÓ €€

24 PLANO P. 156, C2

Entrar en este diminuto bistró con cortinas de encaje y mesas sencillas de madera es como viajar al París de antaño. La cocina cumple las expectativas: sirve clásicos fantásticamente anticuados, como riñones de ternera, hígado de ternera cocinado en vinagre de frambuesa, codorniz asada, *cassoulette d'escargots* (guiso de caracoles) y camembert al horno con miel y almendras (extraordinario). Todo es deliciosamente *fait maison* (hecho en casa). (☎01 43 29 25 20; www.lepetitpontoise.fr; 9 rue de Pontoise, 5e; comidas menú entre semana 2/3 platos 23/29 €, comidas menú fin de semana 3 platos 34 €, platos principales 21-30 €; ⌚12.00-14.30 y 18.30-22.30; Ⓜ Maubert-Mutualité)

La Tour d'Argent

DE AUTOR €€€

25 PLANO P. 156, D2

La venerable "Torre de Plata", con estrella Michelin, es famosa por su *caneton* (patito), su azotea ajardinada con vistas a Notre Dame y una fabulosa historia que se remonta a 1582: desde que Enrique III estrenase el primer tenedor de Francia hasta servir de inspiración para la película animada *Ratatouille*. La bodega es una de las mejores de París y el ambiente es elegante: hay que ir bien vestido. (☎01 43 54 23 31; www.latourdargent.com; 15 quai de la Tournelle, 5e; comidas menú 105 €, cenas menús 280-350 €, platos principales 78-146 €; ⌚12.30-14.00 y 19.00-22.00 ma-sa, cerrado ago; Ⓜ Cardinal Lemoine)

Dónde beber

Shakespeare & Company Café

CAFÉ

26 PLANO P. 156, B1

En el 2015, se hizo historia al instante cuando abrió este café de inspiración literaria junto a la librería Shakespeare & Company (p. 169). Se diseñó a partir de viejos bosquejos para cumplir un sueño de los años sesenta del fundador de la librería, el difunto George Whitman. Sirve té ecológico, zumos energéticos y café especializado del tostadero parisino Café Lomi, además de sopas, ensaladas, *bagels* y pasteles de Bob's Bake Shop. (☎01 43 25 95

95; www.shakespeareandcompany.com; 2 rue St-Julien le Pauvre, 5e; 9.30-19.00 lu-vi, hasta 20.00 sa y do; ; M St-Michel)

Little Bastards

COCTELERÍA

27 PLANO P. 156, C5

Un local muy moderno que solo ofrece cócteles de creación propia (12 €), como el Balance Ton Cochon (ron aromatizado con beicon, clara de huevo, zumo de lima, sirope ahumado con madera de roble y bíter) y el Deep Throat (vodka Absolut, sirope de sandía y Pernod). Los bármanes también preparan cócteles clásicos si se les pide. (01 43 54 28 33; 5 rue Blainville, 5e; 18.00-2.00 lu-ju, 18.00-4.00 vi y sa; M Place Monge)

Le Verre à Pied

CAFÉ

28 PLANO P. 156, C6

Este *café-tabac* (cafetería más estanco) es una joya que ha cambiado poco desde 1870. Forma parte de una raza en extinción, con su pared de espejos teñidos de nicotina, cornisas con molduras y barra original; pero encarna el encanto, el *glamour* y el romanticismo de un viejo París que todos adoran, incluidos los tenderos del mercado de rue Mouffetard que entran y salen a esta agradable cafetería sin demasiados adornos, es ideal para escapar de las multitudes. (01 43 31 15 72; 118bis rue Mouffetard, 5e; 9.00-21.00 ma-sa, 9.30-16.00 do; M Censier Daubenton)

Shakespeare & Company Café.

Pub St-Hilaire
PUB

29 PLANO P. 156, B3

El ambiente es muy animado dentro de este *pub* frecuentado por estudiantes. La *happy hour* dura de 17.00 a 21.00 y el sitio se abarrota gracias a las tres mesas de billar, juegos de mesa, música en dos plantas, comida sustanciosa de bar y varios trucos para animar a los fiesteros (un metro de cócteles, "sé tu propio barman", etc.). (01 46 33 52 42; www.facebook.com/pubsthilaire; 2 rue Valette, 5e; 16.00-2.00 lu-ju, hasta 4.00 vi y sa; M Maubert-Mutualité)

Cave La Bourgogne
BAR

30 PLANO P. 156, C7

Este bar de barrio es ideal para empaparse del contagioso espíritu de "pasear todo el día" de rue Mouffetard. Está en la plaza St-Médard, una de las más bonitas del Barrio Latino, con una fuente florida, una vieja iglesia y puestos de mercado a un lado. Los vecinos y sus perros quedan para tomar café en las mesas de madera oscura, junto con otros parisinos que beben vino. En verano, la acción se traslada al exterior. (01 47 07 82 80; 144 rue Mouffetard, 5e; 7.00-2.00 lu-sa, hasta 23.00 do; M Censier Daubenton)

Café Delmas
CAFÉ

31 PLANO P. 156, C4

Con una situación envidiable en la arbolada place de la Contrescarpe, es perfecto para tomar un café, un desayuno *todo el día* o un St-Germain Spritz (licor St-Germain, *prosecco* y *coulis* de melocotón) al atardecer. Hay que acomodarse bajo los calefactores de fuera y empaparse del ambiente callejero o acurrucarse entre los libros del interior tipo biblioteca, lleno de estudiantes universitarios. (01 43 26 51 26; www.cafedelmas.com; 2 place de la Contrescarpe, 5e; 7.00-2.00 lu-vi, 8.00-2.00 sa y do; ; M Place Monge)

Ocio

Café Universel
JAZZ, BLUES

32 PLANO P. 156, A6

Ofrece un excelente programa de conciertos de diversos estilos, desde *bebop* y música latina hasta *jazz* vocal. Se da mucha libertad a los jóvenes productores y artistas, y el ambiente sociable y relajado atrae a una mezcla de estudiantes y amantes del *jazz*. Los conciertos son gratuitos, pero hay que dar propina a los artistas cuando pasan la gorra. (01 43 25 74 20; 267 rue St-Jacques, 5e; 20.30-1.30 ma-sa; ; M Censier Daubenton o RER Port Royal)

Caveau de la Huchette
JAZZ, BLUES

33 PLANO P. 156, B1

Ocupa una *caveau* (bodega) medieval que se usó como sala de justicia y cámara de tortura durante la Revolución. Prácticamente todos los grandes del *jazz* (Georges Brassens,

Thibault...) han actuado aquí desde el final de la II Guerra Mundial. Atrae a bastantes turistas, pero el ambiente puede resultar más electrizante que el de otros clubes de *jazz* más serios. Las sesiones empiezan a las 22.00. (☎01 43 26 65 05; www.caveaudelahuchette.fr; 5 rue de la Huchette, 5e; entrada 13-15 €; ⏰21.00-2.30 do-ju, hasta 4.00 vi y sa; Ⓜ St-Michel)

Le Champo

CINE

34 PLANO P. 156, A2

Es uno de los cines más populares del Barrio Latino y ofrece clásicos y retrospectivas de actores y directores como Alfred Hitchcock, Jacques Tati, Alain Resnais, Frank Capra, Tim Burton y Woody Allen. Una de las dos *salles* (salas) es accesible en silla de ruedas. (www.cinema-lechampo.com; 51 rue des Écoles, 5e; entradas adultos/niños 9/4 €; Ⓜ Cluny-La Sorbonne)

Église St-Julien le Pauvre

MÚSICA CLÁSICA

35 PLANO P. 156, B1

Se ofrecen recitales de piano (Chopin, Liszt) al menos dos noches a la semana en una de las iglesias más antiguas de París. Las localidades más caras están justo enfrente del escenario. Pago en efectivo y solo en la puerta. (☎01 42 26 00 00; www.concertinparis.com; 1 rue St-Julien le Pauvre, 5e; horario variable; Ⓜ St-Michel)

De compras

Shakespeare & Company

LIBROS

36 PLANO P. 156, B1

Rincones encantadores repletos de libros nuevos y usados en inglés. La tienda original (12 rue l'Odéon, 6e; cerrada por los nazis en 1941) la dirigía Sylvia Beach y fue el punto de encuentro de la "generación perdida" de Hemingway. Organiza recitales de autores ilustres y emergentes casi todos los lunes a las 19.00 y hay un maravilloso café (p. 167) al lado. (☎01 43 25 40 93; www.shakespeareandcompany.com; 37 rue de la Bûcherie, 5e; ⏰10.00-22.00; Ⓜ St-Michel)

Le Bonbon au Palais

COMIDA

37 PLANO P. 156, C3

A los niños y a los no tan niños les encantará este *tour de France* azucarado. La *boutique*, con una decoración de temática de geografía escolar, contiene un arcoíris de dulces artesanales de todo el país. Las jarras de cristal a la antigua usanza están llenas de delicias como *calissons* (rombos de almendras y fruta molida con azúcar glas por encima, de Aix-en-Provence), *rigolettes* (caramelos rellenos de fruta, de Nantes), *berlingots* (caramelos duros triangulares a rayas, de Carpentras y otros sitios) y *papalines* (bolas de chocolate de color rosa, rellenas de licor de hierbas de Aviñón). (☎01 78 56 15 72; www.bonbonsaupalais.fr; 19 rue Monge, 5e; ⏰10.30-19.30 ma-sa; Ⓜ Cardinal Lemoine)

Bières Cultes Jussieu BEBIDAS

38 PLANO P. 156, C4

Un paraíso para los amantes de la cerveza. Vende unas 500 cervezas artesanas y/o internacionales diferentes, además de dos de barril para probar allí mismo. Puede haber Alaskan Smoked Porter fabricada en EE UU, Aecht Schlenkerla Rauchbier de Bamberg, ahumada en Alemania, y Monteith's de Nueva Zelanda. Su página web y su Facebook informan de eventos y lanzamientos de temporada. (☎09 51 27 04 84; http://bierescultes.fr; 44 rue des Boulangers, 5e; ⏰12.00-14.00 y 15.00-21.00 ma, mi y vi, hasta 23.00 ju y vi; Ⓜ Cardinal Lemoine)

Album CÓMICS

39 PLANO P. 156, B2

Este establecimiento está especializado en *bandes dessinées* (cómics y novelas gráficas), que tienen muchísimos lectores en Francia: desde Tintin y Babar hasta cómics eróticos y lo último en manga japonés. Imprescindible para coleccionistas serios de cómics y para cualquier interesado en comprar varitas de Harry Potter y camisetas y figurillas de *Star Wars*, Superman, y otros superhéroes. (☎01 53 10 00 60; www.albumcomics.com; 67 bd St-Germain, 5e; ⏰10.00-18.00 lu-sa, 12.00-19.00 do; Ⓜ Cluny-La Sorbonne)

Club de *jazz* en el Barrio Latino.

JOHN NOMAN/ALAMY©

Fromagerie Laurent Dubois

QUESO

40 PLANO P. 156, C2

Una de las mejores *fromageries* (queserías) de París. Es el nirvana para los amantes del queso, llena de manjares como St-Félicien con trufas del Périgord. Hay quesos raros de producción limitada, como azul de Termignon y queso de cabra de Tarentaise. Todos se almacenan en entornos cálidos, húmedos o fríos, según convenga. (01 43 54 50 93; www.fromageslaurentdubois.fr; 47ter bd St-Germain, 5e; 8.30-19.30 ma-sa, 8.30-13.00 do; M Maubert-Mutualité)

Au Vieux Campeur

DEPORTES Y AIRE LIBRE

41 PLANO P. 156, B2

Esta tienda de material para deportes al aire libre ha colonizado el Barrio Latino, con más de 30 *boutiques* repartidas alrededor de la tienda original, que abrió en rue St-Jacques en 1941 (unos portales más abajo, en el nº 38). Cada espacio está dedicado a un deporte distinto: escalada, esquí, submarinismo, acampada, ciclismo, acuáticos, etc. (01 53 10 48 48; www.auvieuxcampeur.fr; 48 rue des Écoles, 5e; 11.00-19.30 lu-mi y vi, 11.00-21.00 ju, 10.00-19.30 sa; M Maubert-Mutualité)

Abbey Bookshop

LIBROS

42 PLANO P. 156, A2

Dentro del Hôtel Dubuisson (s. XVIII), esta caótica pero acogedora librería de dirección canadiense sirve café gratis (endulzado con jarabe de arce) para tomar, mientras se miran los miles de libros nuevos y usados. Eventos literarios ocasionales. (01 46 33 16 24; https://abbeybookshop.wordpress.com; 29 rue de la Parcheminerie, 5e; 10.00-19.00 lu-sa; M Cluny-La Sorbonne)

Marché Maubert

MERCADO

43 PLANO P. 156, B2

Se vende fruta y verdura (ecológica en algunos casos), queso, pan, etc., en el acogedor y rústico mercado de alimentos que ocupa la place Maubert tres días a la semana. (place Maubert, 5e; 7.00-14.30 ma y ju, 7.00-15.00 sa; M Maubert-Mutualité)

Marché Monge

MERCADO

44 PLANO P. 156, C5

Un mercado al aire libre repleto de quesos maravillosos, bollería y muchas tentaciones más. (place Monge, 5e; 7.00-14.00 mi, vi y do; M Place Monge)

Circuito a pie

Descubrir el sureste

El sureste de París se extiende a ambos lados del Sena y se compone de una mezcla ecléctica de quartiers (barrios) que ofrecen un paseo para descansar de tantas colas. Aquí la vida de barrio es auténtica, pero también hay importantes atracciones turísticas, como la cinemateca francesa y la biblioteca nacional.

Datos

Esta zona está a unos 3 km al sureste de Notre Dame.

M Metro Gare de Lyon (líneas 1 y 14) y Place d'Italie (líneas 5, 6 y 7) son prácticos puntos de inicio y final.

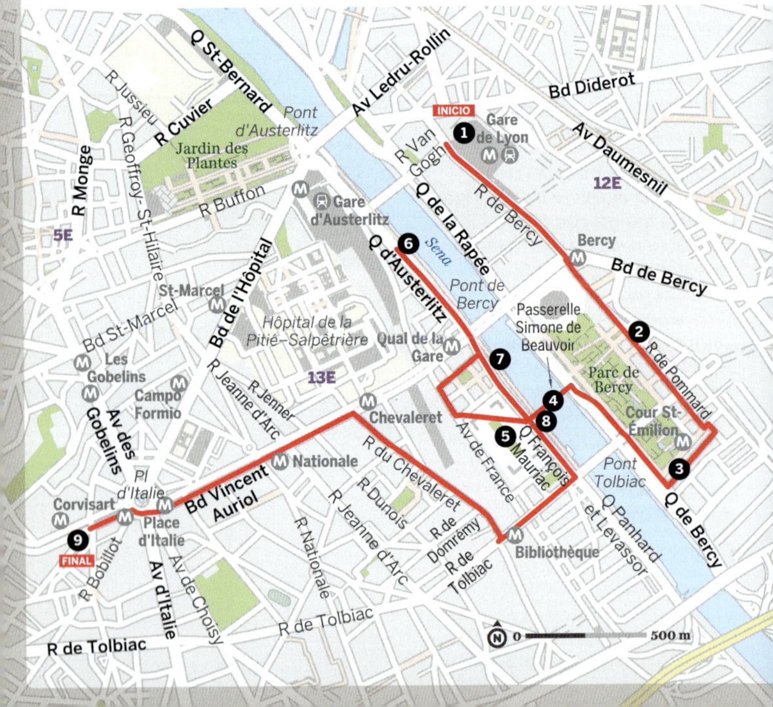

❶ Esplendor ferroviario

Se empieza con una bebida o comida clásica en la joya de la *belle époque* **Le Train Bleu** (☎ 01 43 43 09 06; www.le-train-bleu.com; Gare de Lyon, 1ª planta, 26 place Louis Armand, 12e; menús 2/3/6 platos 49/65/110 €, platos principales 29-48 €; ⏲ restaurante 11.30-14.45 y 19.00-22.45, bar 7.30-22.30 lu-sa, 9.00-22.00 do; 📶 👪; Ⓜ Gare de Lyon).

❷ Historia del cine

Los cinéfilos no deben perderse la **Cinémathèque Française** (☎ 01 71 19 33 33; www.cinematheque.fr; 51 rue de Bercy, 12e; adultos/niños 5/2,50 €, con película 8 €; ⏲ 12.00-19.00 mi-do; Ⓜ Bercy), que presenta la historia del cine francés y proyecta películas clásicas y alternativas.

❸ Aires de pueblo

Hay más cines en **Bercy Village** (www.bercyvillage.com; Cour St-Émilion, 12e; ⏲ tiendas 11.00-21.00, restaurantes y bares hasta 2.00; Ⓜ Cour St-Émilion), pero el mayor reclamo es la hilera de antiguos almacenes de vino ocupados hoy por tiendas, restaurantes y bares.

❹ Cruzar el puente

Inaugurada en el 2006, la **Passerelle Simone de Beauvoir,** construida en roble y acero, enlaza las dos orillas.

❺ Selva de libros

Cuatro torres de cristal a modo de libro abierto se alzan sobre una selva tropical que rodea las salas de lectura de la **Bibliothèque Nationale de France** (☎ 01 53 79 59 59; www.bnf.fr; 11 quai François Mauriac, 13e; 3-9 €; ⏲ 10.00-19.00 ma-sa, 13.00-19.00 do, cerrado 2 semanas sep; Ⓜ Bibliothèque).

❻ Moda portuaria

El almacén transformado **Les Docks** (Cité de la Mode et du Design; ☎ 01 76 77 25 30; www.citemodedesign.fr; 34 quai d'Austerlitz, 13e; ⏲ 10.00-24.00; Ⓜ Gare d'Austerlitz) es la sede del instituto francés de la moda, con exposiciones y eventos.

❼ Nadar en el Sena

Un chapuzón en la piscina flotante **Piscine Joséphine Baker** (☎ 01 56 61 96 50; www.piscine-baker.fr; quai François Mauriac, 13e; adultos/niños 6,20/3,10 €; ⏲ 7.00-9.00 y 10.00-23.00 lu-vi, 10.00-20.00 sa y do jun-sep, horario reducido resto del año; Ⓜ Quai de la Gare).

❽ Vida nocturna flotante

Hay varios bares-restaurantes-discotecas flotantes, como el remolcador **Le Batofar** (☎ 01 53 60 37 85; www.batofar.fr; enfrente de 11 quai François Mauriac, 13e; ⏲ 18.00-7.00 mi-sa, hasta 24.00 do-ma; Ⓜ Quai de la Gare, Bibliothèque).

❾ Al barrio

La terraza de **La Butte aux Piafs** (☎ 09 70 38 55 11; www.labutteauxpiafs-paris.fr; 31 bd Auge Blanqui, 13e; platos principales 14,10-16,90 €; ⏲ 12.00-24.00 lu-vi, 12.00-15.30 y 18.00-24.00 sa; Ⓜ Place d'Italie) es el mejor sitio para empaparse del ambiente tranquilo y de moda de La Butte aux Cailles.

LES DEUX MAGOTS
LES DEUX MAGOTS

Explorar

Musée d'Orsay y St-Germain des Prés

Los literatos, los coleccionistas de antigüedades y los aficionados a la moda acuden a esta mítica zona de París. Artistas y escritores como Hemingway y Fitzgerald vivieron aquí y más al sur, en Montparnasse, donde se encontrarán brasseries *supervivientes junto a las obras de remodelación de la estación de trenes y el rascacielos.*

Hay que rendir homenaje a los escritores Sartre y De Beauvoir y al cantante Serge Gainsbourg en el Cimetière du Montparnasse (p. 186) y ver arte contemporáneo en la Fondation Cartier pour l'Art Contemporain (p. 186). Se da un paseo por el bello Jardin du Luxembourg (p. 178) de camino a la Église St-Sulpice (p. 184) y al Musée National Eugène Delacroix (p. 184) para ver obras de Delacroix. Se puede parar en la Église St-Germain des Prés (p. 184) y en cafés literarios famosos, como Les Deux Magots (p. 192). La entrada al Musée d'Orsay (p. 176) es más barata por la tarde, momento ideal para visitar sus impresionantes colecciones.

Cómo llegar y desplazarse

M St-Germain des Prés (línea 4), Mabillon (línea 10) y Odéon (líneas 4 y 10) están en el centro de la acción.

M Montparnasse Bienvenüe (líneas 4, 6, 12 y 13) es la estación central de Montparnasse.

El Batobus para en el exterior del Musée d'Orsay y en quai Malaquais (St-Germain des Prés).

Véase el plano en p. 182.

Les Deux Magots (p. 192). EQROY/SHUTTERSTOCK ©

Principales puntos de interés

Musée d'Orsay

La sede de la colección nacional de arte impresionista, postimpresionista y art nouveau *(1848-1914) es la Gare d'Orsay, una antigua estación de ferrocarriles que es en sí misma una obra maestra del* art nouveau. *Se exponen obras mundialmente famosas.*

PLANO P. 182, C1

www.musee-orsay.fr

1 rue de la Légion d'Honneur, 7e

adultos/niños 12 €/gratis

9.30-18.00 ma, mi y vi-do, hasta 21.45 ju

M Assemblée Nationale, RER Musée d'Orsay

El edificio

La Gare d'Orsay se construyón para la Exposition Universelle de 1900; en 1939 los andenes eran demasiado cortos para los trenes y poco después los servicios se suspendieron. En 1962, Orson Welles rodó *El proceso* de Kafka en el edificio, entonces abandonado, y más tarde el Gobierno decidió transformarlo en el principal escaparate nacional para el arte creado entre 1848 y 1914. No hay que perderse el panorama a través de la enorme esfera de reloj de cristal.

Colecciones de pintura

Entre las obras maestras se cuentan *En la playa,* de Manet; El jardín de Giverny y *La rue Montorgueil, en París. Fiesta del 30 de junio de 1878,* de Monet; Los jugadores de naipes, *Manzanas verdes* y *Jarrón azul,* de Cézanne; *El baile del molino de la Galette* y *Jóvenes al piano,* de Renoir; Las bailarinas, de Degas; Las cabareteras, de Toulouse-Lautrec; *La cosecha,* de Pissarro; *El canal St-Martin,* de Sisley; y *Noche estrellada,* de Van Gogh.

Colecciones de artes decorativas

Los objetos domésticos de entre 1848 y 1914, como escritorios, sillas, librerías, jarrones, platos decorados, copas e incluso hervidores de agua y cubiertos, son verdaderas obras de arte que incorporan exquisitos elementos de diseño.

Esculturas

Las esculturas de Degas, Gauguin, Camille Claudel, Renoir y Rodin están expuestas de forma magnífica.

Colecciones de artes gráficas

Los dibujos y bocetos son otro aspecto destacado, en especial *El lazo negro* de Georges Seurat (c. 1882) y el autorretrato de Paul Gauguin (c. 1902-1903).

★ Consejos

- La entrada solo cuesta 9 € a partir de las 16.30 (18.00 ju).
- Las entradas combinadas con el Musée de l'Orangerie (p. 78) cuestan 16 € y con el Musée Rodin (p. 40), 18 €. Ambas valen para una única visita a los museos en el plazo de tres meses.

Una pausa

En la planta baja, el **Café de l'Ours** (9.30-16.45 ma, mi y vi-do, hasta 20.00 ju) tiene vistas a la escultura *Oso polar* (1923-1933) de Francois Pompon.

Otras opciones son el **Café Campana** (platos 9-19 €; 10.30-17.00 ma, mi y vi-do, 11.00-21.00 ju) naranja y turquesa del museo o **Le Restaurant** (01 45 49 47 03; comidas menú 2/3 platos 22,50 €, platos principales 18-27 €; 11.45-17.30 ma, mi y vi-do, 11.45-14.45 y 19.00-21.30 ju;) original de la Gare Orsay.

Principales puntos de interés

Jardin du Luxembourg

Este céntrico oasis de terrazas formales, castaños y praderas exuberantes ocupa un lugar especial en el corazón de los parisinos. Napoleón dedicó las 23 Ha del elegante Jardín de Luxemburgo a los hijos de París y muchos vecinos pasaron su infancia empujando barquitos de madera con palos en el estanque octogonal, viendo títeres y montando en el tiovivo o en poni.

PLANO P. 182, E5

www.senat.fr/visite/jardin

horario variable

M Mabillon, St-Sulpice, Rennes, Notre Dame des Champs, RER Luxembourg

Grand Bassin

A grandes y pequeños les encanta el Grand Bassin, un estanque donde los niños pueden jugar con **veleros de juguete** (alquiler barcos 30 min 4 €; 11.00-18.00 abr-oct) de los años veinte.

Cerca, los pequeños pueden dar **paseos en poni** (06 07 32 53 95; www.animaponey.com; paseo en pony 600 m/900 m 6/8,50 €; 15.00-18.00 mi, sa, do y vacaciones escolares) o jugar en los **parques infantiles** (adultos/niños 1,50/2,50 €; horario variable); la mitad verde es para niños de 7 a 12 años y la azul, para menores de 7 años.

Teatro de marionetas

No hace falta ser niño ni hablar francés para deleitarse con los espectáculos de marionetas, que entretienen al público de Francia desde la Edad Media. En el Jardin du Luxembourg, los títeres actúan en el pequeño **Théâtre du Luxembourg** (01 43 29 50 97; www.marionnettesduluxembourg.fr; entradas 6,40 €; mi, sa y do, diarios durante vacaciones escolares). El horario es variable; hay que consultar el programa por internet y llegar media hora antes.

Musée du Luxembourg

Se ofrecen exposiciones temporales de arte en el **Musée du Luxembourg** (01 40 13 62 00; http://museeduluxembourg.fr; 19 rue de Vaugirard, 6e; mayoría de las exposiciones 13 €; 10.30-19.00 sa-ju, hasta 22.00 vi; M St-Sulpice, RER Luxembourg).

Detrás del museo, hay limoneros, naranjos, palmeras, granados y adelfas protegidos del frío en el **invernadero** del palacio.

Palais du Luxembourg

El **Palais du Luxembourg** (www.senat.fr; rue de Vaugirard, 6e; M Mabillon, RER Luxembourg), que aparece en la imagen de la izquierda, se construyó en la década de 1620 y es la sede del Sénat (Senado) desde 1958. Ocasionalmente se puede entrar mediante visita guiada.

★ Consejos

- Hay quioscos y cafés repartidos por el parque.
- El acceso a las zonas de césped está prohibido, excepto una pequeña cuña en el límite sur. Hay que imitar a los parisinos: hacerse con una silla de metal verde diseñada en 1923 y buscar el sitio que más guste.

Una pausa

Polidor (01 43 26 95 34; www.polidor.com; 41 rue Monsieur le Prince, 6e; menús 22 y 35 €, platos principales 13-20 €; 12.00-14.30 y 19.00-24.30 lu-sa, hasta 23.00 do; M Odéon) y su decoración datan de 1845. Sirve cocina francesa familiar.

El salón de té **Angelina** (www.angelina-paris.fr; 19 rue de Vaugirard, 6e; 10.00-19.30 do-ju, hasta 23.30 vi y sa; M St-Sulpice) está al lado del Musée du Luxembourg.

Circuito a pie

Circuito literario por la margen izquierda

Las ideas liberales y la moral relajada por las que era célebre París no fueron lo único que atrajo a los escritores a principios del s. XX: la margen izquierda era barata y, a diferencia de EE UU, no había ley seca. Este paseo por las calles de la zona, ya aburguesadas, visita lugares clave de aquella época.

Datos

Inicio Rue du Cardinal Lemoine; M Cardinal Lemoine

Final Rue Notre Dame des Champs; M Vavin

Distancia 6,5 km; 3 h

❶ Rue du Cardinal Lemoine

Hay que caminar hacia el suroeste por rue du Cardinal Lemoine y asomarse al pasaje del nº 71, donde James Joyce terminó el *Ulises* en el apartamento E. De 1922 a 1923, Ernest Hemingway vivió en el nº 74.

❷ La buhardilla de Paul Verlaine

Hemingway escribió en la buhardilla de un hotel en 39 rue Descartes; el mismo hotel donde murió el poeta Paul Verlaine. La placa es incorrecta.

❸ La pensión de George Orwell

En 1928, George Orwell se alojó en una **pensión** (6 rue du Pot de Fer, 5e; M Place Monge), que llamó "rue du Coq d'Or" en *Sin blanca en París y Londres* (1933).

❹ El hotel de Jack Kerouac

El **Relais Hôtel du Vieux Paris,** en 9 rue Gît le Coeur, era frecuentado por el poeta Allen Ginsberg y el escritor *beat* Jack Kerouac en la década de 1950.

❺ Shakespeare & Company

La librería Shakespeare & Company original (p. 169) estaba en 12 rue de l'Odéon. La propietaria, Sylvia Beach, prestaba libros a Hemingway y publicó el *Ulises* de Joyce en 1922. Cerró durante la ocupación nazi en la II Guerra Mundial.

❻ La habitación de Henry Miller

Henry Miller se alojó en el 5º piso de 36 rue Bonaparte en 1930; escribió sobre la experiencia en *Letters to Emil* (1989).

❼ El hotel de Oscar Wilde

El antiguo Hôtel d'Alsace, hoy **L'Hôtel** (www.l-hotel.com; 13 rue des Beaux Arts, 6e; M St-Germain des Prés), es donde murió Oscar Wilde en 1900.

❽ La primera noche de Hemingway en París

Hemingway pasó su primera noche en la ciudad en el **Hôtel d'Angleterre** (www.hotel-dangleterre.com; 44 rue Jacob, 6e; M St-Germain des Prés).

❾ La casa de Gertrude Stein

Ezra Pound y Hemingway, entre otros, iban de visita a 27 rue de Fleurus, donde Gertrude Stein vivía con Alice B. Toklas.

❿ Rue Notre Dame des Champs

Pound vivió en 70bis rue Notre Dame des Champs. El primer apartamento de Hemingway estaba encima de un aserradero en el nº 113.

A
B
C
D
E
F
1
2
3
4
0
500 m
Av du Maréchal Gallieni
R de Constantine
Bd des Invalides
Assemblée Nationale
Pl du Palais Bourbon
Bd St-Germain
R St-Dominique
FAUBOURG ST-GERMAIN
R de Bourgogne
R de Grenelle
R de Bellechasse
R de Varenne
R Barbet de Jouy
R Vaneau
Sq des Missions Etrangères
R de Babylone
R Oudinot
Vaneau
R de Sèvres
La Grande Épicerie de Paris
Le Bon Marché
Sèvres-Babylone
R Dupin
R du Cherche Midi
31
34
R du Regard
Rennes
R de Rennes
R de Vaugirard
6E
7E
5 Parc Rives de Seine
Musée d'Orsay
Musée d'Orsay
Q Anatole France
Q Voltaire
Q des Tuileries
Pont Royal
Pont du Carroussel
Solférino
R de Lille
R de Verneuil
R de l'Université
18
R de Beaune
R du Bac
Deyrolle
Rue du Bac
Musée Maillol 9
32
Bd Raspail
À la Petite Chaise
R de Grenelle
R de Varenne
R du Bac
20
27
R du Dragon
Bd St-Germain
12
Église St-Germain des Prés
17
23
19
1
St-Germain des Prés
Au Plat d'Étain
22
R du Four
St-Sulpice
33
Poilâne
R du Vieux Colombier
R Cassette
R Madame
R Bonaparte
3 Église St-Sulpice
La Maison de Poupée
R Garancière
R St-Sulpice
R de Tournon
R de Condé
21
Pl de l'Odéon
R Racine
R Monsieur-le-Prince
R de Médicis
Palais du Luxembourg
10
Bd St-Michel
Sorbonne
R des Écoles
Bd St-Germain
Cluny-La Sorbonne
R St-Jacques
24
Odéon
R de l'École de Médecine
R Danton
11
16
30
Cire Trudon
Mabillon
28
R de Buci
4
13
29
Musée National Eugène Delacroix
R de Seine
26
R Mazarine
Magasin Sennelier
R Jacob
R des Sts-Pères
Q Malaquais
Sena
Pont des Arts
Monnaie de Paris 2
R Guénégaud
R Dauphine
R St-André des Arts
Le Procope
St-Michel
St-Michel-Notre Dame
Q des Grands Augustins
Q des Orfèvres
Île de la Cité
Q de l'Horloge
Bd du Palais
R de la Cité
Pont Neuf
Q de la Megisserie
Bouquinistes
Pont Neuf
Q du Louvre
Pl du Carrousel
Musée du Louvre
Louvre Rivoli
R de Rivoli
1ER
R des Halles

Reseñas en:
Principales puntos de interés p. 176
Puntos de interés p. 184
Dónde comer p. 187
Dónde beber p. 192
De compras p. 194
Jardin du Luxembourg
Cimetière du Montparnasse 7
Fondation Cartier pour l'Art Contemporain 8
Les Catacombes 6
Gare Montparnasse
Observatoire de Paris
Val de Grâce
Hôpital St-Vincent de Paul
Hôpital Necker
Université Paris V
Panthéon
Cochin
La Closerie des Lilas
La Rotonde Montparnasse
Le Select
La Coupole
Le Dôme
Crêperie Josselin
Bd du Montparnasse
Bd Raspail
Bd St-Michel
Bd de Port Royal
Bd de Vaugirard
Bd Pasteur
Bd Arago
Bd Edgar Quinet
Av Denfert Rochereau
Av du Maine
R Froidevaux
R Jean Zay
Pl Denfert Rochereau
Pl Camille Julian
Pl de Catalogne
5E
6
13E
14E
15E
14
15
25
35

Puntos de interés

Église St-Germain des Prés

IGLESIA

1 PLANO P. 182, D3

Esta iglesia románica es la más antigua que se conserva en París. Se construyó en el s. XI sobre el emplazamiento de una abadía del s. VI y fue el principal lugar de culto de París hasta la construcción de Notre Dame. Ha sufrido numerosas alteraciones a lo largo de los siglos. La parte más antigua es la **Chapelle de St-Symphorien,** a la derecha según se entra; se cree que san Germán (496-576), primer obispo de París, está enterrado en ella. (☎01 55 42 81 18; www.eglise-saintgermaindespres.fr; 3 place St-Germain des Prés, 6e; 9.00-19.45; M St-Germain des Prés)

Monnaie de Paris

MUSEO

2 PLANO P. 182, E2

La real casa de la moneda del s. XVIII alberga el **Musée du 11 Conti,** un museo interactivo que explora la historia de la acuñación de moneda en Francia desde la Antigüedad y ofrece exposiciones de arte contemporáneo. El edificio neoclásico, restaurado de forma impecable, cuenta con una de las fachadas más largas a orillas del Sena (116 m) y esconde cinco patios suntuosos, el Hôtel de Conti diseñado por Jules Hardouin Mansart en 1690, talleres de grabado, la fundición original (hoy la tienda del museo), el restaurante insignia de Guy Savoy (p. 187) y el café **Frappé by Bloom** (http://frappe.bloom-restaurant.fr). (☎01 40 46 56 66; www.monnaiedeparis.fr; 11 quai de Conti, 6e; adultos/niños 10 €/gratis; 11.00-19.00 ma y ju-do, hasta 21.00 mi; M Pont Neuf)

Église St-Sulpice

IGLESIA

3 PLANO P. 182, D4

En 1646 comenzó a construirse la iglesia de San Sulpicio, con torres gemelas y 21 capillas laterales; seis arquitectos tardaron 150 años en terminarla. Es famosa por la fachada de estilo italiano con dos hileras de columnas superpuestas, la decoración neoclásica influida por la Contrarreforma y los frescos de Eugène Delacroix, y por ser el escenario de un asesinato en *El código Da Vinci* de Dan Brown. Es posible oír el órgano monumental de 1781 en la misa dominical de las 10.30, así como conciertos ocasionales los domingos por la tarde. (☎01 42 34 59 98; www.pss75.fr/saint-sulpice-paris; place St-Sulpice, 6e; gratis; 7.30-19.30; M St-Sulpice)

Musée National Eugène Delacroix

MUSEO

4 PLANO P. 182, D3

Ocupa la que fue casa y estudio del pintor romántico a su muerte en 1863, en un patio junto a una plaza arbolada. Contiene una colección de sus óleos, acuarelas, pasteles y dibujos, incluidas muchas de sus obras más íntimas, como *Cama sin hacer* (1828) y pinturas de Marruecos. Una entrada del Musée du Louvre

(p. 68) permite visitarlo el mismo día (también se puede comprar la entrada aquí y saltarse la cola del Louvre). (☎ 01 44 41 86 50; www.musee-delacroix.fr; 6 rue de Furstenberg, 6e; adultos/niños 7 €/gratis; 🕘 9.30-17.00 mi-lu, hasta 21.00 1er ju del mes; Ⓜ Mabillon)

Parc Rives de Seine PARQUE

5 PLANO P. 182, B1

Un soplo de aire fresco: esta autopista convertida en un paseo ribereño de 2,3 km en la margen izquierda es ideal para correr, montar en bici, patinar, jugar a juegos de mesa o participar en el programa de eventos. También es buen sitio para relajarse: en una choza-contenedor Zzz (reservar en el punto de información al oeste del Musée d'Orsay), en el archipiélago de jardines flotantes o en los bares y restaurantes (algunos a bordo de barcos y barcazas). (entre Musée d'Orsay y Pont de l'Alma, 7e; 🕘 punto de información 12.00-19.00 ma-do may-sep, horario reducido oct-abr; Ⓜ Solférino, Assemblée Nationale, Invalides)

Les Catacombes CEMENTERIO

6 PLANO P. 182, D8

La atracción más macabra de París son estos túneles subterráneos revestidos de huesos y calaveras. En 1785, se decidió corregir los problemas de higiene de los superpoblados cementerios parisinos exhumando los huesos y almacenándolos en túneles de canteras abandonados, y en 1810 nacieron las Catacumbas. Tras descender 20 m (por una estrecha

Les Catacombes.

MIKHAIL GNATKOVSKIY/SHUTTERSTOCK ©

'Start-ups' en Station F

Unos 3000 emprendedores trabajan en el campus de *start-ups* más grande del mundo, **Station F** (https://stationf.co/fr/campus/; 55 bd Vincent Auriol, 13e; gratis; circuitos 12.00 lu, mi y vi; M Chevaleret, Bibliothèque). Hay **visitas guiadas** de 45 min (también en inglés; reservar con mucha antelación) por el enorme hangar de acero, cristal y hormigón, una terminal de ferrocarril construida en 1927-1929 para alojar trenes nuevos que daban servicio a la cercana Gare de Austerlitz.

En la Chill Zone, el gigantesco restaurante **La Felicità** tiene cinco cocinas, una gran terraza, bar y dos vagones de tren en los que se puede comer.

escalera de caracol de 130 peldaños), unos oscuros pasadizos conducen al osario (1,5 km en total). Se sale por un "espacio de transición" blanco y minimalista, con una tienda de regalos, a 21bis av René Coty, 14e. Conviene comprar la entrada por internet para saltarse la cola. (01 43 22 47 63; www.catacombes.paris.fr; 1 av Colonel Henri Roi-Tanguy, 14e; adultos/niños 13 €/gratis, reserva en línea audioguía incl. 29/5 €; 10.00-20.30 ma-do; M Denfert Rochereau)

Cimetière du Montparnasse

CEMENTERIO

7 PLANO P. 182, C7

Este cementerio de 19 Ha abrió en 1824 y es el segundo más grande de París, después del Père Lachaise (p. 132). Algunos inquilinos famosos son el escritor Guy de Maupassant, el dramaturgo Samuel Beckett, el escultor Constantin Brancusi, el fotógrafo Man Ray, el industrial André Citroën, el capitán Alfred Dreyfus (el del caso Dreyfus), el cantante Serge Gainsbourg y los filósofos y escritores Jean-Paul Sartre y Simone de Beauvoir. (www.paris.fr; 3 bd Edgar Quinet, 14e; gratis; 8.00-18.00 lu-vi, 8.30-18.00 sa, 9.00-18.00 do; M Edgar Quinet)

Fondation Cartier pour l'Art Contemporain

GALERÍA

8 PLANO P. 182, D7

Este edificio de cristal y acero, diseñado por Jean Nouvel, es una obra de arte en sí mismo. Alberga exposiciones temporales de arte contemporáneo (de la década de 1980 en adelante) de diversos géneros: pintura, fotografía, vídeo, moda, performances... El artista Lothar Baumgarten creó el jardín laberíntico. (01 42 18 56 50; http://fondation.cartier.com; 261 bd Raspail, 14e; adultos/niños 12/8,50 €; 11.00-22.00 ma, hasta 20.00 mi-do; M Raspail)

Musée Maillol

MUSEO

9 PLANO P. 182, C3

En el Hôtel Bouchardon (s. XVIII), este pequeño y espléndido museo se centra en la obra del escultor Aristide Maillol (1861-1944), cuyas creaciones ocupan principalmente varias salas de la 2ª planta. También alberga obras de Matisse, Gauguin, Kandinsky, Cézanne y Picasso. Todas proceden de la colección particular de Dina Vierny (1919-2009), nacida en Odessa, modelo principal de Maillol durante 10 años, desde que tenía 15. Hay exposiciones temporales importantes (incl. en el precio de entrada). (Fondation Dina Vierny; www.museemaillol.com; 61 rue de Grenelle, 7e; adultos/niños 13/11 €; 10.30-18.30 sa-ju, hasta 21.30 vi; M Rue du Bac)

Dónde comer

Bouillon Racine

BRASERÍA **€€**

10 PLANO P. 182, E4

Con una ubicación discreta en una calle tranquila, este local *art nouveau* protegido cuenta con espejos en las paredes, motivos florales y azulejos de cerámica. Se construyó en 1906 como 'comedor social' para los trabajadores del mercado. La comida (inspirada en recetas antiquísimas) no es secundaria, sino que está excelentemente preparada (cochinillo asado relleno, pierna de cerdo en cerveza roja Rodenbach, vieiras y gambas con *coulis* de langosta). (01 44 32 15 60; www.bouillonracine.com; 3 rue Racine, 6e; comidas menú entre semana 2 platos 16,90 €, menú 3 platos 35 €,

El restaurante y el café más antiguos de París

Ambos se hallan en St-Germain:

À la Petite Chaise (plano p. 182, C3; 01 42 22 13 35; www.alapetitechaise.fr; 36 rue de Grenelle, 6e; comidas menú 2/3 platos 25/33 €, cenas menú 3 platos 26 €, platos principales 21 €; 12.00-14.00 y 19.00-23.00; M Sèvres-Babylone) Se esconde tras una verja de hierro que lleva allí desde su apertura en 1680, cuando el mercader de vino Georges Rameau empezó a servir comida para acompañar sus mercancías. Vale la pena visitarlo, no solo por su historia, sino también por la decoración clásica y la cocina (sopa de cebolla, *terrine* de venado con avellanas).

Le Procope (plano p. 182, E3; 01 40 46 79 00; www.procope.com; 13 rue de l'Ancienne Comédie, 6e; menú 2/3 platos 21,90/28,90 €; 11.30-24.00 do-mi, hasta 1.00 ju-sa; M Odéon) Recibió a sus primeros clientes en 1686 y fue frecuentado por Voltaire, Molière y Balzac. Algunas especialidades de la casa son *coq au vin*, riñones de ternera con mostaza violeta y helado casero.

Rue Daguerre

El tradicional ambiente de pueblo de París florece en rue Daguerre, 14e. Escondida al suroeste de las estaciones de metro y RER de Denfert-Rochereau, la estrecha calle –peatonal entre av du Général-Leclerc y rue Boulard– está bordeada de floristerías, *fromageries* (queserías), *boulangeries* (panaderías), *patisseries* (pastelerías), verdulerías, delicatesen (incl. productos griegos, asiáticos e italianos) y cafés clásicos.

Las tiendas instalan puestos de mercado en la acera; los domingos por la mañana son muy animados. Es buena opción para almorzar antes o después de visitar Les Catacombes, o para abastecerse para un pícnic en los parques y plazas de la zona.

platos principales 16-27,50 €; 12.00-23.00; ; M Cluny-La Sorbonne)

Restaurant Guy Savoy

DE AUTOR **€€€**

Si el viajero desea visitar un templo gastronómico con tres estrellas Michelin, sin duda este debería estar en la lista (véase 2 plano p. 182, E2). El famoso chef no necesita presentación (formó a Gordon Ramsay, entre otros), pero su restaurante insignia, al que se accede por una escalera con alfombra roja, está escondido en el edificio neoclásico de la Monnaie de Paris (p. 184). La cocina es igual de monumental, con clásicos de Savoy como sopa de alcachofa y trufa negra con *brioche* hojaldrado. (01 43 80 40 61; www.guysavoy.com; 11 quai de Conti, 6e, Monnaie de Paris; comidas menú con reserva en línea 130 €, menú degustación 415 €; 12.00-14.00 y 19.00-22.30 ma-vi, 19.00-22.30 sa; M Pont Neuf)

L'Avant Comptoir de la Mer

PESCADO **€**

11 PLANO P. 182, E3

Uno de los bares de *hors d'oeuvre* que Yves Camdeborde tiene en St-Germain. Sirve suculentas ostras del Cap Ferret (solas, estilo Bloody Mary o con salchichas *chipolata*), *tartine* de arenque, coliflor con huevas de trucha, navajas con naranja sanguina, croquetas de salmón y vieiras asadas, todo ello complementado con fantástico pan artesano, mantequilla casera de sabores, sal marina y aceitunas *kalamata*. (01 42 38 47 55; www.hotel-paris-relais-saint-germain.com; 3 Carrefour de l'Odéon, 6e; tapas 5-25 €, 6 ostras 17 €; 12.00-23.00; M Odéon)

Clover

BISTRÓ **€€**

12 PLANO P. 182, C2

Comer en el bistró informal del excelente chef Jean-François Piège es como ir a una fiesta privada: la cocina abierta, situada al lado de los 20 asientos (las reservas se abren por internet con solo 15 días de antelación), forma parte de la decoración del comedor, por lo que los clientes están justo enfrente de la acción culinaria. Los platos son ligeros y exquisitos, p. ej.: gazpacho de tomate con sorbete de guisantes u hojas de col con *crème* de arenque ahumado y castañas. (☎01 75 50 00 05; www.clover-paris.com; 5 rue Perronet, 7e; comidas menú 2/3 platos 37/47 €, cenas menú 3/5 platos 60/73 €; ⏰12.30-14.00 y 19.00-22.00 ma-vi, 12.30-14.30 y 19.00-22.00 sa; M St-Germain des Prés)

Semilla

NEOBISTRÓ **€€**

13 PLANO P. 182, E3

El austero suelo de hormigón, las vigas y la cocina abierta (pueden reservarse "asientos del chef" en primera fila) crean un ambiente industrial en el que se sirven platos modernos y atrevidos que cambian cada día, como vieiras en Vin Jaune con endivias crujientes o trucha con fruta de la pasión y jengibre. Los postres son igual de creativos e irresistibles. Es necesario reservar. (☎01 43 54 34 50; www.semillaparis.com; 54 rue de Seine, 6e; comidas menú entre semana 2/3 platos 34/40 €, platos principales 24-40 €; ⏰12.30-14.30 y 19.00-23.00 lu-sa, hasta 22.00 do, cerrado ppios-med ago; M Mabillon)

Chez Dumonet

BISTRÓ **€€**

14 PLANO P. 182, B5

Conocido cariñosamente por su antiguo nombre, Joséphine, este local con cortinas de encaje, azulejos y mesas con manteles blancos dentro y fuera es el bistró parisino típico. Sirve clásicos como confit de pato y filete *châteaubriand* con

Le Procope (p. 187).

'La pequeña Bretaña'

La Gare Montparnasse comunica París con Bretaña, y las calles que rodean la estación, en especial rue du Montparnasse y rue d'Odessa, 14e, albergan docenas de creperías auténticas.

Las *galettes* saladas de alforfón y las *crêpes* dulces bretonas, con añadidos tradicionales como *caramel au beurre salé* (caramelo salado), se sirven en plato y se comen con cuchillo y tenedor.

Se recomienda la **Crêperie Josselin** (plano p. 182, C6; ☎01 43 20 93 50; 67 rue du Montparnasse, 14e; *crêpes* 5-10,50 €; ⌚11.00-23.30 mi-do; 👪; Ⓜ Edgar Quinet).

salsa bearnesa. Se aconseja pedir el enorme suflé Grand Marnier al principio de la comida. Los platos principales se pueden pedir por medias raciones. (Joséphine; ☎01 45 48 52 40; 117 rue du Cherche Midi, 6e; platos principales 24-40 €; ⌚12.00-14.30 y 19.30-21.30 lu-vi; Ⓜ Duroc)

Anicia FRANCESA €€

15 PLANO P. 182, B5

Es fundamental reservar por internet para comer en este maravilloso *bistrot nature*, un escaparate para la cocina refinada y apegada a la tierra del chef François Gagnaire, que regentó un restaurante con estrella Michelin en Puy-en-Velay (Auvernia) antes de trasladarse a la capital. Trabaja con pequeños productores del centro de Francia –lentejas de Puy, caracoles de Velay, queso St-Nectaire– con impresionante resultado. (☎01 43 35 41 50; http://anicia-bistrot.com; 97 rue du Cherche Midi, 6e; comidas menú entre semana 2/3 platos 24/29 €, cenas menú 3/5 platos 49/58 €, platos principales 27-34 €; ⌚12.00-22.30 ma-sa; Ⓜ Duroc, Vaneau)

L'Étable Hugo Desnoyer FRANCESA €€

16 PLANO P. 182, D3

Hay que pasar bajo los elegantes arcos de piedra del Marché St-Germain para descubrir el asador de Hugo Desnoyer, el carnicero estrella de París. Atención, vegetarianos: también hay platos vegetales deliciosos, pero algunas paredes están decoradas con piel de vaca de color rojizo y crema, y la carta es fundamentalmente para carnívoros. (☎01 42 39 89 27; 15 rue Clément, 6e; comidas menú 24,50 €, platos principales 30-40 €; ⌚12.00-14.30 y 19.30-22.30 ma-sa; Ⓜ Mabillon)

Au Pied de Fouet BISTRÓ €

17 PLANO P. 182, D2

Este pequeño y animado bistró prepara platos clásicos como *entrecôte* (entrecot), *confit de canard* (pato guisado en su propia grasa) con patatas cremosas y *foie de volailles sauté* (hígado de pollo salteado), con excelente relación calidad-precio. De postre, *tarte tatin* (tarta de manzana del revés), ciruelas empapadas en vino o delicioso *fondant au chocolat*. (☎ 01 42 96 59 10; 3 rue St-Benoît, 6e; platos principales 9-12,50 €; ⏰ 12.00-14.30 y 19.00-23.00 lu-sa; Ⓜ St-Germain des Prés)

Les Climats FRANCESA €€€

18 PLANO P. 182, C2

Al igual que el vecino Musée d'Orsay, es un magnífico tesoro *art nouveau*. Construido en 1905

'Brasseries' de Montparnasse

Tras la I Guerra Mundial, los escritores, poetas y artistas de la vanguardia se trasladaron de Montmartre a los alrededores de bd du Montparnasse.

Los pintores Chagall, Modigliani, Léger, Soutine, Miró, Matisse, Kandinsky y Picasso, el compositor Stravinsky y los escritores Hemingway, Ezra Pound y Cocteau frecuentaron la zona, que fue un núcleo creativo hasta mediados de la década de 1930. Algunas *brasseries* históricas que evocan este legado son:

La Rotonde Montparnasse (plano p. 182, C6; ☎ 01 43 26 48 26; 105 bd du Montparnasse, 6e; menú 3 platos 46 €, platos principales 16-48 €, platos marisco 29,50-118,50 €; ⏰ 6.00-2.00, cocina 12.00-15.00 y 19.00-23.00; Ⓜ Vavin) Abierta en 1911.

Le Select (plano p. 182, C6; www.leselectmontparnasse.fr; 99 bd du Montparnasse, 6e; ⏰ 7.00-2.00 do-ju, hasta 3.00 vi y sa; 📶; Ⓜ Vavin) El primer gran café de la zona que abre hasta tarde; fundado en 1923.

La Coupole (plano p. 182, C6; ☎ 01 43 20 14 20; www.lacoupole-paris.com; 102 bd du Montparnasse, 14e; comidas menú 2/3 platos 31/39 €, platos principales 18-42 €; ⏰ 8.00-23.00 lu, 8.00-24.00 ma-vi, 8.30-24.00 sa, 8.30-23.00 do; 📶; Ⓜ Vavin) *Brasserie* abierta en 1927 con capacidad para 450 personas. Tiene columnas con murales de pintores como Chagall.

La Closerie des Lilas (plano p. 182, D7; ☎ 01 40 51 34 50; www.closeriedeslilas.fr; 171 bd du Montparnasse, 6e; comidas menú 3 platos 52 €, platos principales restaurante 28-52 €, *brasserie* 17-27 €; ⏰ restaurante 12.00-14.30 y 19.00-23.30, *brasserie* 12.00-24.30, piano bar 11.00-1.30; Ⓜ Vavin o RER Port Royal) La favorita de Hemingway (fundada en 1847).

Le Dôme (plano p. 182, C6; ☎ 01 43 35 25 81; www.restaurant-ledome.com; 108 bd du Montparnasse, 14e; platos principales 42-67 €, platos marisco 85-148 €; ⏰ 12.00-15.00 y 19.00-23.00; Ⓜ Vavin) Marisquería con decoración *art déco*.

como residencia para empleadas de correos, telégrafos y telefonía, ostenta elevados techos abovedados, vidrieras originales, un jardín para almorzar en verano y otro acristalado para el invierno. Los exquisitos platos con estrella Michelin se complementan con una carta de 150 páginas de vinos, espumosos y *whiskies* de Borgoña. (☎01 58 62 10 08; http://lesclimats.fr; 41 rue de Lille, 7e; comidas/cenas menú 45/130 €, platos principales 52-72 €; ⏲12.15-14.30 y 19.00-22.00 ma-sa; Ⓜ Solférino)

Dónde beber

Les Deux Magots

CAFÉ

19 PLANO P. 182, D3

Si existe un café que resuma el mundillo literario de St-Germain des Prés a principios del s. XX, es este, que frecuentaban todos los que eran alguien. Sale mucho más caro que en cualquier otro sitio beber *un café* (4,70 €) en una silla de mimbre de la terraza, con toldos verdes y geranios en las ventanas, pero es una porción de historia parisina. (☎01 45 48 55 25; www.lesdeuxmagots.fr; 170 bd St-Germain, 6e; ⏲7.30-1.00; Ⓜ St-Germain des Prés)

Au Sauvignon

BAR DE VINOS

20 PLANO P. 182, C3

Hay que hacerse con una mesa al ocaso en este bar de vinos, maravillosamente auténtico, o dirigirse al interior del bistró con barra de cinc original, mesas apiñadas y techo pintado a mano que celebra la tradición vitícola de Francia. Un plato de *casse-croûtes au pain Poilâne* (tostadas con jamón, paté, *terrine*, salmón ahumado y fuagrás) es el acompañamiento perfecto. (☎01 45 48 49 02; http://ausauvignon.com; 80 rue des Sts-Pères, 7e; ⏲8.00-23.00 lu-sa, 9.00-22.00 do; Ⓜ Sèvres-Ba-bylone)

Cod House

COCTELERÍA

21 PLANO P. 182, E4

"Oh my cod!" reza un letrero de neón en la pared de esta coctelería *cool* con interior azul y dorado de estilo escandinavo. Los cócteles a base de sake juegan con cachaza aromatizada con *matcha*, pisco a la canela, sirope casero de hierba limón y *yuzu* fresco. También hay tapas creativas (5-16 €) de gambas en tempura, ravioli de pollo frito y carpacho de pescado con chile y salsa de *yuzu*. (☎01 42 49 35 59; www.thecodhouse.fr; 1 rue de Condé, 6e; ⏲12.00-15.00 y 7.30-2.00 lu-sa; Ⓜ Odéon)

Tiger

COCTELERÍA

22 PLANO P. 182, D3

Las bombillas suspendidas y las grecas de madera hacen de este espacio en dos niveles un lugar estiloso donde tomar ginebras especiales (130 variedades). Entre los cócteles de la casa se incluye el Breakfast Martini (ginebra, triple seco, mermelada de naranja y zumo de limón) y el Oh My Dog (ginebra a la pimienta blanca, zumo de lima, licor de rosa y frambuesa y *ginger ale*). Los aficionados al *gin-tonic* tienen 1040 combinaciones. (www.tiger-paris.com; 13 rue Princesse, 6e; 18.30-2.00 lu-sa; M Mabillon)

Café de Flore

CAFÉ

23 PLANO P. 182, D3

Los bancos tapizados en rojo, los espejos y las paredes de mármol de este punto de referencia *art déco* no han cambiado mucho desde los tiempos en que Jean-Paul Sartre y Simone de Beauvoir prácticamente instalaron su despacho aquí para escribir durante la ocupación nazi. Hay sesiones mensuales de *philocafé* (debates filosóficos) en inglés. (01 45 48 55 26; http://cafedeflore.fr; 172 bd St-Germain, 6e; 7.30-1.30; M St-Germain des Prés)

Castor Club

COCTELERÍA

24 PLANO P. 182, E3

Una excelente coctelería subterránea rotulada discretamente. Arriba hay un bar íntimo, estilo club inglés, con lámparas de pared antiguas y taburetes de terciopelo rojo. Pero es abajo, en la bodega de piedra del s. XVIII con pequeños reservados, donde tiene lugar la verdadera acción. La música suave de los años cincuenta, sesenta y setenta añade ambiente. (09 50 64 99 38; 14 rue Hautefeuille, 6e; 19.00-2.00 ma y mi, 19.00-4.00 ju-sa; M Odéon)

La Quincave

BAR DE VINOS

25 PLANO P. 182, C6

Los taburetes de esta animada tienda y bar de vinos están hechos

Café de Flore.

de barriles, pero en las tardes de verano casi todo el mundo sale a la callejuela. Hay más de 200 variedades de vinos naturales por botellas, acompañados de tablas de quesos y embutidos. (☎09 67 02 80 14; www.facebook.com/quincave; 17 rue Bréa, 6e; ⏱11.00-13.00 y 17.00-23.30 ma-ju, 11.00-23.30 vi y sa; Ⓜ Vavin)

La Palette

CAFÉ

26 PLANO P. 182, E2

En el corazón de la zona de galerías, este café atemporal de *fin de siècle* era frecuentado por Paul Cézanne y Georges Braque. Atrae a una clientela de profesionales de la moda y marchantes de arte locales. La terraza veraniega es maravillosa. (www.cafelapaletteparis.com; 43 rue de Seine, 6e; ⏱8.00-2.00; wifi; Ⓜ Mabillon)

De compras

Sabbia Rosa

MODA Y ACCESORIOS

27 PLANO P. 182, C3

Esta diseñadora de lencería solo emplea telas francesas (seda de Lyon, encaje Calais) para crear la lujosa colección de su *boutique* de alta gama, abierta en 1976. Cada pieza es única y confeccionan artículos a medida en 48 h. Serge Gainsbourg, Madonna, Naomi Campbell, Claudia Schiffer y George Clooney han comprado aquí. (☎01 45 48 88 37; 73 rue des Sts-Pères, 6e; ⏱10.00-19.00 lu-sa; Ⓜ St-Germain des Prés)

Tienda de vinos en St-Germain des Prés.

WORLDPIX/ALAMY ©

La Dernière Goutte

VINO

28 PLANO P. 182, D3

"La última gota" es creación del sumiller cubano-estadounidense Juan Sánchez, cuya diminuta tienda de vinos está repleta de interesantes *vins de propriétaires* (vinos embotellados por fincas) franceses y en su mayoría ecológicos, de pequeños productores independientes. Ofrece clases de 2 h (cata de dos blancos y cinco tintos) en inglés (55 €/persona); hay que llamar para preguntar las fechas y reservar. Catas gratuitas con vinicultores casi todos los sábados. (01 43 29 11 62; 6 rue du Bourbon le Château, 6e; 15.30-20.00 lu, 10.30-13.30 y 15.00-20.00 ma-vi, 10.30-20.00 sa, 11.00-19.00 do; M Mabillon)

Casetas de libros

A orillas del Sena, hay aprox. 3 km de casetas verdes que venden más de 300 000 libros de segunda mano (a menudo descatalogados), revistas raras, postales y carteles publicitarios antiguos: son los **'bouquinistes'** (plano p. 182, F2; quai Voltaire, 7e, hasta quai de la Tournelle, 5e, y Pont Marie, 4e, hasta quai du Louvre, 1er; 11.30-atardecer), tan integrados en el paisaje de París como Notre Dame. Muchos solo abren de primavera a otoño (y muchos cierran en agosto), pero siempre habrá alguno abierto todo el año.

Gab & Jo

MODA Y ACCESORIOS

29 PLANO P. 182, D2

Si se busca un regalo parisino de calidad, esta tienda conceptual solo vende artículos hechos en Francia de diseñadores como La Note Parisienne (velas perfumadas para cada *arrondissement* de París, p. ej.: el 6e, con notas de lápiz de labios, coñac, azahar, nardo, jazmín, rosa e higo), Marius Fabre (jabones de Marsella), Germaine-des-Prés (lencería), MILF (gafas de sol) y Monsieur Marcel (camisetas). (www.gabjo.fr; 28 rue Jacob, 6e; 11.00-19.00 lu-sa; M St-Germain des Prés)

Gérard Mulot

COMIDA

30 PLANO P. 182, E3

Tartas de fruta (melocotón, limón, manzana), *tarte normande* (tarta de manzana) y *clafoutis* (tarta de cereza) son algunas de las especialidades de este célebre chef repostero. Se puede ir a su salón de té, **L'Amaryllis de Gérard Mulot** (01 43 26 91 03; 12 rue des Quartre Vents, 6e; comidas menú 25 €, meriendas 15 €; 11.00-18.30 ma-sa; M Odéon), para sentarse y disfrutar. (01 43 26 85 77; www.gerard-mulot.com; 76 rue de Seine, 6e; 7.00-20.00; M Mabillon)

Tiendas históricas de St-Germain des Prés

El barrio está lleno de anticuarios y tiendecitas históricas.

Cire Trudon (plano p. 182, E3; ☎ 01 43 26 46 50; https://trudon.com; 78 rue de Seine, 6e; ⏰11.00-19.00 lu, 10.00-19.00 ma-sa; Ⓜ Odéon) Claude Trudon comenzó a vender aquí velas en 1643 y fue proveedor oficial de Versalles y Napoleón. Hoy es el fabricante de velas más antiguo del mundo (véase la placa a la izquierda del toldo).

Au Plat d'Étain (plano p. 182, D3; ☎ 01 43 54 32 06; www.soldats-plomb-au-plat-etain.fr; 16 rue Guisarde, 6e; ⏰10.30-18.30 ma-sa; Ⓜ Mabillon, St-Sulpice) Se venden soldaditos de plomo y hojalata desde 1775.

La Maison de Poupée (plano p. 182, D4; ☎ 06 09 65 58 68; 40 rue de Vaugirard, 6e; ⏰14.30-19.00 lu-sa, con reserva do; Ⓜ St-Sulpice o RER Luxembourg) Esta pequeña tienda vende casas de muñecas y *poupées anciennes* (muñecas antiguas).

Le Bon Marché (plano p. 182, C4; ☎ 01 44 39 80 00; http://lebonmarche.com; 24 rue de Sèvres, 7e; ⏰10.00-20.00 lu-mi, vi y sa, 10.00-20.45 ju, 11.00-20.00 do; Ⓜ Sèvres-Babylone) Diseñados por Gustave Eiffel y abiertos en 1852, estos grandes almacenes venden moda, menaje y alimentos.

La Grande Épicerie de Paris (plano p. 182, B4; www.lagrandeepicerie.com; 36 rue de Sèvres, 7e; ⏰8.30-21.00 lu-sa, 10.00-20.00 do) Tiene fantásticos surtidos de chocolate, galletas, quesos, etc.

Poilâne (plano p. 182, C4; ☎ 01 45 48 42 59; www.poilane.com; 8 rue du Cherche Midi, 6e; ⏰7.00-20.30 lu-sa; Ⓜ Sèvres-Babylone) Pierre Poilâne abrió su *boulangerie* (panadería) en 1932. Hoy, su nieta dirige la empresa, que elabora panes hechos con harina molida en molino de piedra y sal marina de Guérande.

Deyrolle (plano p. 182, C2; ☎ 01 42 22 30 07; www.deyrolle.com; 46 rue du Bac, 7e; ⏰10.00-13.00 y 14.00-19.00 lu, 10.00-19.00 ma-sa; Ⓜ Rue du Bac) Tienda de taxidermia abierta en 1831, llena de criaturas como leones, tigres, cebras y cigüeñas.

Magasin Sennelier (plano p. 182, D2; ☎ 01 42 60 72 15; www.magasinsennelier.com; 3 quai Voltaire, 7e; ⏰14.00-18.30 lu, 10.00-24.45 y 14.00-18.30 ma-sa; Ⓜ St-Germain des Prés) Cézanne y Picasso contribuyeron a crear productos para este proveedor de material de bellas artes fundado en 1887.

Fromagerie Quatrehomme
QUESO

31 PLANO P. 182, B4

La reina de las *fromageries* (queserías), en el barrio desde 1953, vende los mejores quesos franceses, en muchos casos con un toque original (p. ej. epoisses envasado en hojas de castaño, mont d'or a la trufa negra, pan de roquefort y miel con especias). (01 47 34 33 45; www.quatrehomme.fr; 62 rue de Sèvres, 7e; 9.00-19.45 ma-sa; M Vaneau)

Fermob
ROPA DE CASA

32 PLANO P. 182, C3

Es famosa por fabricar icónicos muebles de jardín, como las típicas sillas verdes del Jardin du Luxembourg, que se venden en todos los colores para ponerlas en cualquier jardín o terraza. Tiene otra **sucursal** (81-83 av Ledru-Rollin, 12e; 10.00-19.00 lu-sa; M Ledru-Rollin) en la orilla opuesta, cerca de Bastille. (01 45 44 10 28; www.paris.fermob.com; 17 bd Raspail, 7e; 10.00-19.00 ma-sa; M Rue du Bac)

Pierre Hermé
COMIDA

33 PLANO P. 182, D3

El destacado *pâtissier* y chocolatero Pierre Hermé tiene varias *boutiques* en París, incluida esta en el corazón de St-Germain. Es del tamaño de una caja de bombones y ofrece un auténtico festín de *petits fours* (pastelillos), tartas, bombones, *nougats*, mermeladas y *macarons*. (www.pierreherme.com; 72 rue Bonaparte, 6e; 10.00-19.00 do-vi, hasta 20.00 sa; M Odéon)

Marché Raspail
MERCADO

34 PLANO P. 182, C4

Los martes y viernes es un mercado tradicional al aire libre; los domingos es especialmente popular, pues se llena de productos *biologiques* (ecológicos). (bd Raspail, entre rue de Rennes y rue du Cherche Midi, 6e; 7.00-14.30 ma y vi, mercado ecológico 9.00-13.30 do; M Rennes)

Smallable Concept Store
ROPA DE NIÑOS

35 PLANO P. 182, B5

"Sueña a lo grande" es el eslogan de este espacio chic que vende accesorios, moda y artículos del hogar para bebés, niños y adolescentes. Entre las marcas se cuentan Little Eleven Paris, Chloé Kids, Petit Bateau, Pom d'Api y Zadig & Voltaire. Es uno de los pocos sitios de París donde se pueden comprar exquisitos cojines y ropa de hogar de Maison de Vacances, fabricados en Francia. (01 40 46 01 15; www.smallable.com; 81 rue du Cherche Midi, 6e; 14.00-19.30 lu, 10.30-19.30 ma-sa; M Vaneau)

Merece la pena

Versalles

El más que opulento Palacio de Versalles (en francés, Château de Versailles), transformación del pabellón de caza del padre de Luis XIV a mediados del s. XVII, está rodeado por 900 Ha de jardines, parques y bosques. Este palacio barroco fue la capital política del reino desde 1682 hasta 1789, cuando los revolucionarios masacraron a la guardia real.

www.chateauversailles.fr

place d'Armes, Versalles

adultos/niños entrada "pasaporte" con acceso completo 20 €/gratis, con espectáculos musicales 27 €/gratis, palacio 18 €/gratis excepto durante espectáculos musicales

9.00-18.30 ma-do abr-oct, hasta 17.30 ma-do nov-mar

El palacio de Versalles en cifras

El palacio principal, de 580 m de largo, cuenta con 700 habitaciones, 2153 ventanas, 352 chimeneas y 11 Ha de tejado. Albergó a toda una corte de 6000 personas, además de a 5000 criados. Se instalaron unos 6300 cuadros, 2000 esculturas y estatuas, 15 000 grabados y 5000 muebles y objetos de arte.

Galería de los Espejos

La opulencia del palacio alcanza su punto álgido en la Galerie des Glaces. Este salón de baile de 75 m de largo tiene 17 espejos gigantes en un lado y un número igual de ventanas en el otro.

Los Grandes Apartamentos del Rey y la Reina

Cada moldura, cornisa, techo y puerta de los Grands Appartements du Roi et de la Reine están decorados con ostentosos adornos, como frescos, mármoles, dorados y tallas de madera, de temática mitológica.

Circuitos guiados

Un **circuito guiado** de 90 min (☎01 30 83 77 88; 10 € más la entrada al palacio; 🕒circuitos en inglés 9.30 ma-do) por los aposentos privados de Luis XV y Luis XVI, la Ópera Real y la Capilla Real permite acceder a zonas que no pueden verse de otra forma y aprender más sobre la historia de Versalles. Hay que reservar con antelación en línea.

Jardines

Luis XIV encargó el diseño de los **jardines** (gratis excepto durante espectáculos musicales; 🕒8.00-20.30 abr-oct, hasta 18.00 nov-mar, parque 7.00-20.30 abr-oct, 8.00-18.00 nov-mar) al paisajista André Le Nôtre. Las mejores vistas de los estanques rectangulares se obtienen desde la Galería de los Espejos. Entre los senderos

★ Consejos

- En Versalles hay varias estaciones de trenes. Lo más fácil para llegar al palacio es tomar el RER C5 (ida y vuelta 7,10 €, 40 min, frecuentes) en las estaciones del RER de la margen izquierda de París hasta Versailles-Château-Rive Gauche.
- Martes, sábado y domingo son los días con más afluencia de público.
- Gratuito el primer domingo de mes de noviembre a marzo.

✕ Una pausa

Un restaurante dentro de la finca es **Ore** (☎01 30 84 12 96; www.ducasse-chateauversailles.com; 1er piso, Pavillon Dufour; menús desayuno 12-20 €, platos principales 20-36 €, platos principales cena 35 €; 🕒9.00-18.30 ma-do abr-oct, hasta 17.30 nov-mar; 📶 👪), de Alain Ducasse.

En la ciudad de Versalles, rue de Satory hay restaurantes y cafés. Hay más opciones en rue de la Paroisse y alrededores.

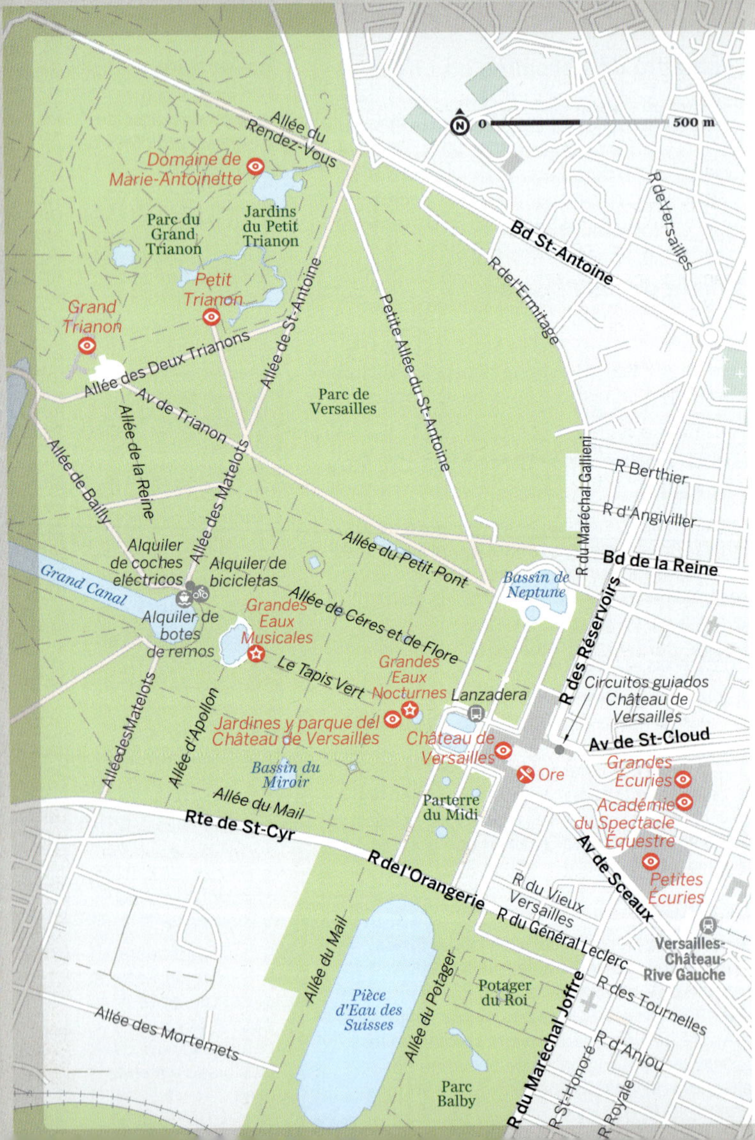

0
500 m
Allée du Rendez-Vous
Domaine de Marie-Antoinette
Jardins du Petit Trianon
Parc du Grand Trianon
Petit Trianon
Grand Trianon
Allée des Deux Trianons
Allée de St-Antoine
Petite Allée du St-Antoine
Parc de Versailles
Av de Trianon
Allée de la Reine
Allée de Bailly
Allée des Matelots
Alquiler de coches eléctricos
Alquiler de bicicletas
Grand Canal
Alquiler de botes de remos
Grandes Eaux Musicales
Allée du Petit Pont
Allée de Céres et de Flore
Le Tapis Vert
Grandes Eaux Nocturnes
Lanzadera
Jardines y parque del Château de Versailles
Château de Versailles
Ore
Bassin du Miroir
Allée d'Apollon
AlléedesMatelots
Allée du Mail
Rte de St-Cyr
Parterre du Midi
Bassin de Neptune
Bd St-Antoine
R de l'Ermitage
R de Versailles
R du Maréchal Gallieni
R Berthier
R d'Angiviller
Bd de la Reine
R des Réservoirs
Circuitos guiados Château de Versailles
Av de St-Cloud
Grandes Écuries
Académie du Spectacle Équestre
Petites Écuries
Av de Sceaux
R de l'Orangerie
R du Vieux Versailles
R du Général Leclerc
Versailles-Château-Rive Gauche
R des Tournelles
R d'Anjou
R Royale
R St-Honoré
R du Maréchal Joffre
Potager du Roi
Parc Balby
Allée du Potager
Pièce d'Eau des Suisses
Allée du Mail
Allée des Mortemets

destaca la alfombra verde de la Avenida Real, con sendas más pequeñas que conducen a frondosas arboledas.

Canales

El **Petit Canal** de 1 km de largo atraviesa el **Grand Canal,** de 1,6 km de largo y 62 m de ancho, orientado para reflejar la puesta de sol, y crean una cruz de agua con un perímetro de 5,5 km.

Dominio de María Antonieta

El **Domaine de Marie-Antoinette** (adultos/niños 12 €/gratis, gratis con entrada "pasaporte"; 12.00-18.30 ma-do abr-oct, hasta 17.30 ma-sa nov-mar) se halla al noroeste del palacio. La entrada incluye los palacios Grand y Petit Trianon, y el **Hameau de la Reine** (aldea de la reina), una aldea artificial de casas con techo de paja donde María Antonieta jugaba a ser lechera.

Grand y Petit Trianon

El **Grand Trianon,** con columnas rosa, fue construido en 1687 para que Luis XIV y su familia pudieran escapar del rígido protocolo de la corte, y fue renovado por Napoleón I en el estilo Imperio. El **Petit Trianon,** de color ocre, data de la década de 1760 y fue redecorado en 1867 por la consorte de Napoleón III, la emperatriz Eugenia, que añadió muebles estilo Luis XVI.

Espectáculos de las fuentes musicales

Se recomienda hacer coincidir la visita con las **Grandes Eaux Musicales** (www.chateauversailles-spectacles.fr; adultos/niños 9,50/8 €; 9.00-19.00 ma, sa y do med may-fin jun, 9.00-19.00 sa y do abr-med may y fin jun-oct) o las **Grandes Eaux Nocturnes** (www.chateauversailles-spectacles.fr; adultos/niños 24/20 €; 8.30-23.30 sa med jun-med sep), cuando las fuentes 'bailan' al son de música clásica y barroca.

Cómo desplazarse

La finca es inmensa; la única forma de verlo todo es alquilar un **coche eléctrico** para 4 personas (01 39 66 97 66; www.versailles-tourisme.com; alquiler coche 34 €/h; 10.00-18.45 abr-oct, hasta 17.30 feb y mar, hasta 17.00 nov y dic) o subir al **tren lanzadera** (www.train-versailles.com; adultos/niños 8/6,10 €, audioguía 4 €; cada 20 min 11.10-18.50 abr-oct, hasta 17.10 nov-mar) o alquilar una **bicicleta** (01 39 66 97 66; alquiler bici h/día 8,50/20 €; 10.00-18.45 abr-oct, hasta 17.30 med feb-mar, hasta 17.00 ppios-med nov) o **bote de remos** (01 39 66 97 66; www.versailles-tourisme.com; alquiler bote 30 min/h 13/17 €; 10.00-18.45 jul y ago, horario reducido mar-jun y sep-med nov).

Guía práctica

Arco de Triunfo (p. 54). STOCKBRUNET/SHUTTERSTOCK ©

Antes de partir

Alojamiento

- París cuenta con alojamiento para todos los presupuestos, pero a menudo está lleno. Se recomienda reservar todo el año y es necesario de abril a octubre y en las fiestas oficiales y escolares.
- El alojamiento fuera del centro de París, aunque más barato, no supone un ahorro, debido al precio y duración de los desplazamientos. Es mejor elegir alguno de los 20 *arrondissements* (distritos de la ciudad) de París para disfrutar de su ambiente.
- París impone una *taxe de séjour* (impuesto turístico) por persona y noche en todos los alojamientos, 0,88-4,40 € (normalmente incluido en el precio).
- El desayuno no suele incluirse; las cafeterías salen más a cuenta.

Webs

Lonely Planet (www.lonelyplanet.com/france/paris/hotels) Reseñas sobre las recomendaciones de Lonely Planet.

Paris Attitude (www.parisattitude.com) Miles de alquileres de apartamentos, servicio profesional y tarifas razonables.

Haven In (https://havenin.com) Apartamentos parisinos encantadores.

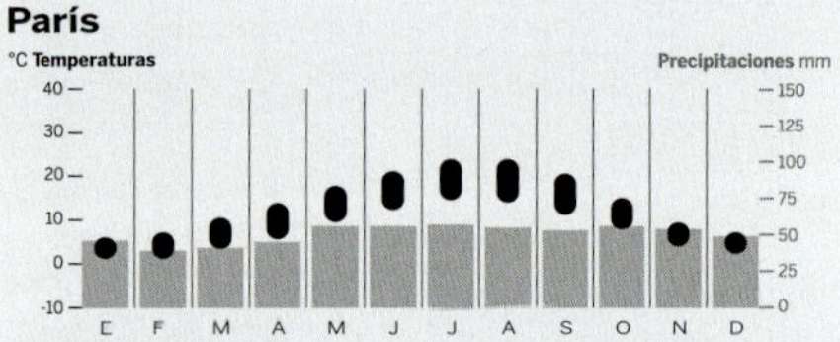

Cuándo ir

Invierno (nov-feb) Frío y oscuro, nieve ocasional. Museos menos concurridos y alojamiento barato.

Primavera (mar-may) Templada, a veces lluviosa. Empieza a haber más visitantes; los parques cobran vida.

Verano (jun-ago) De templado a caluroso, en general soleado. Temporada turística principal. Algunos comercios cierran en agosto.

Otoño (sep-nov) Templado, generalmente soleado. La vida cultural alcanza el punto álgido tras el verano.

Económico

Hôtel du Dragon (www.hoteldudragon.com) Mermelada casera en el desayuno de este reconfortante lugar.

Hôtel Diana (http://hotel-diana-paris.com) Lo contemporáneo se funde con lo *retro en* el Barrio Latino.

Cosmos Hôtel (www.cosmos-hotel-paris.com) Gran relación calidad-precio a pocos pasos de la vida nocturna del 11e.

Hôtel du Nord-Le Pari Vélo (www.hoteldunord-leparivelo.com) Detalles con encanto y alquiler de bicicletas.

Mama Shelter (www.mamashelter.com)

Diseñado por Philippe Starck y con pizzería propia.

Hôtel Port Royal (www.port-royal-hotel.fr) Impecable hotel con mobiliario *vintage* y un jardín apacible.

Precio medio

Hôtel Paris Bastille Boutet (www.sofitel.com) Antigua fábrica de chocolate con bellas baldosas *art déco* y piscina en el sótano.

Hoxton (www.thehoxton.com) La sucursal en París de este grupo de diseño ocupa una residencia del s. XVIII en el barrio de Sentier.

Hôtel Providence (www.hotelprovidenceparis.com) Las habitaciones de este lujoso hotel vienen con coctelerías a medida.

Familia Hôtel (www.familiahotel.com) Murales color sepia y balcones con flores en el Barrio Latino.

Edgar (www.edgarparis.com) Un antiguo convento con 13 habitaciones de diferentes artistas y diseñadores.

Precio alto

Les Bains (www.lesbains-paris.com) Termas del s. XIX convertidas en local nocturno y después en hotel *rockero*.

Hôtel Crayon (www.hotelcrayon.com) Diseño lineal, muebles *retro* y duchas de vidrios de colores.

Hôtel du Jeu de Paume (http://jeudepaumehotel.com) Refugio romántico en la serena Île St-Louis.

Hôtel Molitor (www.mltr.fr) Habitaciones tipo galerías de arte en torno a una piscina *art déco* restaurada con gusto.

Cómo llegar

Aeropuerto Charles de Gaulle

La mayoría de las aerolíneas internacionales vuelan al **Aéroport de Charles de Gaulle** (CDG; ☎ 01 70 36 39 50; www.parisaeroport.fr), 28 km al noreste de París. Este aeropuerto se suele llamar "Roissy", por el barrio en el que está instalado. Las obras para un tren de alta velocidad entre Charles de Gaulle y la Gare de l'Est en el centro de París no comenzarán hasta el 2019. Cuando esté acabado en el 2024, el CDG Express rebajará los 50 min del viaje a 20. Los servicios de enlace entre las terminales son gratuitos. Se espera abrir otra terminal en el 2025.

Tren

Al CDG llega la línea B del RER (11,40 €, niños 4-9 años 7,90 €, aprox. 50 min, cada 10-20 min), que enlaza con estaciones del centro de París como Gare du Nord, Châtelet-Les Halles y St-Michel-Notre Dame. Los trenes circulan de 4.50 a 23.50 (desde Gare du Nord 4.53-0.15) cada 6-15 min.

Autobús

Seis líneas principales:

Línea 2 de Le Bus Direct (www.lebusdirect.com; 17 €, 1 h, cada 30 min 5.45-23.00) Conecta el aeropuerto con el Arco de Triunfo con una **parada en la Torre Eiffel** (16-20 av de Suffren, 15e) y Trocadéro.

Línea 4 de Le Bus Direct (17 €, 50-80 min, cada 30 min 6.00-22.30 desde el aeropuerto, 5.30-22.30 desde Montparnasse) Une el aeropuerto con **Gare Montparnasse** (rue du Commandant René Mouchotte, 14e; 80 min), en el sur de París, pasando por **Gare de Lyon** (20bis bd Diderot, 12e; 50 min), en el este.

Autobuses nº 140 y 143 de Noctilien (8 € o 4 billetes de metro) Noctilien, que forma parte del servicio nocturno de RATP, tiene dos autobuses entre CDG y la **Gare de l'Est** (rue du 8 Mai 1945, 10e), en el norte de París, pasando por Gare du Nord: el nº 140 (1.00-4.00; desde Gare de l'Est 1.00-3.40) tarda 80 min y el nº 143 (0.32-4.32; desde Gare de l'Est 0.55-5.08), 55 min.

Autobús nº 350 de RATP (www.ratp.fr; 6 € o 3 billetes de metro, 70 min, cada 30 min 5.30-23.00) Conecta el aeropuerto con la **Gare de l'Est** (bd de Strasbourg, 10e, Gare de l'Est).

Autobús nº 351 de RATP (6 € o 3 billetes de metro, 70 min, cada 30 min 5.30-23.00) Une el aeropuerto con **place de la Nation** (2 av du Trône, 12e; M Nation), en el este de París.

Roissybus (12,50 €, 1 h, desde CDG cada 15-20 min 6.00-0.30; desde París cada 15 min 5.15-0.30) Conecta el aeropuerto con **Opéra** (11 rue Scribe, 9e).

Taxi

- Se tardan 40 min en ir al centro en taxi. Las tarifas son fijas: 50 € a la orilla derecha y 55 €, a la izquierda. La tarifa aumenta un 15% entre 19.00 y 7.00, y los domingos.
- Solo hay que subirse a taxis de paradas oficiales y evitar siempre a quien se acerque a uno en el aeropuerto afirmando que es taxista.

Aeropuerto de Orly

Aéroport d'Orly (ORY; ☎ 01 70 36 39 50; www.parisaeroport.fr) está a 19 km al sur del centro, pero, a pesar de estar más cerca que el CDG, las líneas internacionales no lo utilizan tanto y las opciones del transporte público no son fáciles de usar. Esto cambiará en el 2024, cuando la línea 14 del metro se amplíe hasta el aeropuerto. El TGV llegará allí en el 2025.

Las terminales sur y oeste de Orly se están unificando para recibir aviones más grandes, como el A380; las obras acabarán en el 2019.

Tren

No hay tren directo a/desde Orly; hay que hacer trasbordo durante el trayecto. Aunque es posible tomar una lanzadera hasta la línea RER C, el servicio es lento.

RER B (13,25 €, niños 4-9 años 6,60 €, 35 min, cada 4-12 min) Enlaza Orly con las estaciones St-Michel-Notre Dame, Châtelet-Les Halles y Gare du Nord en el centro. Para ir de Orly a la estación RER (Antony), primero hay que tomar el tren automático Orlyval. El servicio funciona de 6.00 a 23.35. Solo se necesita un billete para ambos trenes.

Tranvía

Línea T7 (1,90 €, 40 min, cada 6 min 5.30-0.30) Enlaza Orly con la estación de metro de Villejuif-Louis Aragon en el sur de París; los billetes se compran en la máquina de la parada.

Autobús

Hay dos líneas de autobuses a Orly:

Le Bus Direct line 1 (www.lebusdirect.com; 12 €, 1 h, cada 20 min 5.50-23.30 desde Orly, 4.50-22.30 desde el Arco de Triunfo) Va a/desde el Arco de Triunfo (1 h) vía **Gare Montparnasse** (40 min), **La Motte-Picquet** (88 av de Suffren, 15e) y Trocadéro.

Orlybus (8,70 €, 30 min, cada 15-20 min 6.00-0.30 desde Orly, 5.35-24.00 desde París) Va a/desde **place Denfert-Rochereau** (3 place Denfert-Rochereau, 14e), en el sur de París.

Taxi

Se tardan unos 30 min en ir al centro en taxi. Las tarifas se fijaron en el 2016: 30 € para ir a la orilla izquierda y 35 €, a la derecha. La tarifa sube un 15% entre 19.00 y 7.00, y los domingos.

Aeropuerto de Beauvais

Aéroport de Beauvais (BVA; ☎08 92 68 20 66; www.aeroportbeauvais.com) a 75 km al norte de París lo utilizan varias líneas de bajo coste. Antes de aprovechar la ganga, considérese si el viaje tras la llegada lo merece.

Una *navette* (autobús lanzadera; 17 €, 1¼ h) enlaza el aeropuerto con **Parking Pershing** (16-24 bd Pershing, 17e; Ⓜ Porte Maillot), en el borde oeste del París central; los servicios se coordinan con los horarios de los vuelos. Para más detalles y billetes, véase la web del aeropuerto.

Un taxi al centro de París de día/noche cuesta 170/210 € (probablemente más de lo que ha costado el vuelo).

Gare du Nord

Gare du Nord (www.gares-sncf.com; rue de Dunkerque, 10e), en el norte de París, es la terminal de los trenes y algunos servicios internacionales que van al norte.

Eurostar (www.eurostar.com) La línea Londres-París va desde St-Pancras International a la Gare du Nord. El viaje dura 2¼ h.

Thalys (www.thalys.com) Los trenes llegan a la Gare du Nord desde Bruselas, Ámsterdam y Colonia.

Otras estaciones principales

- París tiene otras cinco estaciones de trenes de larga distancia, cada una con su propia estación de metro: Gare d'Austerlitz, Gare de l'Est, Gare de Lyon, Gare Montparnasse y Gare St-Lazare.
- **Voyages SNCF** (www.voyages-sncf.com) viaja a toda Francia y Europa continental.

Cómo desplazarse

Metro y RER

La RATP (www.ratp.fr) opera la red subterránea de París, que consiste en dos sistemas distintos, pero conectados: el metro y el tren subterráneo Réseau Express Régional (RER). El metro cuenta con 14 líneas numeradas; el RER ofrece cinco líneas principales (pero seguramente solo se usarán la A, B y C). Al comprar los billetes hay que saber cuántas zonas cubrirá el viaje; en París hay cinco zonas de transporte concéntricas (la zona 5ª es la más lejana); por ejemplo, si se va del aeropuerto Charles de Gaulle a París, hay que comprar un billete de zona 1 a 5.

- Las líneas de metro se identifican por su número (*ligne* 1) y por su color, que figuran en los planos y letreros oficiales.

- En las estaciones de metro y RER, hay letreros que indican cómo llegar al andén correcto para cada línea. Los carteles de dirección de cada plataforma señalan la estación final. En las líneas que se dividen en varias ramas (p. ej.: la 7 y la 13), el término de los trenes se anuncia en los vagones y los carteles de cada plataforma informan sobre los minutos que quedan hasta el próximo tren.

- Los carteles de *correspondance* (enlace) indican cómo llegar a los trenes de enlace. En estaciones con muchas líneas, como Châtelet y Montparnasse Bienvenüe, puede llevar bastante tiempo ir de un andén a otro.

- Los letreros con la palabra *sortie* en blanco sobre azul señalan las salidas de las estaciones. En las salidas hay un *plan du quartier* (plano del barrio) que ayuda a orientarse.

- Cada línea de metro tiene su horario, pero los trenes empiezan a circular sobre las 5.30, y el último inicia su recorrido entre las 0.35 y las 1.15 (2.15 vi y sa).

Autobús

- Los autobuses están gestionados por la RATP y circulan aprox. de 5.00 a 1.00 de lunes a sábado; el servicio se reduce los domingos y en las fiestas oficiales. Los horarios varían considerablemente según la línea.

- Los autobuses nocturnos de la RATP, llamados Noctilien (www.vianavigo.com), salen cada hora de 23.45 a 6.00. Los servicios pasan por las principales estaciones de trenes y cruzan los ejes de la ciudad antes de dirigirse a las afueras. Las paradas se identifican por los rótulos "N" o "Noctilien" de color azul marino.

Bicicleta

- El sistema de bicicletas compartidas **Vélib'** (☎ 01 76 49 12 34; www.velib-metropole.fr; abono día/semana para 5 personas max. 5/15 €, alquiler bicicleta 30/60 min gratis/1 €, bicicleta eléctrica 1/2 €) cambió de empresa gestora en el 2018; información actualizada en la página web. Cuando el traspaso se complete, habrá decenas de miles de bicicletas (el 30% eléctricas) a disposición de parisinos y visitantes en aprox. 1400 estaciones por todo París, accesibles las 24 h.

- Para alquilar bicicletas durante más tiempo, los establecimientos suelen pedir un depósito (bicicleta normal 150 €, eléctrica 300 €). Hay que llevar un documento de

Billetes y bonos

- Los billetes de la RATP son válidos en el metro, RER (para viajar dentro de los límites de la ciudad), autobuses, tranvías y el funicular de Montmartre.
- Un billete –de color blanco y llamado *Le Ticket t+*– cuesta 1,90 € (mitad de precio para niños de 4 a 9 años) si se compran por separado; un *carnet* (taco) de 10 cuesta 14,90 € para adultos.
- Todas las estaciones de metro venden billetes. Algunas máquinas aceptan pago en metálico, pero no todas. Las taquillas aceptan la mayoría de las tarjetas de crédito, pero las máquinas no aceptan tarjetas sin chips (ni todas las tarjetas extranjeras con chip).
- Con un billete se puede viajar entre dos estaciones de metro (sin viaje de vuelta) durante un período de 1½ h, sin importar cuántos trasbordos se hagan. También se puede utilizar para viajar en la zona 1 de la RER, que abarca todo el centro de París.
- No pueden hacerse trasbordos del metro al autobús o viceversa.
- Es conveniente conservar el billete hasta que se sale de una estación por si el revisor pidiera verlo, ya que en caso de no tener billete válido, hay que pagar una multa.
- Si se está en París una semana o más, pregúntese en las estaciones de metro sobre los bonos recargables Navigo (www.navigo.fr).
- Los pases Mobilis y Paris Visite incluyen el transporte.

identidad y tarjeta de crédito.

Freescoot (☎01 44 07 06 72; www.freescoot.com; 63 quai de la Tournelle, 5e; alquiler motos 50/125cc 24 h desde 65/75 €, alquiler bicicleta/tándem/bicicleta eléctrica desde 25/40/50 €; ⏰9.00-13.00 y 14.00-19.00 med abr-med sep, cerrado do y mi med sep-med abr; Ⓜ Maubert-Mutualité)

Gepetto et Vélos (☎01 43 54 19 95; www.gepetto-velos.com; 28 rue des Fossées St-Bernard, 5e; alquiler bicicleta h/día/fin de semana 4/16/20 €, tándem 8/30/45 €; ⏰9.00-19.00 ma-sa; Ⓜ Cardinal Lemoine)

Paris à Vélo, C'est Sympa (☎01 48 87 60 01; www.parisvelosympa.fr; 22 rue Alphonse Baudin, 11e; alquiler bicicleta ½ día/día completo/24 h desde 12/15/20 €; bicicleta eléctrica 20/30/40 €; ⏰9.30-13.00 y 14.00-18.00 lu-vi, 9,00-19.00 sa y do abr-oct, horario reducido nov-mar; Ⓜ Richard Lenoir)

Barco

Batobus (www.batobus.com; pase 1 día adultos/niños 17/8 €, pase 2 días 19/10 €; ⏰10.00-21.30 fin abr-ago, horario reducido sep-fin abr) ofrece trimaranes acristalados que atracan cada 20-25 min en nueve embarcaderos en el Sena: Beaugrenelle, Torre Eiffel, Musée d'Orsay, St-Germain des Prés, Notre Dame, Jardin des Plantes/Cité de la Mode et du Design, Hôtel de Ville,

Musée du Louvre y Campos Elíseos.

Los billetes se compran en línea, en las paradas del ferri y en oficinas de turismo. Los bonos de dos días deben usarse en días consecutivos. También se puede comprar un Pass+, que incluye **L'Open Tour buses** (☎ 01 42 66 56 56; www.paris.opentour.com; pase 1 día adultos/niños 33/17 €, circuito nocturno 27/17 €) para días consecutivos. Un bono de dos días cuesta 46/21 € adultos/niños; uno de tres días, 50/21 €.

Taxi

- La *prise en charge* (bajada de bandera) cuesta 4 €. Dentro de la ciudad se paga 1,07 €/km de 10.00 a 17.00, de lunes a sábado (*Tarif A;* con luz blanca en el techo y taxímetro).
- Por la noche (17.00-10.00), los domingos de 7.00 a 24.00, y en los barrios periféricos la tarifa es 1,29 €/km (*Tarif B;* luz naranja).
- En los desplazamientos por los límites de la ciudad y los barrios periféricos los domingos por la noche (24.00-7.00 lunes) y los barrios exteriores se aplica la *Tarif C,* 1,56 €/km (luz azul).
- El precio mínimo por un desplazamiento corto en taxi es 7,10 €.
- Los trayectos a/desde los principales aeropuertos tienen precio fijo (Charles de Gaulle desde 50 €, Orly desde 30 €).
- Un quinto pasajero conlleva un recargo de 4 €.
- No se cobra nada por el equipaje.
- Parar un taxi en París puede ser difícil; es mejor buscar una parada oficial.
- En **Taxis G7** (☎ 3607, 01 41 27 66 99; www.g7.fr) o **Alpha Taxis** (☎ 01 45 85 85 85; www.alpha-taxis-paris.fr) se pide, se llama o se reserva en línea un taxi.

Información esencial

Acceso a internet

- La mayoría de los hoteles de París y algunos museos ofrecen wifi, normalmente gratis.
- Muchas cafeterías y bares tienen wifi gratis para sus clientes; a veces hay que pedir un código.
- Hay wifi gratuita en muchos lugares públicos, incluidos parques, bibliotecas y edificios municipales; hay que buscar el cartel morado "Zone Wi-Fi". Para conectarse, se selecciona la red "PARIS_WI-FI_". Las sesiones están limitadas a 2 h (renovables). Para más detalles y mapa de los puntos de conexión, véase www.paris.fr/wifi.
- Han surgido cafés de *co-working* por París; normalmente se paga por un período de tiempo determinado que incluye wifi, bebidas y tentempiés.

Descuentos

Paris Museum Pass (http://en.parismuseumpass.com; 2/4/6 días 48/62/74 €) Este pase da acceso a 50 museos y monumentos de París y alrededores; una gran ventaja es que, en los sitios más grandes, permite entrar por un acceso diferente y así saltarse (o reducir) las largas colas de la taquilla.

Paris Passlib' (www.parisinfo.com; 2/3/5 días 109/129/155 €)

Este práctico pase se vende en la Oficina de Congresos y Turismo de París (p. 212) y en su página web. Permite utilizar el transporte público de forma ilimitada en las zonas 1 a 3 y acceder a unos 50 museos de la región de París (un Paris Museum Pass), exposiciones temporales en muchos museos municipales, un paseo de 1 h por el Sena en **Bateaux Parisiens** (☎08 25 01 01 01; www.bateauxparisiens.com; Port de la Bourdonnais, 7e; adultos/niños 15/7 €; Ⓜ Bir Hakeim o RER Pont de l'Alma) y un servicio de un día en autobús turístico descubierto por los principales puntos de interés del centro con L'Open Tour (p. 24). Por unn suplemento de 20 € se puede subir al 1er y 2º piso de la Torre Eiffel sin hacer cola.

Los pases **Mobilis** y **Paris Visite** pueden usarse en el metro, RER, líneas suburbanas de la SNCF, autobuses, autobuses nocturnos, tranvías y el funicular de Montmartre. No se necesita foto, pero hay que escribir el nombre, apellidos y la fecha de uso en el billete. Se venden en las principales estaciones de metro y RER, las oficinas de la SNCF en París y en los aeropuertos. La validez se cuenta por días (no por períodos de 24 h), por lo que conviene activarlos a primera hora del día para amortizarlos.

Mobilis Viajes ilimitados durante un día y cuesta de 7,50 € (2 zonas) a 17,80 € (5 zonas). Se compra en cualquier estación de metro, RER o SNCF en la región de París. Dependiendo de cuántas veces se vaya a subir y bajar del metro en un día, un *carnet* (10 billetes) sale más barato.

Paris Visite Viajes ilimitados, entrada con descuento en algunos museos y otras ventajas. El pase "París+Periferia+Aeropuertos" incluye transporte a/desde los aeropuertos y cuesta 25,25 /38,35 /53,75 /65,80 € por 1/2/3/5 días. El pase "Paris Centre", más barato, válido para las zonas 1-3, cuesta 12/19,50 /26,65 /38,35 € por 1/2/3/5 días. Los niños de 4 a 11 años pagan la mitad.

Dinero

- Francia utiliza el euro (€). Para tipos de cambio actualizados, véase www.xe.com.
- La tarjeta de crédito más aceptada es Visa, seguida de MasterCard. Las tarjetas American Express y Diners Club solo se pueden usar en los establecimientos más exclusivos. Algunos restaurantes no aceptan tarjetas de crédito.
- Muchos servicios automatizados, como las expendedoras de billetes, requieren una tarjeta de crédito con chip y PIN (aunque algunas tarjetas con chip no funcionan). Antes de viajar conviene consultar con el banco.

Electricidad

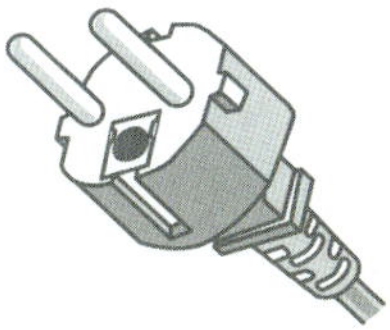

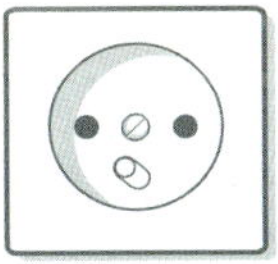

Tipo E
230V/50Hz

Fiestas oficiales

Un *jour férié* (día festivo) se celebra estrictamente el día en que cae. Si cae en sábado o domingo, no se traslada a otro día.

Año Nuevo (Jour de l'An) 1 de enero

Domingo y lunes de Pascua (Pâques y Lundi de Pâques) Finales marzo/abril

Día del Trabajo (Fête du Travail) 1 de mayo

Día de la Victoria en Europa (Victoire 1945) 8 de mayo

Jueves de Ascensión (L'Ascension) Mayo (40 días después de Pascua)

Pentecostés (Lundi de Pentecôte) De mediados de mayo a mediados de junio (7º lunes después de Pascua)

Día de la Bastilla (Fête Nationale) 14 de julio

La Asunción (L'Assomption) 15 de agosto

Todos los Santos (La Toussaint) 1 de noviembre

Día del Armisticio (Le Onze Novembre) 11 de noviembre

Navidad (Noël) 25 de diciembre

Horario comercial

El siguiente listado ofrece horarios comerciales aproximados. Muchos establecimientos cierran en agosto por vacaciones de verano.

Bancos 9.00-13.00 y 14.00-17.00 de lunes a viernes, algunos abren los sábados por la mañana

Bares y cafés 7.00-2.00

Museos 10.00-18.00, cerrados lunes o martes

Oficinas de correos 8.00-19.00 de lunes a viernes, hasta las 12.00 en sábado

Restaurantes 12.00-14.00 y 19.30-22.30.

Tiendas 10.00-19.00 de lunes a sábado, a veces cerradas a mediodía para el almuerzo y a veces el lunes. El horario es más amplio en las tiendas de las ZTI (zonas turísticas internacionales).

Información turística

Hay puestos de información en los aeropuertos Charles de Gaulle y Orly.

Oficina de Congresos y Turismo de París (Paris Office de Tourisme; ☎01 49 52 42 63; www.parisinfo.com; 29 rue de Rivoli, 4e; ⏲9.00-19.00; 📶; Ⓜ Hôtel de Ville) La oficina de turismo principal está en el Hôtel de Ville. Vende entradas para circuitos y varias atracciones, y pases para museos y transporte.

Mostrador de la Gare du Nord (www.parisinfo.com; 18 rue de Dunkerque, 10e; ⏲8.30-18.30) Dentro de la Gare du Nord, bajo el techo acristalado de la zona de salidas y llegadas de Île de Francia (este de la estación).

Syndicate d'Initiative de Montmartre (☎01 42 62 21 21; www.montmartre-guide.com; 21 place du Tertre, 18e; ⏲10.00-17.00 lu-vi, 10.00-13.00 y 14.00-17.00 sa y do; Ⓜ Abbesses) Oficina de turismo y tienda con gestión local en la plaza más pintoresca de Montmartre. Vende mapas de Montmartre y organiza circuitos guiados.

Protocolo

En general, la comunicación tiende a ser formal y reservada; esto no debe confundirse con antipatía.

Saludos Siempre hay que saludar/despedir a las personas con las que se trata, como los dependientes, con un *Bonjour* (*bonsoir* por la noche) / *Au revoir*.

Tiendas En especial en las *boutiques* pequeñas de lujo, no gusta que los clientes hagan fotos ni que toquen las mercancías antes de que se les invite a hacerlo.

Habla Los parisinos no hablan en voz alta. Se recomienda modular la voz en un tono similar.

Tratamiento *Tu* y *vous* significan "tú" y "usted". *Tu* se utiliza solo con personas a las que se conoce muy bien, niños o animales. Utilícese *vous* hasta ser invitado a usar el *tu*.

Temas de conversación Hablar de temas financieros (como sueldos o gastos) suele ser tabú en público.

Camareros Nunca hay que utilizar la palabra *garçon* (literalmente "chico") para llamar a un camarero, sino *Monsieur* o *Madame*.

Lavabos públicos

- Los lavabos públicos en París están señalizados como "toilettes" o "WC". En las vías principales, hay *sanisettes* (aseos cilíndricos con autolimpieza) gratuitos y abiertos 24 h. Pueden estar *libre* (color verde) u *occupé* (en rojo).
- En los cafés no gusta que se utilicen sus instalaciones si no se es cliente; pero con los niños, suelen hacer excepciones (se pregunta antes). Otros recursos son los grandes hoteles y los grandes almacenes (estos últimos a veces cobran).
- Hay lavabos públicos gratuitos frente a Notre Dame, cerca del Arco de Triunfo, en la parte de abajo de las escaleras del Sacré-Cœur (al este y oeste) y en la entrada noroeste de los Jardins des Tuileries.

Teléfono

- Antes del viaje, conviene averiguar los costes de itinerancia del móvil (para países europeos ya no hay costes) o asegurarse de que está desbloqueado para usar una tarjeta SIM francesa (son baratas en París).
- En Francia no hay prefijos de zona; siempre se marca el número de 10 dígitos.
- El prefijo de Francia es 33.
- Para llamar al extranjero desde París, hay que marcar el prefijo de acceso internacional (00), el del país, el de zona (sin el "0" inicial, si lo hubiera) y el número local.

Urgencias

Ambulancia (SAMU) ☎15

Bomberos ☎18

Policía ☎17

Urgencias ☎112

Viajar seguro

En general, París es una ciudad segura y bien iluminada; los atracos callejeros indiscriminados son raros.

- Hay que tener cuidado con los carteristas y tomar precauciones: no llevar más dinero del necesario y guardar tarjetas y pasaportes en una funda escondida.
- Algunos timos tipo 'distracción' son los de los carteristas que fingen 'encontrar' un anillo de oro, ofrecen peticiones falsas, dejan caer objetos y colocan "pulseras de la amistad" en la muñeca.
- Por la noche conviene evitar las siguientes estaciones de metro: Châtelet-Les Halles, Château Rouge, Gare du Nord, Strasbourg St-Denis, Réaumur Sébastopol, Stalingrad y Montparnasse Bienvenüe. Marx Dormoy, Porte de la Chapelle y Marcadet-Poissonniers pueden ser inseguras de día y de noche.
- En el centro de los andenes del metro/RER y en los pasillos de algunas estaciones hay alarmas.

Viajeros con discapacidades

- Hay mucha información útil en www.parisinfo.com/accessibility (en español).
- Para más información sobre qué lugares culturales de París son accesibles para personas con discapacidades, véase Accès Culture (http://accesculture.org).
- **Mobile en Ville** (☎09 52 29 60 51; www.mobileenville.org; 8 rue des Mariniers, 14e) se esfuerza para que las personas en sillas de ruedas puedan desplazarse por la ciudad con mayor facilidad. Organiza *randonnées* (paseos) en sillas de ruedas en y cerca de París, empujadas por 'paseantes' en patines; para participar, hay que ponerse en contacto con la asociación con bastante antelación.
- La guía gratuita *Accessible Travel Online Resources* de Lonely Planet, disponible en http://lptravel.to/AccessibleTravel, contiene muchas páginas web útiles, incluidas muchas de agencias de viajes y operadores turísticos.

Transporte

- **Info Mobi** (☎09 70 81 93 95; www.vianavigo.com/accessibilite) tiene información detallada sobre transporte público en Île-de-France (la región que rodea París), según el tipo de discapacidad.
- **Taxis G7** (☎3607, 01 41 27 66 99; www.g7.fr) tiene cientos de coches de chasis bajo, 120 coches equipados con rampas y taxistas formados para ayudar a pasajeros con discapacidades. Los perros guía se admiten en toda la flota.

Visados

- No existe requisito de entrada para los ciudadanos de la UE y países europeos. Los ciudadanos de Andorra, Argentina, Chile, Colombia, Costa Rica, EE UU, El Salvador, Guatemala, Honduras, México, Nicaragua, Panamá, Paraguay, Uruguay y Venezuela no necesitan visado para permanecer en Francia hasta 90 días; el resto necesita un visado Schengen.
- Para información sobre las regulaciones de los visados y la embajada francesa más cercana, véase www.diplomatie.gouv.fr.

Idioma

El viajero podrá comprobar que cualquier intento por comunicarse en francés será muy valorado. Lo que a veces se percibe como arrogancia, a menudo es solo una sutil objeción al uso del inglés en todas partes y en cualquier situación, y a la pretensión de muchos viajeros de que todo el mundo les entienda en este idioma. Se puede evitar el problema dirigiéndose a ellos en francés con un *Pardon, madame/monsieur, parlez-vous anglais?* (Disculpe, señora/señor, ¿habla inglés?). Esto le asegurará al viajero una acogida más cálida que si se limita a hablar en inglés.

Para aprender más francés del que se incluye en el presente capítulo, se recomienda *Francés para el viajero,* de Lonely Planet, muy completa y fácil de usar.

Vocabulario básico

Hola.	*Bonjour.*
Adiós.	*Au revoir.*
¿Cómo está?	*Comment allez-vous?*
Estoy bien, gracias.	*Bien, merci.*
Por favor.	*S'il vous plaît.*
Gracias.	*Merci.*
Perdón.	*Excusez-moi.*
Lo siento.	*Pardon.*
Sí./No.	*Oui./Non.*
No entiendo.	*Je ne comprends pas.*
¿Habla inglés?	*Parlez-vous anglais?*

Gastronomía

..., por favor..., *s'il vous plaît.*

Un café *un café*

Una mesa para dos
une table pour deux

Dos cervezas *deux bières*

Soy vegetariano.
Je suis végétarien/ végétarienne. (m/f)

¡Salud! *Santé!*

¡Estaba delicioso!
C'était délicieux!

La cuenta, por favor.
L'addition, s'il vous plaît.

Compras

Me gustaría comprar...
Je voudrais acheter...

Solo estoy mirando.
Je regarde.

¿Cuánto cuesta?
C'est combien?

Es demasiado caro.
C'est trop cher.

¿Puede bajar el precio?
Vous pouvez baisser le prix?

Urgencias

¡Socorro!
Au secours!

¡Llamen a la policía!
Appelez la police!

¡Llamen a un médico!
Appelez un médecin!

Estoy enfermo.
Je suis malade.

Me he perdido.
Je suis perdu/perdue. (m/f)

¿Dónde están los lavabos?
Où sont les toilettes?

Hora y números

¿Qué hora es?
Quelle heure est-il?

Son las (ocho) en punto.
Il est (huit) heures.

Son las (diez) y media.
Il est (dix) heures et demie.

mañana	*matin*
tarde	*après midi*
noche	*soir*
ayer	*hier*
hoy	*aujourd'hui*
mañana	*demain*
lunes	*lundi*
martes	*mardi*
miércoles	*mercredi*
jueves	*jeudi*
viernes	*vendredi*
sábado	*samedi*
domingo	*dimanche*

1	*un*
2	*deux*
3	*trois*
4	*quatre*
5	*cinq*
6	*six*
7	*sept*
8	*huit*
9	*neuf*
10	*dix*
100	*cent*
1000	*mille*

Transporte y direcciones

¿Dónde está...?
Où est ...?

¿Cuál es la dirección?
Quelle est l'adresse?

¿Puede mostrarme (en el mapa)?
Pouvez-vous m'indiquer (sur la carte)?

Querría ir a...
Je voudrais aller ...

¿Para en (Amboise)?
Est-ce qu'il s'arrête à (Amboise)?

Quiero bajarme aquí.
Je veux descendre ici.

Entre bastidores

Actualización y sugerencias

Si el lector encuentra cambios en los lugares descritos u otros recién inaugurados, le agradeceremos que escriba a Lonely Planet en www.lonelyplanet.com/contact/guide book_feedback/new para mejorar la próxima edición. Todos los mensajes se leen, se estudian y se verifican. Quienes escriban verán su nombre reflejado en el capítulo de agradecimientos de la siguiente edición. Determinados fragmentos de la correspondencia de los lectores podrían aparecer en nuevas ediciones de las guías Lonely Planet, en la web de Lonely Planet, así como en la información personalizada. Se ruega a todo aquel que no desee ver publicadas sus cartas ni que figure su nombre que lo haga constar.

Reconocimientos

Fotografía de cubierta: Torre Eiffel, Alessandro Saffo/4Corners ©

Agradecimientos de Catherine

Merci mille fois primero a Julian y a los innumerables parisinos que me ofrecieron información, inspiración y buenos momentos. Muchas gracias a los otros autores, Chris y Nicola, al coordinador Daniel Fahey y al personal de Lonely Planet. Como siempre, *merci encore* a mis padres, hermano, *belle-soeur, neveu* y *nièce* por apuntalar mi amor eterno por París y Francia.

Agradecimientos de Christopher

Un agradecimiento especial a las otras autoras por sus consejos y comentarios, y al equipo de Lonely Planet, que tanto ha trabajado para hacer posible este libro. Gracias a Neil Fazakerley por su compañía y conversación durante un día. *Bises* como siempre al clan Pavillard y a mis queridos compinches: Perrine, Elliot y Céleste.

Agradecimientos de Nicola

Sentidos *bisous* a los muchos amigos y profesionales que me ayudaron a localizar lo mejor de París, como Elodie Berta, la más parisina de las parisinas; Mary Winston-Nicklin, experta habitante del 13e; Kasia Dietz, neoyorquina en Le Marais; Rachel Vanier, de Station F; Stéphanie Ruch, reina de Chinatown; y Maria y Bartolomeo, de La Bête Noire. Mucho amor y agradecimiento a mi formidable equipo trilingüe que me ayudó a investigar el *Paris en famille:* Matthias, Niko, Mischa y Kaya Luefkens.

Este libro

Esta es la traducción al español de la 6ª edición de *Pocket Paris* de Lonely Planet, escrita y documentada por Catherine Le Nevez, Christopher Pitts y Nicola Williams, que también escribieron y documentaron las dos ediciones anteriores.

Gracias a Loubna El Amine, Jennifer Carey, Erica Fletcher, Michael Fosberg, Jonas Hultin, Alison Ridgway, Lyahna Spencer, Angela Tinson, Amanda Williamson, Juan Winata.

Versión en español

GeoPlaneta, que posee los derechos de traducción y distribución de las guías Lonely Planet en los países de habla hispana, ha adaptado para sus lectores los contenidos de este libro. Lonely Planet y GeoPlaneta quieren ofrecer al viajero independiente una selección de títulos en español; esta colaboración incluye, además, la distribución en España de los libros de Lonely Planet en inglés e italiano, así como un sitio web, www.lonelyplanet.es, donde el lector encontrará amplia información de viajes y las opiniones de los viajeros.

Índice

Véanse también los subíndices:

Dónde comer p. 221
Dónde beber p. 222
Ocio p. 223
De compras p. 223

Puntos de interés 000
Planos **000**

Puntos de interés 000
Planos **000**

Dónde comer

Dónde beber

Puntos de interés 000
Planos **000**

Ocio

De compras

Los autores

Catherine Le Nevez

El espíritu viajero de Catherine nació cuando, con 4 años, realizó un viaje por Europa desde París. Desde entonces, viaja a la menor oportunidad. Ha visitado unos 60 países y ha completado un doctorado en Escritura Creativa, un máster en Escritura Profesional y cursos de posgrado en edición y publicación. Durante los últimos 12 años ha escrito numerosas guías y artículos sobre París, Francia, Europa y más allá para Lonely Planet. Su trabajo también ha aparecido en muchas publicaciones impresas y en línea.

Christopher Pitts

La primera expedición de Chris terminó en fracaso: intentó excavar un túnel desde Pensilvania hasta China cuando tenía 6 años. Endurecido por la cruda realidad, pero sin perder la curiosidad por el otro lado del mundo, se fue a vivir varios años a Kunming, Taiwán y Shanghái. Un encuentro casual le llevó a trasladarse a París, donde vivió más de una década con su mujer y sus dos hijos antes de sucumbir a la atracción del cielo soleado de Colorado.

Nicola Williams

Cruzar fronteras es una forma de vida para la británica Nicola Williams, escritora, corredora, aficionada al arte y la comida y madre de tres hijos. Es autora de más de 50 guías Lonely Planet y la experta en Francia para *The Telegraph*. También escribe para *The Independent*, *The Guardian*, lonelyplanet.com, *Lonely Planet Magazine*, *French Magazine*, *Cool Camping France* y otros. Se la puede seguir en Twitter e Instagram: @tripalong.

geoPlaneta
Av. Diagonal 662-664, 08034 Barcelona
viajeros@lonelyplanet.es
www.geoplaneta.com – www.lonelyplanet.es

Lonely Planet Global Limited
Lonely Planet Global Limited, Digital Depot,
The Digital Hub, Dublín, D08 TCV4, Irlanda
(oficinas en Reino Unido, Australia y Estados Unidos)
www.lonelyplanet.com
Contacta con Lonely Planet en: lonelyplanet.com/contact

París
6ª edición en español – marzo del 2019
Traducción de *Paris*, 6ª edición – diciembre del 2018
© Lonely Planet Global Limited
1ª edición en español – enero del 2008

Editorial Planeta, S.A.
Av. Diagonal 662-664, 7º, 08034 Barcelona (España)
Con la autorización para la edición en español de Lonely Planet Global Ltd
A.B.N. 36 005 607 983, Lonely Planet Global Limited, Digital Depot,
The Digital Hub, Dublín D08 TCV4, Irlanda

© Textos y mapas: Lonely Planet, 2018
© Fotografías 2018, según se relaciona en cada imagen
© Edición en español: Editorial Planeta, S.A., 2019
© Por la traducción del texto incorporado en esta edición:
Elena García Barriuso, 2018
ISBN: 978-84-08-20091-8
Depósito legal: B. 21.944-2018
Impresión y encuadernación: Unigraf
Printed in Spain – Impreso en España